Talk Santa to Me

Linda Urban hat schon als Kind gerne Geschichten geschrieben. Sie war zehn Jahre lang Marketing- und Veranstaltungsmanagerin in einer Buchhandlung und hat sich bei den Schreibseminaren heimlich Notizen gemacht. Linda Urban mag auch Literatur für Erwachsene, aber eigentlich schlägt ihr Herz ganz und gar für Kinderbücher.

Fabienne Pfeiffer, geboren 1990, studierte Anglistik, Amerikanistik und Germanistik mit Schwerpunkt Kinder- und Jugendliteratur in Frankfurt am Main. Seit 2016 übersetzt sie mit viel Herzblut alles zwischen Bilderbuch und Jugendroman, lektoriert, korrigiert, rezensiert und schreibt selbst. Ihre Freizeit gehört dann aber ganz ihrem Hund Hector – dem einzig wahren Hector –, der immer an ihrer Seite ist, ob auf ausgedehnten Wandertouren, beim Stand-up-Paddling oder Trickdogging.

LINDA URBAN

TALK Santa TO ME

Aus dem Englischen
von Fabienne Pfeiffer

Deutsche Erstausgabe
Alle deutschen Rechte: 2024 bei Carlsen Verlag GmbH
Völckersstraße 14–20, 22765 Hamburg
Oktober 2024

Originaltitel: *Talk Santa to Me*
Coverdesign: Leni Kaufmann
iStockphoto.com © Toltemara
Umschlaggestaltung: formlabor
Aus dem Englischen von Fabienne Pfeiffer
Lektorat: Leonie Roth
Herstellung: Joy Knoff
Satz: Dörlemann Satz, Lemförde
ISBN 978-3-551-32207-4

Für Claire

WIE ALLES BEGANN

Ich bin in einem Stall zur Welt gekommen.

Genauer gesagt in einem dekorativen Luxus-Modell für den Innen- und Außenbereich, mit einem beleuchteten Weihnachtsstern auf dem Dach und Boden aus Kunstrasenteppich (Auslaufartikel). Meine Mom war gerade dabei, einen gut neunzig Zentimeter großen Hirten aus dem Lager zur Krippe zu tragen, als der erste heftige Wehenschub einsetzte. Ich sei immer schon impulsiv gewesen, meint Mom – und kaum war mir aufgegangen, dass meine derzeitige Bleibe zu eng geworden war: BAMM. Ihr war sofort klar, dass mein Auszug anstand.

Sie schleppte den Hirten an seinen Platz im Verkaufsraum – denn auch im Großhandel sind Deko-Hirten dieses Formats so teuer, dass man sie nicht einfach fallen lässt – und brüllte, dass irgendjemand Dad Bescheid geben solle. Unter den Lagermitarbeiterinnen, deren Schicht schon vor Ladenöffnung begann, war eine Highschool-Krankenschwester, die sich in der Nebensaison ein wenig Geld dazuverdiente. Sie wies Mom an, sich zwischen eine Dreiergruppe Schafe auf den Boden zu legen und tiefe, kontrollierte Atemzüge zu nehmen – im Takt der Musik, die aus den Lautsprechern des Shops schallte. Gene Autry. »Rudolph, the Red-Nosed Reindeer«.

»Nick!«, schrie meine Mom. Sie wollte meinem Dad in die Augen sehen, während sie diese tiefen, kontrollierten Atemzüge nahm, ganz so, wie sie es im Geburtsvorbereitungskurs geübt hatten. Dad war zu dem Zeitpunkt allerdings im Baumschuppen und hatte mit einem Kunstfichtendebakel zu kämpfen, also konzentrierte Mom sich stattdessen auf das Polyvinylharzgesicht eines mittelgroßen Weisen aus dem Morgenland.

Es ging schnell. Rudolph hatte kaum Zeit, mit seiner roten Nase das Weihnachtsfest zu retten, ehe ich auch schon in eine Schürze aus unserem »Weihnachten-im-Juli«-Sale gewickelt in Moms Armen lag. Dad tauchte eine Minute später auf und fragte als Erstes, ob ich ein Junge sei und sie mich Blitzen nennen könnten.

Angeblich hat meine Mom ihn keines Blickes gewürdigt. Sie soll einfach weiter in die warmen, bestärkenden Kunstharzaugen des Weisen gestarrt haben. »Ihr Name«, sagte sie, »ist Frankincense.« Was nichts anderes bedeutet als »Weihrauch«.

Nennt mich Francie. Bitte.

1

1. NOVEMBER

Noch während ich die Beifahrertür von Onkel Jacks Truck aufreiße, entschuldige ich mich bereits.

Dafür, dass ich ihn habe warten lassen; dafür, dass mein Weihnachtsmannwecker nicht funktioniert hat; dafür, dass ich nicht wie versprochen auf der Veranda bereitgestanden habe, obwohl ich weiß, dass er mir extra einen Gefallen tut, indem er mich in aller Herrgottsfrühe auf seinem Rückweg von der Allerheiligenmesse abholt. Und zwar nur, damit ich nicht im eiskalten Schulbus zur Hollydale High School fahren muss. Stattdessen habe ich erst vor weniger als fünf Minuten die Augen aufgeschlagen, nämlich als das ferne Rumpeln eines Trucks, der in die Santa Claus Lane einbog, meinen ziemlich grandiosen Traum störte, in dem ich mit einem jugendlichen Michael B. Jordan (prä-Wakanda) in Onkel Jacks makellosem Mazda-MX-5-Oldtimer einen Roadtrip unternahm.

Und nun habe ich seit dem Aufwachen – so will ich meinem Onkel gerade versichern – nicht eine Sekunde getrödelt, sondern bin wie ein höchst verantwortungsvoller Wirbelwind aus dem Bett gesprungen und durch mein Zimmer gefegt.

Ich habe mich in das perfekte Auftakt-Outfit für den ersten Schultag geworfen, das dank meiner besten Freundin Alice Kim, deren smarten Minirock ich mir als Teil des Ensembles geborgt habe, bereits griffbereit in meinem Schrank hing, und auf dem Weg aus der Tür nur noch meinen schon vorbildlich gepackten Rucksack gegriffen. Und zwar ganz ohne zu jammern, zu fluchen oder auch nur ein einziges Licht einzuschalten.

Doch dieser letzte Punkt – das Anziehen im Dunkeln – ist es, der mich nun mitten in meinem Entschuldigungsstrom erstarren lässt. Denn hier, im schummerigen Licht des Führerhauses von Onkel Jacks Pick-up, sehe ich mich plötzlich mit einem größeren Mysterium als der Himmelfahrt der Seelen konfrontiert, mit der sich mein Onkel während der vergangenen Stunde im Gottesdienst beschäftigt hat.

Aus Gründen, die sich mir beim besten Willen nicht erschließen wollen, trage ich nicht etwa Alice' smarten Minirock als Teil meines perfekten Ersteindrucks-Ensembles. Was ich anhabe, ist eine Beleidigung des Heiligen Geistes, ein Stich in die Seele und ein einhundertprozentiger Todesstoß für jede Hoffnung, einen modischen Glanzauftritt hinzulegen.

Ich stecke in einem knielangen, erbsengrünen Skaterrock aus Polyester, gesäumt mit glitzerndem schneeweißem Kunstpelz und bestickt mit knallroten Zuckerstangen, deren Anblick einem die Netzhäute versengt.

Und wenn ich *knallrot* sage, dann meine ich auch knallrot.

Wer in einer Familie wie meiner aufwächst, der kennt sich mit manchen Dingen besser aus als die meisten anderen Leute. Damit, welcher Kleber am besten auf einem Bart aus Yakhaar hält, zum Beispiel. Wo man einen zehn Zentimeter breiten Lackledergürtel in Größe XXXL herbekommt. Wie man in sechzehn verschiedenen Sprachen »Frohe Weihnachten« wünscht. Außerdem lernt man recht schnell, dass es – auch wenn das Wort ständig benutzt wird – die Farbe *Rot* eigentlich gar nicht gibt. Mein Grampa Chris meinte immer, es gibt nur Rot*töne*. Rottöne, die einem ein behagliches, behütetes Gefühl vermitteln. Rottöne, die einem noch Minuten, nachdem man die Augen geschlossen hat, hinter den Lidern brennen. Purpurrot und Zinnoberrot und Korallenrot und Klatschmohnrot und Feuerrot. Granat. Merlot. Liebesapfel. Rosenrot. Weihnachtsrot und Valentinsrot und Rot, das ohne Weiß und Blau daneben einsam wirkt. Backstein. Scharlach. Johannisbeere. Blut. Und dazu noch all die Schattierungen zwischen diesen Farben, Rottöne, die wir vielleicht nicht einmal als Rot wahrnehmen und die womöglich noch keine Namen haben.

Wenn ich also von Knallrot spreche, dann meine ich *Knallrot*. Die Farbe der Zuckerstangen auf diesem lächerlichen Rock, in dem ich unerklärlicherweise stecke, ist knallig und netzhautversengend und das genaue Gegenteil des subtil intellektuellen ersten Eindrucks, den ich heute hinterlassen wollte.

Buchhaltertöchtern passiert so etwas nicht.

Ich kämpfe den Drang nieder, laut zu schreien und zu heulen, und wende mich stattdessen Onkel Jack zu. Ich will ihn gerade um eine Minute Aufschub bitten, damit ich schnell wieder ins Haus rennen und mich umziehen kann, da bemerke ich seine Reaktion auf mein Outfit. Eine Reaktion, die sich grundlegend von meiner eigenen unterscheidet.

Onkel Jack weint. Und nicht vor Lachen. Er weint echte Tränen. »Oh Francie«, sagt er und wischt sich über die Augen. »Was für eine wunderschöne Geste.«

Wie bitte? Träume ich etwa noch?

Gerade will ich mich suchend nach Michael B. umschauen, da entdecke ich das Kirchenblättchen auf dem Sitz neben Onkel Jack, und prompt verstehe ich, was er meint. Mein lieber, guter Onkel Jack fasst meine fehlgeleitete Garderobe des Grauens als vorsätzliche Würdigung seines Vaters – meines Grampas Chris – zu Allerheiligen auf.

Natürlich könnte ich ihn aufklären, aber es erscheint mir edelmütiger, ihn in dem Glauben zu lassen, dass seine Nichte eine selbstlose, gedankenvolle Seele ist. Okay, das ist vielleicht nicht der einzige Grund: Ich habe aktuell bloß dreihundert Dollar auf dem Konto, und je besser ich mich mit Onkel Jack stelle, desto niedriger fällt, so hoffe ich, die Anzahlung für seinen Mazda MX-5 aus, den ich ihm nächsten Sommer abkaufen möchte, sobald ich meinen Führerschein in der Tasche habe. Wobei der Preis vermutlich ohnehin deutlich unter dem wahren Marktwert liegen wird. Onkel Jack ist ein Softie. Der Älteste seiner Geschwister und auch der Emotionalste – er bekommt nicht nur bei Kirchenliedern feuchte Augen, sondern auch bei Kaffeewerbung, Festumzügen und Schultheateraufführungen. Deshalb ist er als Weihnachtsmann eine Katastrophe. Sowie sich ein Knirps mit rosigen Wangen auf seinen Schoß setzt und »Ich hab dich lieb« sagt, fängt Onkel Jack zu heulen an. Das macht den Kindern Angst.

Nach Grampa Chris' Tod hat Dad daher die Santa-Pflichten übernommen. Abgesehen davon, dass er jedes Mal fast die Nerven verliert, wenn wir mit dem Lokalsender unsere Fernsehshow *An Evening with Santa* drehen, schlägt er sich ziemlich gut. Natürlich nicht so gut wie Grampa Chris, aber ihm kann sowieso niemand das Wasser reichen. Für Hollydale gilt: Christopher Wood *war* Santa Claus.

Und dann ist da noch meine Tante Carole, für die es nur eine Erklärung geben kann: Sie muss nach der Geburt im

Krankenhaus vertauscht worden sein. Irgendwo, da bin ich ganz sicher, schüttelt eine fiese Grinch-Familie ihre grünen Köpfe darüber, zu welch enttäuschend gutmütigem Wesen sich ihr Töchterlein entwickelt hat.

»Mir fehlt er auch«, sage ich zu Onkel Jack. Und das ist wahr. So wahr, dass ich feststelle: Mir kommen ebenfalls fast die Tränen. Trotzdem kann ich in diesem Aufzug nicht zur Schule gehen. Ich beschließe, mir etwas zusammenzudichten von wegen, dass ich ihm unbedingt diesen Rock zeigen wollte, aber Schule nun einmal Schule ist und ich deshalb ganz flink noch mal rein und mich umziehen muss und –

Onkel Jack zieht ein Taschentuch aus der Jacke und schnäuzt sich die Nase. »Danke, Süße«, sagt er. Dann verändert sich seine Miene. »Francie.« Etwas Feierliches klingt in seiner Stimme mit. »Mir ist bewusst, dass wir bereits spät dran sind, aber ich möchte, dass du jetzt aufmerksam zuhörst, was ich dir zu sagen habe, und ruhig und gefasst reagierst. Schaffst du das?«

Ach du heilige Nacht.

Das war wohl unvermeidlich. Onkel Jack wird mir eröffnen, dass er – Rock hin oder her – enttäuscht von mir ist. Dass es nicht in Ordnung von mir war, zu spät zu kommen, und dass ich verantwortungsvoller sein muss. Er wird mich daran erinnern, dass die Weihnachtszeit stressig für meine Familie ist und dass insbesondere Tante Carole mein Tun sehr genau im Blick hat und dass mein Dad wegen der finanziellen Lage des Ladens schon genug unter Druck steht und ich meine Impulsivität zügeln und mich insgesamt mehr anstrengen muss. Und damit hat er recht.

Nur zu, Onkel Jack. Ich bin bereit.

»Francie.« Onkel Jack atmet tief durch. »Heute ist Lemon Square Day.«

Lemon Square Day. Die Deckenlampe in der Führerkabine gibt kaum noch Licht ab, aber es genügt, um Onkel Jacks Grinsen zu erkennen.

»Lemon ... Square ... Day?« Ich presse mir eine Hand auf die Brust, packe mit der anderen den Türgriff. »Heute ist LEMON SQUARE DAY?« Ich tue, als würde ich vor Verzückung ohnmächtig. Ganz ehrlich? Wer noch nie ein Stück Lemon Square von Fletcher's Bakery and Café gekostet hat, weiß überhaupt nichts vom Leben. Dieser saftige Mürbeteigboden, die süßlich herbe Zitronencremefüllung, die würzige Ingwerstreuselkruste ... einfach himmlisch. Für diese Lemon Squares sind schon Staatsgeheimnisse verraten worden und Ehen in die Brüche gegangen. In der Woche nach Lemon Square Day stehen die Leute bei den Beichtvätern unserer Kirchengemeinde, der Our Lady of Sorrows Catholic Church and School, Schlange, so viele selbstsüchtige Taten werden für den Genuss dieser kleinen Wunderwerke begangen. Und dennoch ...

Ich trage einen erbsengrünen Rock mit knallroten Zuckerstangen darauf. An meinem ersten Tag in einer neuen Klasse – dem entscheidenden Tag für erste Eindrücke.

»Was sagst du?«, fragt Onkel Jack.

Was *sage* ich?

Impuls oder Imponieren?

Köstlichkeit oder Kostümwechsel?

Wonne oder Würde?

2

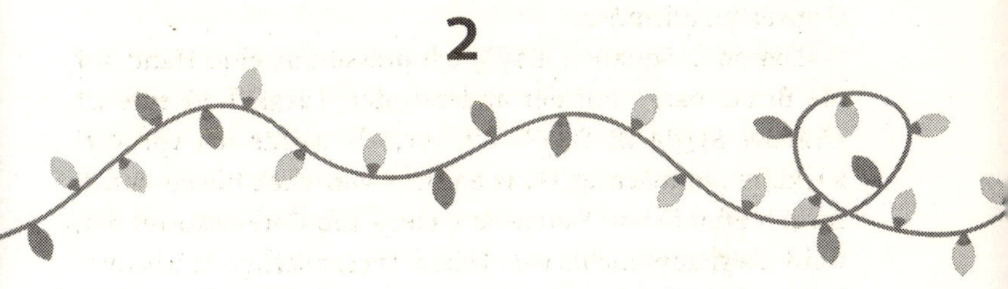

Die Ingwerstreuselkruste der Lemon Squares von Fletcher's Bakery ist mit massenhaft Puderzucker bestäubt, und nach der holprigen Fahrt in Onkel Jacks Pick-up bin ich das jetzt auch. Mir bleibt keine Zeit, viel dagegen zu unternehmen; ich knöpfe meinen Cardigan bis zum Hals zu, halte den Ordner schützend über die Vorderseite meines Rocks und flitze mit dem Klingeln des Schulgongs in meinen Kurs. *Mythologie heute* ist einer dieser vierteljährigen Vertiefungskurse im Fach Englisch, die laut unserer Schulleitung »den Lesekompetenzen sowie dem eigenen schriftlichen Ausdruck unserer Schülerinnen und Schüler Bedeutsamkeit und Authentizität verleihen«. Da wir Blockunterricht haben, steht der Kurs für mich nun dienstags, donnerstags und jeden zweiten Freitag auf dem Plan – es sei denn, die Ferien, irgendwelche Nachholstunden oder spontane Launen unseres Schulrektors grätschen dazwischen.

Ein schneller Blick bestätigt meine Erwartung: Nur wenige Zehntklässler haben sich angemeldet, die meisten sind aus der Elften. Grüppchen aus Comicnerds und Theaterkids.

Eine Horde Hockeyhonks ganz hinten. Alles in allem ein bunt zusammengewürfelter Querschnitt der Schülerschaft von Hollydale. Ich schlüpfe hinter den nächstbesten freien Tisch, schlage den Ordner in meinem Schoß auf und versuche mir selbst weiszumachen, dass mein grelles Outfit vermutlich ohnehin niemandem auffällt oder zumindest allen total egal ist. Schließlich war gestern Halloween und der Anblick von Vampirzähnen und Ganzkörper-Wookiee-Kostümen auf den Schulfluren letzte Woche vollkommen normal.

Ich ringe um meine Konzentration. Vorn lehnt sich Ms Colando an ein Stehpult und hantiert mit ihrer Klassenliste. Viel weiß ich nicht über sie, außer dass sie jeden Juli zur Comic-Con geht und dort offenbar genauso viel Geld für Fan-Shirts ausgibt wie für Hotel und Anreise. An der Hollydale High School kursiert das viel geglaubte Gerücht, dass Ms Colando auf der Comic-Con einst einen unbeschreiblich romantischen Abend mit einem der Batman-Darsteller hatte. Uneinigkeit herrscht lediglich darüber, ob es nun Affleck oder Keaton war. Manche ziehen sogar Adam West in Betracht, aber bei der Behauptung geht es wohl mehr um den Unterhaltungswert als darum, wie wahrscheinlich dieses Szenario ist.

Heute hat sich Ms Colando für ein Vintage-T-Shirt von 2004 entschieden. Die Farbe ist zu einem stumpfen Mottengrau verblichen, aber das Hauptmotiv lässt sich noch erkennen: ein Superman mit besonders beeindruckendem Bizeps sprengt sich aus einer Kette frei, die denen ähnelt, mit denen meine beste Freundin Alice und ich früher immer unsere Fahrräder am Ständer vor der Stadtbibliothek angeschlossen haben. Während Ms Colando zu reden anfängt, rätsele ich, wie Superman sich in diese verkettete Lage gebracht hat. Welcher Schurke würde denn derart erbärmliche Fesseln benutzen? Vielleicht ein leidenschaftlicher Tour-de-France-Fan. Der Radler? Nein, Sekunde ... der Doper. Nach einem Dopingtest all seines Ruhms beraubt, schwört der Doper, sich an der Star-Reporterin zu rächen, die die Story enthüllt hat, ausgerechnet Supermans Herzallerliebster Lois Lane. Der Doper entführt also Lois, zwingt sie in einen unvorteilhaften Spandex-Overall und sperrt sie in die Garage seiner Eltern, wo er droht, ihr ... etwas anzutun. Hier kommt meine Geschichte ins Stocken, wie es mir so oft passiert. Deshalb habe ich in diesem Quartal *Mythologie heute* statt *Kreatives Schreiben* gewählt: Ich habe ein Händchen für Set-ups, aber alles Weitere erfordert einen unerschütterlicheren Durchhaltewillen, als ich aufbringen kann. Da scheint es mir cleverer, mich beim Schreiben an zuverlässige Fakten zu halten.

»Frankincense?«, fragt Ms Colando.

Ich schrecke auf, panisch, dass sie mich beim Tagträumen erwischt hat und der erste Eindruck somit bereits ruiniert ist, doch Ms Colando sieht mich gar nicht an. Ihr Finger liegt auf der Klassenliste. Nicht meine Unaufmerksamkeit ist ihr ins Auge gefallen, sondern mein Name.

Wie üblich regt sich irgendwo im Raum Gekicher. Ein paar Leute hatten früher schon Kurse mit mir zusammen, aber da ich meinen vollständigen Namen nie benutze, gerät er immer wieder in Vergessenheit. Für alle anderen ist mein Name neu und kurzzeitig eine herrliche Zielscheibe für Gespött. »Frankincense«, wiederholt einer der Hockeyhonks in einem Tonfall, der albern und zugleich unterschwellig bedrohlich klingt.

»Francie«, berichtige ich Ms Colando.

»Francie.« Ms Colandos Blick trifft meinen, sie kritzelt etwas in ihr Klassenbuch und deutet dann mit dem Bleistift auf mich. »Was ist ein Mythos?«

Trotz meiner Superman-Fantasien habe ich genügend aufgepasst, um mir bewusst zu sein, dass sie diese Frage schon mehrfach in den letzten Minuten gestellt hat. Sie ist eine dieser Lehrkräfte, die darauf beharren, dass es nicht *die eine* richtige Antwort gibt, und deshalb dieselbe Frage wieder und wieder stellen. Natürlich gibt es sehr wohl eine richtige Antwort – das verrät schon die Tatsache, dass solche Lehrer genau dann mit der Fragerei aufhören, wenn endlich gefallen ist, worauf sie aus waren. Allem Anschein nach sind wir noch nicht an diesem Punkt angelangt.

Die meisten bisherigen Antworten haben sich um Götter und Göttinnen gedreht. DeKieser Shelby hat den Aspekt »antik« abgedeckt und auch irgendetwas von Erklärgeschichten gefaselt. Natürlich nicht in exakt diesem Wortlaut. Sie hat gesagt, es handele sich um »uralte Geschichten und Kram, womit die Leute versucht haben, sich auf alles Mögliche ihren Reim zu machen, oder was weiß ich«. DeKieser ist echt schlau und besonders in Mathe ein Ass – was ich nie gedacht hätte, als wir uns kennengelernt haben, weil sie so flapsig daherredet. Seit wir befreundet sind, habe ich gelernt, dass sie Ausdrücke wie »Kram« und »was weiß ich« quasi als Variablen à la x und y verwendet: Platzhalter für die eigentlichen Wörter, die sich mit etwas Logik im Grunde leicht ableiten lassen. Leider ist es so, dass viele meiner Mitschüler nicht nur höhere Mathematik meiden, weil sie davon ausgehen, dass ihnen das Ganze zu schwierig ist, sondern sich auch von DeKieser fernhalten in der Überzeugung, dass sie zu simpel gestrickt ist. DeKieser behauptet allerdings, ihr wäre das egal. Dass ihre echten Freundinnen und die Mädels, die sie datet, verstehen, was sie meint – und das genügt ihr. Wie schon gesagt: DeKieser ist echt schlau.

Ms Colando wartet, während ich mein Gehirn nach einer

anderen Definition für Mythos durchforste. »Dinge, an die Menschen glauben, die aber nicht stimmen«, sage ich.

Mehrere Reihen hinter mir ertönt ein ersticktes Husten, als hätte jemand einen Kaugummi in die Luftröhre bekommen. Gelächter folgt.

»Mhmm«, macht Ms Colando. Sie notiert etwas auf ihrer Liste und scannt dann den Raum auf der Suche nach einer weiteren Antwort. Ich werde in ihrem Unterricht besser aufpassen müssen. Keine Superschurkentagträume mehr. Zumindest so lange, bis ich Ms Colando gut genug einschätzen kann, um zu wissen, welche Art von Antworten sie sich wünscht. Tiefgründig und abstrakt? Kann sie gerne haben. Knapp und fundiert? Auch gut. Ein Nachgeplapper ihrer eigenen Worte? Nichts leichter als das. Ich habe schließlich neun Jahre lang eine katholische Schule besucht, ehe ich letztes Jahr nach Hollydale gewechselt bin.

»Was ist Mythologie?« Ms Colando studiert wieder ihre Klassenliste. »Gunther?«

Gunther Hobbes. Top-Stürmer der Hockey-Schulmannschaft. Anscheinend ist er Teil des Pulks von Hockeyhonks, die sich in der hinteren Ecke drängen. Ich verdecke meinen Rock noch ein wenig mehr mit dem Ordner.

»Mythologie ist das, was man wählen muss, wenn im Kurs *Sportjournalismus* kein Platz mehr frei ist«, sagt Gunther. Die Hockeyhonks grölen wieder los.

»Du kannst auch in diesem Kurs über Sport schreiben, wenn du möchtest«, erwidert Ms Colando. »Abgesehen von zeitgenössischen Religionen lässt sich hier praktisch über jedes Thema schreiben, das seine eigene Mythologie besitzt.«

»Wieso können wir nicht über Religion schreiben?«, fragt ein Theatermädel.

»Weil ich gern meinen Job behalten würde«, sagt Ms Colando.

»Im Hockey gibt es keine Mythologie«, meint irgendjemand anders aus der Hockey-Ecke.

»Ah, aber es gibt eine Mythologie *des* Hockeys.« Ms Colando tippt auf das Pult. »Ich bin nicht wirklich die Richtige, um dir etwas darüber zu erzählen, da ich nicht viel Ahnung von dem Spiel habe, aber –«

»Alles, was Sie wissen müssen, ist: Vikings RULE!« Die Hockeyhonks johlen laut und trommeln auf ihre Tische.

Ms Colando reagiert weder amüsiert noch verärgert – oder zumindest *wirkt* sie weder amüsiert noch verärgert. Sie wirkt eher wie jemand, der darauf wartet, dass sich die Fahrstuhltür öffnet. Als sei ihr vollkommen klar, dass alles außer geduldigem Ausharren völlig nutzlos wäre.

Eine weitere Stimme: »Mythologie ist eine Methode, die Ordnung zu wahren. Die Leute an der Macht spinnen Mythen, die zementieren sollen, dass die Dinge genau richtig sind, wie sie eben sind.«

Noch ehe ich mich umdrehe, ist mir klar, was passiert sein muss. Irgendein armer Nerd ist früh zum Kurs erschienen und hat sich einen vermeintlich sicheren Platz im hinteren Teil des Klassenzimmers gesucht, nur um dann von einem Rudel spät eintrudelnder Hockeyhonks umringt zu werden. Ein einsamer Lachs inmitten von Grizzlys.

Ich wende mich um, so gut ich kann, ohne dass mir dabei der Ordner vom Schoß rutscht, entdecke dort hinten aber keinen Lachs.

»Und die Leute, die nicht an der Macht sind?«, fragt Ms Colando.

»Mythen machen ihnen weis, dass ihr Elend oder Unglück entweder Schicksal oder ihr eigenes Verschulden ist. So werden sie davon abgehalten, gegen ihre Lebenssituation aufzubegehren.«

Der Sprecher ist kein Fisch – sondern Hector Ramirez, der kürzlich an unsere Schule gewechselt ist. Zehntklässler. Er ist in meinem und DeKiesers Algebra-II-Kurs. Würde er ein paar Reihen vor mir sitzen wie in Mathe, hätte ich ihn erkannt. Hector Ramirez hat bemerkenswerte Schultern. Das kann ich ganz objektiv behaupten.

Und wie sich herausstellt, sind seine Schultern von vorn ebenso ansehnlich wie von hinten. Diese Schlussfolgerung ziehe ich im selben Moment, in dem ihm jemand von hinten einen Schlag auf den Arm verpasst, der ihn ein paar Zentimeter zur Seite katapultiert. Gerade so weit, dass das feixende Gesicht des Remplers in mein Blickfeld kommt. Sam Spinek.

Ach du heilige Nacht.

Ms Colando redet wieder, und die Leute um mich herum scheinen etwas mitzuschreiben, doch eine Sekunde lang könnte ich schwören, dass ich Chlor rieche, und das Denken fällt mir schwer. Irgendwann klingelt es. Ich stopfe meinen Rock noch enger unter mir fest und ziehe in einem großen Akt den Reißverschluss meines Mäppchens zu, damit ich sitzen bleiben kann, bis die Hockeyhonks verschwunden sind. Sie strömen in einer Traube durch die Tür, johlend, pfeifend, schubsend. Ich warte, bis nur noch DeKieser und ich im Zimmer sind, ehe ich den Ordner von meinem Schoß hebe und auf die Beine komme. Und so stehe ich in bester Gesamtansicht sämtlicher knallroter Zuckerstangen vor meinem Tisch, als Star-Stürmer Gunther Hobbes noch einmal den Kopf zur Tür hereinsteckt.

»Hübsches Outfit«, ruft er und streckt mir dann die Zunge heraus.

»Bah«, macht DeKieser, während Gunther sich grölend in

den Flur zurückzieht. »Wollte er dir den Rock ablecken oder so Ekelkram? Er ist dermaßen zurückgeblieben, wie ein Fünfjähriger oder was weiß ich.«

Mag sein, dass DeKieser gut in Mathe ist, aber bei dieser Gleichung liegt sie daneben. Gunther Hobbes ist in seinem Tun und Denken nicht elf Jahre zurückgeblieben. Sondern nur zwei.

3

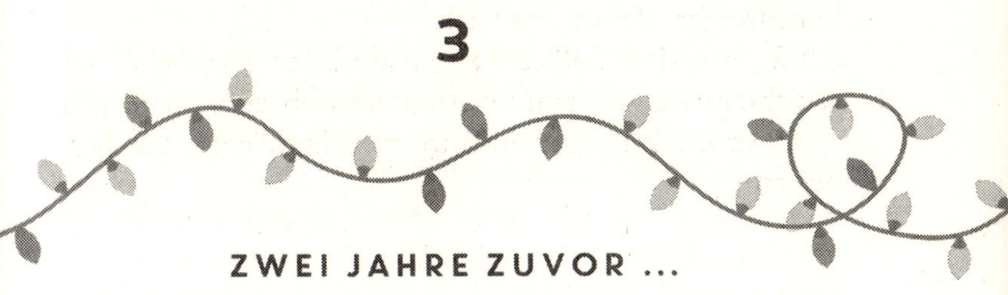

ZWEI JAHRE ZUVOR …

Passiert ist es folgendermaßen: Ein paar Wochen vor meinem dreizehnten Geburtstag saß ich zusammen mit Mina Patel auf ihrer Veranda. Mina ist ein Jahr älter als ich und wohnt in der kleinen Siedlung hinter dem Hollydale Holiday Shop. Das macht sie zu einer der wenigen Freundinnen, deren Haus für mich fußläufig liegt. Genau genommen waren wir bloß Sommerfreundinnen, verbrachten nur Zeit miteinander, wenn Alice in Michigan ihre koreanische Grandma besuchte und Mina ihren Bruder nicht dazu bewegen konnte, sie zu ihren echten Freundinnen zu chauffieren. Wir hingen zusammen ab, wie das in der Mittelstufe wohl unausweichlich ist, in dem vollen Bewusstsein: Hätten wir andere Optionen, würden wir sie nutzen.

Jedenfalls saßen wir da und redeten darüber, wo wir überall hinfahren würden, sobald wir unseren Führerschein und ein eigenes Auto hätten, als Sam Spinek auf seinem Fahrrad heranrollte. Mina und ich hatten uns in dieser Woche schon einige Male mit ihm getroffen und einmal sogar darüber unterhalten, was es mit unseren Vornamen auf sich hatte. (Sam ist nach einem früheren Gouverneur von Texas benannt, Mina nach der Tochter einer hinduistischen Gottheit und außerdem einer entfernten Tante, und ich ... na, das hatten wir ja schon.) Sam war damals vierzehn, wie Mina, ging genau wie sie auf die staatliche Schule und spielte auch Hockey wie Mina – als er also vor ihrem Haus anhielt, plauderten er und Mina eine Weile über all diese Dinge.

Sam Spinek hat eine Narbe unter dem rechten Auge, die von einem Hockeypuck stammt. Die Narbe sieht aus wie ein Lachgrübchen, und während die beiden quatschten, hielt ich den Blick fest darauf geheftet. Das Grübchen bewegte sich. Ich starrte und starrte, bis ich vollkommen fasziniert zu dem Schluss kam, diese Narbe bis in alle Ewigkeit betrachten zu können. Leider wurde ich in diesem Moment von meinem in meiner Tasche vibrierenden Handy in die Realität zurückkatapultiert. Es war acht Uhr, und ich hatte Mom versprochen, um halb neun zu Hause zu sein, deshalb sagte ich Mina, dass ich losmusste, und machte mich auf den Heimweg. Ich war erst ein paar Häuser weit gekommen, als Sam Spinek mit seinem faszinierenden Grübchen mich auf dem Rad einholte. »Hey, Frankincense«, sagte er. »Ich kann dich mitnehmen, wenn du willst.«

Oh Grübchenjunge, dachte ich. *Ich will.*

Ohne einen weiteren Gedanken zu verschwenden, schwang ich mich auf sein Rad und er richtete sich auf den Pedalen auf, wie man das eben zwangsläufig macht, wenn man jemanden im Gepäck hat. Um nicht hinunterzufallen, klammerte ich mich an seinen Hüften fest, die ebenfalls ziemlich hypnotisierend waren. Und dann radelte Sam Spinek mich im Stehen aus Minas Siedlung die Fair Street hinunter, die Santa Claus Lane hinauf und bis ans untere Ende meiner Hofeinfahrt. Ich rutschte von seinem Rad und hauchte ein

Dankeschön, und plötzlich war da diese merkwürdige, kuschelweiche Stille zwischen uns. Sam Spinek stand noch immer rittlings über seinem Fahrrad und seine Hände lagen auf dem Lenker, doch sein Gesicht kam meinem immer näher, und dann nahm ich nichts mehr wahr außer Gesicht und Grübchen, und in diesem Moment wusste ich, dass er mich küssen würde.

Dieser hinreißende ältere Junge mit Grübchen würde *mich* küssen. Mein erster Kuss.

Ich schloss in Erwartung seiner Lippen die Augen.

Was ich spürte, waren weniger Lippen als vielmehr eine Zunge, die sich in meinen Mund schob – steif und geradlinig, wie eins dieser Holzstäbchen in der Kinderarztpraxis.

Ich erinnere mich noch, dass ich dachte: *Wie heißen diese Hölzer?* Und dann: *Was macht diese Zunge in meinem Mund?*

Das ist ein Zungenkuss, sagte meine eine Gehirnhälfte.

Das ist eklig!, kreischte die andere. *Aber immerhin küssen wir, oder? Das* ist doch *Küssen?*

Und dann zog Sam Spinek seine Zunge wieder aus meinem Mund und ich verabschiedete mich. Er strampelte davon und ich ging die lange Einfahrt zu unserem Haus hinauf. Ich muss wohl die Tür geöffnet haben, denn irgendwann war ich drin. Und ich muss wohl die Treppe hinaufgestiegen sein, denn irgendwann war ich in meinem Zimmer. Und ich muss auch zum Fenster gestolpert sein, denn irgendwann schaute ich hinaus und sah weder Sam Spinek noch sein Fahrrad, dachte aber: *Ich bin geküsst worden. Ich habe meinen ersten Kuss erlebt.* Und mit einem Mal reagierten sämtliche Zellen meines knapp dreizehnjährigen Körpers gleichzeitig. Mein Gesicht testete aus, wie viel Blut es auf einmal durch meine Kapillaren schießen konnte. Mein Magen machte eine Bestandsaufnahme seines Inhalts und erwog, ihn gänzlich loszuwerden. Meine Knie wurden zu biegsamen Trinkhalmen. Die Haare in meinem Nacken stellten sich auf. Meine Zunge? Meine Zunge regte sich nicht. Genau wie kurz zuvor am Ende der Hofeinfahrt. Bloß dass sie sich jetzt fragte: *Hätte ich mich da vielleicht bewegen sollen oder so?*

Die Antwort darauf erhielt ich ein paar Tage später in Minas Garten. Wir schwammen im Pool der Patels und spielten Marco Polo, eine Art Fangspiel im Wasser. Ich – die ich mir nun, da ich eine fremde Zunge im Mund gehabt hatte, ungemein weltgewandt vorkam – neckte Minas Bruder Amar, der schon in der Elften und enorm beliebt war. Er und seine Freunde hätten unter anderen Umständen keinesfalls freiwillig das Wasser mit mir geteilt, doch Mina hatte mich eingeladen und es war über dreißig Grad heiß.

Ich habe mittlerweile vergessen, was ich zu Amar gesagt habe, aber an seine Antwort erinnere ich mich: »Ach ja?« Das habe ich noch ziemlich genau im Kopf. Amar sagte: »Ach ja?«, und dann schob er hinterher: »Zumindest weiß ich, wie man küsst.«

Die Zunge hätte sich aktiv einbringen sollen!

»Hast du dich an Francie rangemacht?«, brüllte Mina Amar an.

»Himmel, nein. Das war Spinek. Er sagt, sie hat keine Ahnung, wie man küsst. Das hat er uns an den Gewichten erzählt.«

Mit »an den Gewichten« meinte Amar die Garage der Patels, in der er ein paar Langhanteln, eine Hantelbank und noch anderen Workout-Krempel lagerte und zusammen mit seinen coolen Freunden Gewichte stemmte und grunzte und allem Anschein nach Geschichten über die Mädchen aus der

Nachbarschaft und ihre mangelhaften Kusskompetenzen austauschte.

Ich sank unter die Wasseroberfläche. Falls Amar noch mehr zu sagen hatte, wollte ich es nicht hören. Durch das gechlorte Blau erkannte ich Minas untere Körperhälfte, schlank im Bikini. Amars Beinbehaarung war so dicht, dass ich sie von der anderen Seite des Pools auszumachen vermochte. Niemand spielte mehr Fangen. Ich harrte unter Wasser aus, versuchte mir etwas zu überlegen, das ich beim Auftauchen sagen könnte, doch mir fiel nichts ein. Nichts. Nichts. Gefühlte Minuten vergingen. Immer weniger Sauerstoff drang bis in mein Gehirn vor. Selbst jetzt noch bin ich mir sicher, dass ich einen Oktopus an mir habe vorbeischwimmen sehen.

»Sogar ich weiß, wie man küsst«, sagte der Sauerstoffmangel-Oktopus im Vorübergleiten. »Dein Leben ist vorbei.«

Meine Lungen meldeten sich mit der Information, dass der Oktopus recht behalten würde, sofern ich nicht umgehend auftauchte, was ich dann schweren Herzens auch tat. Die Partie Marco Polo war wieder in vollem Gange, aber niemand wirklich mit Begeisterung bei der Sache. Sie taten nur so, als würden sie nacheinander haschen. Mina hatte damit gedroht, sie alle aus dem Pool zu werfen und nach Hause zu schicken, wenn irgendjemand noch ein Wort verlor, doch Amar hatte ohnehin keine Lust mehr aufs Schwimmen. Er zog sich aus dem Wasser – auf so betont männliche Art, dass man hätte denken können, er würde von einem Bademodenhersteller dafür bezahlt. »Ich gehe an die Gewichte«, verkündete er seinen Freunden, die bei dieser Erklärung ebenfalls sofort aus dem Wasser sprangen wie dressierte Seelöwen in einem Themenpark. Ich verfolgte, wie sie sich abtrockneten und ihm in die Garage hinterherpilgerten, sich dann aber geschlossen und wie einem geheimen Kommando folgend noch einmal zu mir umdrehten und mir ihre Coole-Jungs-Zungen herausstreckten.

Ein Zungenspatel, fiel es mir in diesem Moment ein. *So heißt das Hölzchen.*

4

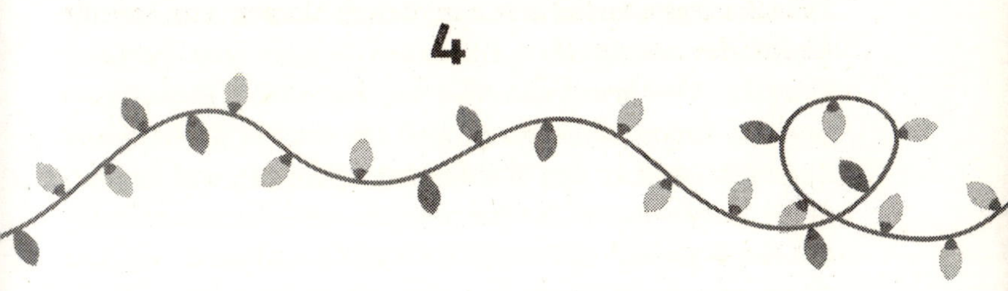

Ich denke noch immer über Gunther Hobbes' Zunge nach, als der Bus mich am Nordpol absetzt. Die Santa Claus Lane ist eine Privatstraße und etwa eine halbe Meile lang. Fast am Ende, auf der östlichen Seite, führt eine lange Einfahrt mit leichtem Anstieg zum Haus meiner Familie hinauf: erbaut im Kolonialstil irgendwann in den 1970ern und optisch identisch mit all den übrigen Kolonialbauten, die sich in den engen Siedlungen rings um den alten Stadtkern von Hollydale aneinanderdrängen. Bemerkenswert an unserem Haus ist lediglich die Tatsache, dass sich kein anderes solches Haus in Sichtweite befindet. Von uns aus sieht man bloß den Hollydale Holiday Shop, der auf der gegenüberliegenden Straßenseite der Santa Claus Lane aufragt.

Der Holiday Shop hat keine einzelne Ladenfront, sondern ist in einer Reihe von Gebäuden untergebracht, die im 19. Jahrhundert Teil eines kleinen Milchwirtschaftsbetriebs waren. Eine mittelgroße Melkscheune fungiert heute als zweistöckige Verkaufsfläche, von der ein Großteil das ganze Jahr über mit Weihnachtsdeko vollgestellt ist. Die Schaufensterauslage allerdings wechselt mit den Jahreszeiten, je nachdem, wie rentabel die jeweiligen Feiertage sind. Zum St. Patrick's Day lohnt es sich zum Beispiel kaum, auch nur die Kleeblätter auszupacken, Halloween dagegen lässt die Kasse klingeln. Wäre heute kein Alice-Tag, hätte Mom mich garantiert im Laden eingespannt und ich müsste Skelette und Zombiemasken zu den Wühltischen schleppen und an ihrer Stelle handbemalte Truthahnplatten und Gartenaufsteller mit der Botschaft LET'S GIVE THANKS aufbauen. Auf dem Rückweg von der Schule habe ich gerade lange genug durch die Scheiben spähen können, um zu erkennen, dass der Wechsel im Schaufenster diesmal langsam vonstattengeht. Das Arrangement zum Día de los Muertos sieht ziemlich zerrupft aus, und den Schautisch ganz vorn müssen sich Pilger und Vampire teilen. Norman Rockwell trifft Norman Bates.

Am anderen Ende der Scheune, gleich neben dem Parkplatz, schließt sich der Baumschuppen an, dessen Innenleben wirkt, als hätte Walt Disney im Fiebertraum einen Wald entworfen. Grampa Chris hat diesen Schuppen geliebt. Edle Tannen, Fichten, Norwegische Waldkiefern, Balsampappeln – allesamt künstlich, mit vorinstallierter Beleuchtung und feierlich nach Themen geschmückt (»Baby's First Christmas«, »Visions of Sugar Plums«, »Mele Kalikimaka«) – säumen einen gewundenen Pfad, der von einem fünfzehn Zentimeter hohen Holzzaun und einer glitzerbestäubten Kunstschneedecke begrenzt wird. Zwischen den Bäumen verteilt stehen unsere besten animatronischen Weihnachtsfiguren: Santa, der an seinem Schreibtisch sitzt und unermüdlich die Namen artiger Kinder notiert; Mrs Claus, die wie besessen eine Kerze auspustet; ein Elf, der ein schillerndes grünes Päckchen aus Santas Jutesack zieht, es sich dann anders überlegt und das Geschenk zurückstopft. Viele dieser Figuren verkaufen wir nicht, aber sie sind ein großer Familienmagnet. Kinder lieben die Magie, die in ihrer Bewegung steckt, und fragen sich wohl unwillkürlich, ob der Elf oder der Weihnachtsmann nicht doch vielleicht ein winziges bisschen lebendig ist. Vollkommen gebannt stehen sie da, halten regelrecht den Atem an bei dieser Vorstellung. Sie warten darauf, dass der mechanische Santa sich als echt zu erkennen gibt – dass er zwinkert oder den Namen der jungen Zuschauer flüstert, dass er sagt: *Ja, ich bin wirklich, und nur ganz besondere Kinder wie du wissen davon.* Zumindest stelle ich es mir so vor. Ich gehe eigentlich nicht mehr in den Baumschuppen.

Der Schuppen frisst jede Menge Strom, weshalb wir ihn immer erst am ersten Novemberwochenende öffnen. Das steht nun kurz bevor, und deshalb höre ich jetzt, während ich an der Bushaltestelle vor dem Nordpol stehe und eine Textnachricht an Alice tippe, wie mein Dad ruft, dass jemand mal die Räder am Weingummi-Express überprüfen und jemand anders die Schneekanone auf eine Fraser-Tanne richten soll.

Es gibt noch ein paar weitere Nebengebäude, die hauptsächlich als Lager genutzt werden. Eine große Garage beherbergt den auf einen Tieflader montierten Schlitten und die mechanischen Rentiere, die bei der Hollydale Holiday Parade zum Einsatz kommen, sowie das in meinen Augen einzig wahre Wunderfahrzeug: Onkel Jacks wunderschönen sonnenscheingelben, unter einer Plane versteckten Mazda MX-5. Im Gegensatz zum Baumschuppen statte ich der Garage bei jeder sich bietenden Gelegenheit einen Besuch ab.

Abgesehen von unserem Laden verbringe ich die meiste Zeit im sogenannten Nordpol. Dort sitzt die gesamte Verwaltung des Holiday Shop. Früher war der Nordpol ein weitläufiges altes Farmhaus, in dem mein Grampa Chris seine Kindheit verbracht hat. Aber nachdem er das Weihnachtsschmuck-Import-Geschäft von seinem Vater übernommen hatte, wurde das Haus umgebaut, sodass dort heute Büros, ein Pausenraum für die Angestellten und zu guter Letzt auch die Klassenräume der Santa School zu finden sind. Der Nordpol ist das Marketing-Gesicht unseres Familienunternehmens. Das Bild, das auf jeder Broschüre der Santa School und auf sämtlichen unserer Werbeflyer prangt.

Als Onkel Jack mich heute Morgen zur Schule gebracht hat, war das Gebäude noch in bester Halloween-Manier dekoriert, aber irgendwann im Laufe des Tages sind die Fenstergespenster und Kürbislaternen unserem traditionellen Weihnachtsensemble gewichen. Schon solange ich denken kann, wird der Nordpol geschmackvoll herausgeputzt, mit winzigen weißen Lichtern entlang der Dachkante (9,99 $ pro Lichterkette à einhundert Lämpchen) und einem künstlichen Buchsbaumkranz in jedem der neun Fassadenfenster, jeweils beleuchtet von einer elektrischen Kerze und mit einer karmesinroten Schleife geschmückt. Üblicherweise ist die Eingangstür ähnlich bekränzt, aber dieses Jahr hat Tante Carole Dad nach einer lautstarken Diskussion überzeugt, ihre roboterhafte Praktikantin Bryan Hand anlegen zu lassen, sodass nun anstelle des künstlichen Buchsbaums ein wuchtiges silbernes Ungetüm dort prangt, beladen mit spiegelnden Kugeln und klotzigen Kristallen. Aus der Nähe sehe ich es gerade zum ersten Mal. Es wirkt, als hätte jemand mit einer Heißklebepistole Strasssteine und Folienkartoffeln an einen Winterreifen geleimt.

Ich lasse meinen Rucksack auf die Veranda fallen, setze mich unter den Kranz und stopfe mir meinen lächerlichen Rock unter die Beine, um sie vor der kratzigen Fußmatte (»SEASON'S GREETINGS«, 54,95 $) zu schützen. Womöglich hatte DeKieser recht und Gunther hat lediglich auf die

Zuckerstangen auf meinem Rock reagiert oder gar auf den Puderzucker, der meinen Sweater ziert. Schließlich haben die Sticheleien meines dreizehnten Sommers gar nicht allzu lange angehalten. Einzig und allein abgrundtiefe Scham hat mich fortan und für alle Zeit von Minas Haus ferngehalten. In den ersten paar Wochen nach dem Vorfall hat mir hin und wieder, wenn ich mit Mom beim Einkaufen war oder auf dem Weg zur Bibliothek die Fair Street entlanglief, irgendein Junge die Zunge herausgestreckt. Aber dann ist Grampa Chris gestorben – und die Hänseleien mit ihm. Das dachte ich zumindest.

Sobald Alice' Bus kommt, werde ich ihr erzählen, was passiert ist, und sie wird ihr ganzes investigativjournalistisches Können aufbieten, um es für mich auseinanderzuklamüsern. Zum gefühlt milliardensten Mal ertappe ich mich dabei, wie ich mich frage, ob ich einfach meine katholische Ausbildung hätte fortsetzen und wie Alice auf die Regina, Queen of Heaven hätte gehen sollen. Dann wären wir auf derselben Schule, an der es keinen Sam Spinek und keinen Gunther Hobbes gibt, und falls dort doch irgendein Gunther-Hobbes-Klon herumlaufen sollte, würde Alice ans Licht bringen, dass er irgendwelchen Dreck am Stecken hat, und damit drohen, diesen Dreck in der Schülerzeitung zu veröffentlichen, und damit wäre Ruhe im Karton.

Eine Sekunde lang sorge ich mich, dass ich mich im Tag geirrt habe – dass Alice heute nach der Schule noch Schülerzeitung hat. Oder dass sie beschlossen hat, es macht einfach zu viel Mühe, eine Freundschaft auf diese Weise am Laufen zu halten. Dass es bequemer ist, mit anderen Mädels von der Regina abzuhängen oder mit Freundinnen, die fußläufig von ihr wohnen. Nächstes Jahr, wenn ich fahren darf, wird es leichter. Dann hole ich Alice nach der Schule ab, und wir sind nicht mehr dazu verdammt, bei mir zu Hause Hausaufgaben zu machen, wo meine Brüder uns auf die Nerven fallen und meine Mom hereinplatzt, um mich daran zu erinnern, Gram daran zu erinnern, die Lasagne in den Ofen zu schieben. Würde ich noch an den Weihnachtsmann glauben, wäre das der wichtigste Punkt auf meinem Wunschzettel. Außerdem würde ich ihn bitten, sicherzustellen, dass Alice unserer derzeitigen Situation nicht überdrüssig wird, ehe ich meinen Führerschein in der Tasche habe und Onkel Jacks Mazda MX-5 kaufen kann. Vielleicht würde ich mir auch das Geld für den Wagen wünschen.

Ich beginne eine Textnachricht an Alice zu tippen, um ihr von der Sache mit Gunther zu erzählen, doch da mir allem Anschein nach die grundlegenden Kompetenzen fehlen, die meine Generation angeblich auszeichnen, hat nahezu jede Nachricht, die ich verschicke, einen versierten Korrekturleser nötig oder muss von einem Decodierer auf Geheimdienstniveau entschlüsselt werden. Nach ein paar Autokorrekturpannen gebe ich auf. Alice antwortet sowieso nicht, was bedeutet, dass sie wahrscheinlich viel zu beschäftigt damit ist, mit einer ihrer Freundinnen von der Regina zu plaudern oder vielleicht sogar mit einem Kerl zu flirten. Im Rahmen einer Sparmaßnahme teilt sich Alice' Schule die Busse mit der katholischen Jungen-Highschool Saint Lawrence und der nahe gelegenen protestantischen Hochschule. Offenbar verwandelt dieser Umstand die Busse in eine Art überkonfessionelle Clubszene für Jugendliche, die noch nicht selbst ans Steuer dürfen.

Aus dem Nordpol höre ich Tante Caroles Stimme, die exakt die richtige Tonhöhe und Klangfarbe besitzt, um den Kranz über meinem Kopf erbeben zu lassen. Einen Moment später öffnet sich die Tür in meinem Rücken. Praktikantin Bryan.

»Francesca«, sagt sie und klingt dabei quietschvergnügt und blechern zugleich, was meinen Verdacht untermauert, dass Bryan keineswegs BWL am örtlichen College studiert, wie sie behauptet, sondern in Wahrheit ein Roboter ist, den Tante Carole an den Wochenenden zusammengeschraubt hat.

»Briana«, erwidere ich. Wenn sie meinen Namen verhunzt, kann ich die Gefälligkeit zumindest erwidern. Ich sehe, wie ihre seelenlosen Augen auf der zuckerstangenbestickten Grässlichkeit landen, die ich trage, und wappne mich für einen vernichtenden Roboterkommentar.

»Wo ist die Weste?«, fragt sie.

Falls das ein Witz sein soll, kapiere ich ihn nicht. »Welche Weste?«

»Die Weste, die zu dem Rock gehört. Ich habe die komplette Garnitur auf Caroles Anweisung in deinen Kleiderschrank gehängt, damit du nicht behaupten kannst, du hättest die Sachen verlegt.«

Ich fasse es nicht. »Du warst an meinem Kleiderschrank? In meinem Zimmer? In meinem Haus?«

Bryan mustert mich aus halb zusammengekniffenen Augen. Das mag nicht besonders selbstgefällig klingen, doch genau das ist es. »An die Kombination war eine umfassende Anleitung gepinnt. Rock und Weste bilden zusammen eine Arbeitsuniform. Du sollst beides eine Woche lang tragen und dann zu deinen Eindrücken Bericht erstatten.«

»Bericht erstatten kann ich auch gleich hier und jetzt. Es ist abscheulich.«

Wieder der verkniffene Todesblick. »Hättest du die Anweisungen gelesen, wüsstest du auch, dass die ästhetische Beurteilung der Kundenfokusgruppe vorbehalten bleibt. Von dir erwarten wir Daten zu Langlebigkeit, Atmungsaktivität,

Reinigbarkeit, Wahrnehmbarkeit sowie jeglichen nennenswerten Bewegungseinschränkungen.«

»Das alles stand auf dem Zettel?«

»Ich bin sehr gewissenhaft«, sagt sie und tätschelt ihr Notizbuch.

Seit zwei Jahren beteuere ich allen gegenüber, dass der Hauptgrund, warum ich mich für die Hollydale High und anders als so viele meiner katholischen Altersgenossen gegen die Regina entschieden habe, die Uniformen sind. Jeden Tag dasselbe: karierter Rock, weiße Bluse, grüner Cardigan, grüne Kniestrümpfe. Keine Knöpfe, Haarklemmen oder sonstiger sichtbarer Schmuck. Jedes Mädchen dieser Schule sollte möglichst genauso aussehen wie all die anderen. Ich schwöre, wenn sie es irgendwie hätten rechtfertigen können, uns mit identischen Perücken auszustatten, hätten sie es getan. Und jetzt will Tante Carole Uniformen im Shop? Das muss ich als persönlichen Angriff auffassen – wobei es schon eine gewaltige Investition für den Laden wäre, jeden einzelnen Mitarbeiter in hornhautversengende Elfenkostüme zu stecken, nur um mich zu foltern. »Und was halten die anderen davon?«, frage ich Bryan.

»Carole betrachtet es als einmalige Gelegenheit, den *Erlebnisfaktor* des Hollydale Holiday Shop auf ein neues Level zu heben. Sie ist überzeugt, dass die richtige Uniform ein immenser Gewinn –«

»Ich rede nicht von Tante Carole. Ich meine die restlichen Angestellten. Die Kassierer. Die Leute vom Wareneingang. Die Damen in der Grußkartenabteilung. Ich kann mir Dottie beim besten Willen nicht in einer Weste vorstellen.«

Ein dünnes, gepresstes Grinsen von Bryan. »Das ist eine *Muster*uniform, Francesca. Du bist die Erste und vorerst *Einzige*, die sie testet.«

Das Ganze *ist* ein persönlicher Angriff! »Nein«, sage ich. »Auf keinen Fall. Ich laufe nicht im Laden herum wie ein debiler Elf, während alle anderen ganz normal aussehen.«

»Debilität würde sich eher in deinem Verhalten als in der Uniform zeigen. Nein, nein. Farbenfroh! Verspielt! Herzlich! Einladend! Das sind Schlagworte, die viel eher mit der Markenidentität einhergehen, die wir anstreben.« Bryan hält kurz inne und legt den Kopf schief, als würde sie auf weitere Funkanweisungen aus der Steuerzentrale warten. Offenbar kommen tatsächlich welche, denn eine Sekunde später reißt sie eine Seite aus ihrem Notizbuch und hält sie mir mit steifem Roboterarm unter die Nase.

»Was ist das?«, frage ich überflüssigerweise. Die Seite trägt die fette Überschrift: *TO-DO-LISTE FÜR F.* Darunter, in maschinell wirkenden Druckbuchstaben, sind drei Punkte aufgeführt:

- **UNIFORM TESTEN**
- **HANDBUCH KOPIEREN UND AN SANTA FRANKLIN SCHICKEN**
- **UNIFORM-BEWERTUNGSBOGEN AUSFÜLLEN – ABGABE SAMSTAGMORGEN**

Ich versuche, ihr die Liste zurückzugeben. »Wirf mal einen Blick auf den Dienstplan, Bry. Ich habe heute frei.«

»Aber du trägst deine Uniform.«

»Ich wusste nicht, dass das eine Uniform sein soll.«

»Also hast du dich *aus freien Stücken* entschlossen, als debiler Elf herumzulaufen?«

Kein Kommentar. Ich werde Bryan nicht auf die Nase binden, dass ich mich im Dunkeln angezogen habe. »Gestern war Halloween, und ich habe mich breitschlagen lassen, im Laden Süßigkeiten zu verteilen, sodass ich stattdessen heute Nachmittag freibekomme, also kannst du deine Liste wieder mitnehmen.« Ich bin heute nicht verfügbar. Ich werde diese Liste nicht abarbeiten. Ich treffe mich mit Alice. Alice und ich sehen uns nur noch ein paar Mal pro Woche, und ich werde kein einziges Mal davon sausen lassen, nur damit Bryan bei Tante Carole mit ihren Personalmanagement-Skills Eindruck schinden kann.

»Oh weh.« Bryan klappt ihr Notizbuch wieder auf. »Da wird Carole aber enttäuscht sein. Eigeninitiative und Engagement sind zwei unserer Mitarbeiter-Exzellenzsäulen.« Ihr Stift schwebt ein paar Zentimeter über meinem Probezeitzettel. Eine Woche nach Grampa Chris' Tod ist Tante Carole aus Kalifornien hierhergezogen, um »auszuhelfen« – im Gepäck einen Haufen neuer Ideen, wie der Shop sich modernisieren und verbessern ließe. Die meisten ihrer Änderungsanträge hat Dad abgebügelt, aber ein bisschen Spielraum gesteht er ihr hin und wieder zu, um sie sich vom Hals zu halten. Ein solches Entgegenkommen war der silberne Türkranz. Ein weiteres Zugeständnis: Sie durfte für alle neuen Angestellten eine Probezeit einführen. Während dieser Phase werden Punkte für die von ihr etablierten Exzellenzsäulen vergeben: Dienstbereitschaft, Kundenservice, Eigeninitiative, Weihnachtsmentalität und so weiter. Nach neunzig Arbeitstagen und sofern man genügend Säulenpunkte in sämtlichen Bereichen gesammelt hat, ist man für gewisse Vergünstigungen qualifiziert, kann anfangen, Urlaubstage zu sammeln, und bekommt nicht zuletzt eine Lohnerhöhung, die »dem Säulenlevel angemessen ist«. Kurz gesagt: Tante Carole hat die Macht darüber, wie schnell ich das Geld für meinen Mazda MX-5 zusammenbekomme.

»Aber ich habe heute frei«, wiederhole ich. Ich hasse es, wie kläglich ich klinge. Bryan anzubetteln ist in etwa so erbärmlich, wie einen Geldautomaten um ein paar Groschen anzuflehen. Und auch ähnlich zielführend. Bryan zuckt mit den Schultern und setzt die Stiftspitze aufs Papier.

»Warte! Okay. Diesen dämlichen Rock trage ich ja ohnehin schon. Also werde ich weiter Eindrücke darin sammeln«, sage ich.

»Und Santa Franklin?«

»Ich schicke ihm eine Kopie des Handbuchs. Nach dem Abendessen, okay? Dann bin ich niemandem im Weg, wenn ich den Kopierer benutze. Alle Angestellten sind bis dahin weg.« *Okay, Bryan? Okay?* Ich hasse mich.

Bryan stülpt die Kappe auf ihren Stift, und ich schwöre, ich höre das *Ping!* einer sich schließenden App. »Das ist wahrer Weihnachtsgeist!«, zwitschert sie. Die Tür zum Nordpol schließt sich. Mein Spiegelbild im Kranz erschaudert. Genau wie ich.

5

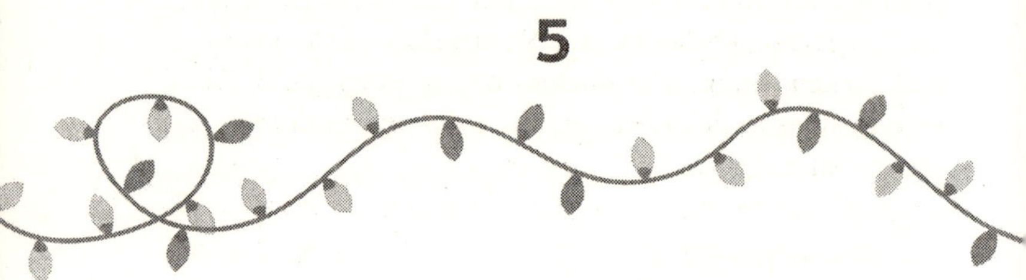

Ich werfe einen prüfenden Blick auf mein Handy.

3:30 Uhr.

3:32 Uhr.

Wo bist du?, schreibe ich Alice.

Diesmal antwortet sie. **Unser Busfahrer hat angehalten, um ein paar Hooligans vom Trinity den Marsch zu blasen.**

Prost Tanten fehlt es an Disziplin. *Verdammt.* **Protestanten.** Ich warte auf ein Tränen lachendes Emoji von Alice als Reaktion auf meinen Vertipper, doch das Handy bleibt stumm. Natürlich könnte ich jetzt mein Algebrabuch hervorholen und schon einen Teil der Hausaufgaben erledigen, aber stattdessen schaue ich lieber zwei kleinen Mädchen zu, die im Innenhof der Bibliothek auf der anderen Straßenseite Fahrrad fahren. Hoch über ihnen sind schon jetzt Lichterketten gespannt für den Benefiz-Weihnachtsbaumverkauf, der dort in der Woche vor Thanksgiving eröffnet. Die Lämpchen hängen gut zehn Meter über ihren Köpfen; trotzdem strecken die beiden vom Sattel aus ihre Hände in die Höhe, als glaubten sie, die Lichter berühren zu können.

Endlich hält Alice' Bus an der Kreuzung. Ich schnappe mir meinen Rucksack und hüpfe die Verandastufen hinunter, obwohl es noch weitere zwei Minuten dauert, bis der Bus auf die Fair Street abgebogen ist und ruckelnd vor dem Nordpol zum Stehen kommt. Der Nachmittag ist warm genug für offene Busfenster. Ich höre, wie Alice' Schulfreundinnen sich von ihr verabschieden.

»Was bedeutet das?« Alice springt aus dem Bus und hält mir ihr Handy entgegen. Auf dem Display prangen meine Textnachrichten. »›Samstag Spinne‹?«

Der Bus rülpst und rumpelt davon.

»Sam Spinek«, stelle ich richtig.

Sie wischt über den Screen. »›Misogynie heute‹?«

»Mythologie. Sam Spinek ist in meinem Mythologie-Kurs.« Wir machen uns auf den Weg die Santa Claus Lane hinauf zu meinem Haus. Ich gehe langsam, wohl wissend, dass sich uns gerade die einzige Chance für eine echte, private Unterhaltung bietet. Sobald wir durch die Tür treten, sind da auch Gram und meine Brüder. Gram lässt uns in Frieden, aber Don und Dash sind richtige Meisterspione. Noch ein Grund, weshalb ich den MX-5 brauche. Privatsphäre.

Ich erzähle Alice von *Mythologie heute* und von Sam und Gunther. Zunächst bemerke ich gar nicht, dass sie uns von meinem Haus weglotst, über den Ladenparkplatz und um die Ecke zum Hintereingang des Nordpols. »Wir brauchen eine Plätzchen-Konferenz«, sagt sie und schiebt mich zur Tür der ehemaligen Küche, die inzwischen als Pausenraum für die Belegschaft fungiert. Meine Großmutter hat mittlerweile nur noch wenig mit der Führung des Shops am Hut, aber sie bestückt weiterhin jeden Tag mit Hingabe die schneemannförmige Plätzchendose im Pausenraum mit Köstlichkeiten für die Angestellten. Um ehrlich zu sein: Alice würde eine

Plätzchen-Konferenz zu allem Möglichen einberufen, aber diesmal bin ich auch der Meinung, dass es nottut.

Als wir das Hinterzimmer des Nordpols betreten, kommt uns eine der neuen Saisonangestellten aus der Abteilung Außendekoration entgegen, die anscheinend gerade ihre Pause beendet hat. »So ein herziger Rock«, sagt sie, schon halb aus der Tür. »So etwas würde ich auch tragen, wenn man mir das durchgehen ließe.«

Durchgehen. Als käme es einem Bankraub oder Autodiebstahl gleich, eine so unvorteilhafte Kluft zu tragen. *Pass auf, der Plan lautet folgendermaßen: Ich ziehe jetzt dieses T-Shirt an. Darin sehen meine Brüste aus, als hätte ich Hängetitten, also halt das Fluchtauto bereit!*

»Setz dich«, kommandiert Alice. Sie hebt den Kopf von der Schneemanndose und linst hinein. »Sirup-Plätzchen!«

»Also, Sam Spinek –«, fange ich an.

Alice hält eine Hand in die Höhe. »Erst Plätzchen. Du kennst das Konferenzprotokoll.« Sie nimmt einen abgeplatzten Teller mit der Aufschrift »Für den Dicken im roten Mantel« (14,99 $) aus dem Schrank, legt vier Sirup-Plätzchen darauf und setzt dem Schneemann seinen Kopf wieder auf. »*Elf in Ausbildung* oder Kranz?«, fragt sie und langt nach den Tassen.

»Zum Teufel mit den Elfen.«

Alice holt für mich die Kranztasse aus dem Schrank und wählt selbst eine giftgrüne »Grinch«-Tasse. Sie schenkt uns beiden Kaffee ein, ehe ihr auffällt, dass die Zuckerschale leer ist. Keine von uns trinkt ihren Kaffee schwarz, aber da er nun mal zum Protokoll gehört, trägt sie die Tassen dennoch zum Tisch. Sobald wir mit je einer Tasse Kaffee in der Hand und dem Keksteller zwischen uns Platz genommen haben, legt Alice los.

»Also, wie konnte das passieren? Du bist seit einem Jahr an der Schule – ohne einen einzigen zungenbezogenen Vorfall jedweder Art.«

»Jedweder Art.« Ich setze meine wehleidige Kein-Junge-hält-mich-für-datewürdig-Miene auf, aber Alice kennt mich zu gut und übergeht den Kommentar.

»Bist du ihm heute dort wirklich zum ersten Mal wiederbegegnet? Diesem Sam?«

»Die ganzen Spötteleien im Sommer damals haben nur ein paar Wochen angehalten«, rufe ich ihr ins Gedächtnis. Alice war die komplette Zeit über in Michigan bei ihrer koreanischen *halmoni* – ihrer Großmutter – zu Besuch und ist erst zu Grampa Chris' Beerdigung zurückgekommen. »Und ich war noch ein ganzes Jahr auf der Sorrows, ehe ich nach Hollydale gewechselt bin. Ich muss in der Neunten mindestens einhundert Mal im Flur an Sam vorbeigelaufen sein, aber er hat nie etwas gesagt. Wahrscheinlich hat er mich nicht einmal erkannt.« Ich sehe ziemlich anders aus als mit fast dreizehn. Meine Haare sind kürzer und dunkler, und dass ich BHs trage, ist kein Akt sehnsuchtsvoller Zukunftsfantasie mehr. Ich bin knapp dreizehn Zentimeter gewachsen und auch ein paar Zentimeter in die Breite gegangen an Stellen, die mich selbst überraschen. »Das ist jedenfalls unser erster Kurs zusammen«, ergänze ich.

»Hmm«, macht Alice. »Somit bist du ein ganzes neuntes Schuljahr lang unbeachtet durch die Hallen von Hollydale gewandelt –« Ich bemerke den australischen Akzent, der sich immer dann in Alice' Stimme schleicht, wenn sie sich besonders gewieft vorkommt. Sie und ihre Freundinnen von der Regina sind große Fans der australischen Krimiserie *Miss Fisher's Murder Mysteries*.

»Ich habe Freunde«, hake ich ein.

»Dann also *weitgehend* unbeachtet. Unsichtbar. Unkommentiert.«

»Ein paar Kommentare gab es schon –«

»Aber nicht von Oberstufenschülern. Nicht von explizit diesen Jungen, richtig?«

»Richtig«, bestätige ich.

»Bis heute, als sie deinen Namen gehört haben. Deinen unvergesslichen Namen.«

Ich tunke ein Sirup-Plätzchen in meinen Kaffee in der vagen Hoffnung, dass es das Getränk eventuell versüßt. Fehlanzeige. Der nächste Bissen beweist, dass ich nun auch das Plätzchen ruiniert habe.

»Ich habe es verbittert.« Ich lasse den Rest enttäuscht zurück auf den Teller fallen. Alice schnappt ihn sich unbeeindruckt.

»Und dann hast du angedeutet, dass ein Mythos nichts weiter als eine Lüge ist. Eine LÜGE, Francie.«

»Na und? Das ist er doch gewissermaßen.«

»Ebenso wie Mr Spineks Behauptung, dass du keine Ahnung hast, wie man küsst.«

»Das war keine Lüge. Ich hatte wirklich keine Ahnung, wie man küsst«, sage ich. Ich *habe* keine Ahnung.

»Aber inzwischen weißt du, dank unzähliger Bücher und Filme, wenn auch nicht durch aktive Feldforschung, dass Mr Spinek zu jener Zeit ebenso wenig kussversiert war wie du«, trumpft Alice in bestem Miss-Fisher-Dialekt auf.

»Das weiß aber sonst niemand.«

»EXAKT!« Alice springt erregt auf. »Mr Spinek hat einen Mythos gesponnen – der da lautet: ›Francie Wood hat keine Ahnung, wie man küsst‹ – und darauf gebaut, dass die daraus resultierende Demütigung dir die Lippen versiegeln würde. Aber dann – DANN« – sie macht einen aufgeregten Hüpfer –

»sagst du in eurer ersten gemeinsamen Kursstunde ... Was genau hast du gesagt? Dass Mythen Geschichten sind, die Menschen glauben, obwohl sie nicht stimmen? Was de facto die Definition einer LÜGE ist, und das wiederum, meine liebe Francie, ist praktisch dasselbe, als hättest du Mr Spinek gedroht, ihn als Amateur in der Kunst des Küssens zu entlarven.«

»Er wirkt nicht mehr sehr amateurhaft.« Ich habe ihn schon mit etlichen Mädchen im Flur herumknutschen sehen. Natürlich nicht mit allen auf einmal, aber in ziemlich zügiger Abfolge.

»Noch ein Grund mehr, seine Vergangenheit zu verschleiern, was?« Das *was* markiert den nahtlosen Übergang von Miss Fishers Territorium ins britisch gefärbte Hoheitsgebiet des Schornsteinfegers aus *Mary Poppins*. »Er verpasst dir also einen kleinen Denkzettel, der dich erinnern soll an deine –«

»Demütigung.«

»– und auch seinen Kumpels die Sache ins Gedächtnis ruft, und der Drops ist gelutscht.«

»Nur mit dem richtigen Zungeneinsatz«, sage ich, aber ich weiß, was sie meint: *Zack*, so einfach hat Sam die Erinnerung seiner Hockeykumpane aufgefrischt und Gunther die Erlaubnis erteilt, mich damit aufzuziehen.

»Und was mache ich jetzt?«, frage ich.

Sie zuckt mit den Schultern und schiebt sich den letzten Plätzchenbissen in den Mund. »Lass mich eine Minute nachdenken. Übrigens: Was ist denn da passiert?« Sie hebt ihre Tasse in Richtung meines Rocks und zieht eine Augenbraue hoch. Augenbrauenkommunikation spielt in *Miss Fisher* allem Anschein nach eine wichtige Rolle, und Alice ist fest entschlossen, sie zu perfektionieren.

Ich erkläre die Sache mit den Uniformen. »Noch eine von Caroles üblen Intrigen mit dem Ziel, Weihnachtsstimmung zu verbreiten und gleichzeitig die Weltherrschaft an sich zu reißen«, schließe ich.

»Teuflisch«, meint sie, was sich vermutlich auf Tante Carole, möglicherweise aber auch auf den Kaffee bezieht. »Noch dreißig Arbeitstage, richtig?«

»Neunundzwanzig.« Obwohl ich seit meinem dritten Lebensjahr im Shop aushelfe (das Lametta hängt sich schließlich nicht von allein in die Bäume), durfte ich erst mit fünfzehn zur offiziellen Angestellten auf der Lohnliste aufsteigen – mit richtigem Arbeitsplan und Stundenzettel. Da ich mir den Sommer freihalten wollte, um so viel Zeit wie möglich mit Alice zu verbringen, habe ich mit dem Antritt meines offiziellen Angestelltenverhältnisses bis zum Start des Schuljahrs gewartet.

»Das ist Ausbeutung«, meint Alice. »Hey, Sekunde ... Das ist *wirklich* Ausbeutung! Eine gute Idee für eine Story, oder? Die Ausbeutung minderjähriger Arbeitskräfte durch herzlose kapitalistische Geldsäcke. Das ist doch mal ein Aufmacher, den sogar die *Daily* abdrucken müsste!« Alice hat es sich zum Ziel gesetzt, noch vor ihrem Schulabschluss einen Artikel in der Lokalpresse zu veröffentlichen. »Kann ich ein Interview mit dir führen?«, fragt sie.

»Die Geldsäcke sind meine Eltern, Alice. Und so reich sind wir auch wieder nicht.« Tatsächlich ist das Geld eher knapp im Laden. Und der Stress und die Überstunden haben sichtlich an Mom und Dad gezehrt, seit die beiden das Familienunternehmen vor zwei Jahren übernommen haben – so sehr, dass Dad schon zweimal in Folge ein kleineres Weihnachtsmann-Kostüm und sogar dreimal hintereinander einen größeren falschen Bauch (64,50 $) bestellen musste.

»Stimmt. Okay.« Alice runzelt die Stirn, nippt noch einmal an ihrem Kaffee.

»Du musst das Zeug nicht trinken«, versichere ich ihr.

»Es hilft mir beim Nachdenken«, behauptet sie. »Und nun, da ich nachgedacht habe, kommt hier auch deine Antwort: Du, Frankincense Wood, brauchst einen Freund.«

»Kein Witz«, sage ich und ziehe wieder die Kein-Junge-wird-jemals-Interesse-an-mir-haben-Nummer ab.

»Und mit diesem Freund musst du in aller Öffentlichkeit eindeutige Liebesbekundungen austauschen. Sodass Sam Spinek und seinen Kumpels aufgeht, wie heiß und gefragt du in ganz Hollydale bist. Und schwupp, haben sie keine Munition mehr für ihre Sticheleien.«

»Mhmm. Und wo soll ich diesen Freund hernehmen? Du vergisst, dass seit Peter Pontaski in der siebten Klasse kein einziger Typ mich mehr nach einem Date gefragt hat.«

»Peter ist nach Florida gezogen, stimmt's? So ein Pech. Er wäre ein guter Kandidat gewesen.« Alice nimmt noch einen Schluck Denksaft, angesichts dieses Mangels an Optionen offenbar mit ihrer Weisheit am Ende. »Ich könnte dich mit einem Kerl von der Saint Lawrence verkuppeln, aber das wäre ja wenig hilfreich, was die öffentlichen Liebesbekundungen angeht. Also wirst du wohl selbst den ersten Schritt machen und jemanden ansprechen müssen. Gibt es denn niemanden in Hollydale, den du gern küssen würdest?«

Mehrere Namen geistern mir durch den Kopf, darunter Michael B. Jordan, der – natürlich – nicht auf die Hollydale geht, und Hector Ramirez mit den ansehnlichen Schultern, der sehr wohl mit mir zur Schule geht, aber ganz nüchtern betrachtet ebenso unerreichbar ist, weil (1) ich ihn kaum kenne, (2) er mich kaum kennt und (3) Alice' Plan einfach Schwachsinn ist. »Nein«, sage ich.

»Soso.« Alice versucht sich noch einmal an der hochgezogenen Augenbraue. Ich bin dankbar, als der nächste Schluck Kaffee ihr den amüsierten Ausdruck vom Gesicht wischt.

Vermutlich hat sie recht: Gunther und seine Freunde haben das alles entweder morgen schon wieder vergessen – oder eine sorgfältig geplante Knutschaktion in den Fluren der Hollydale High School könnte es im Nu aus ihren Köpfen vertreiben. Aber: Ich habe keinen Freund. Und ich will auch keinen. Denn wenn ich einen hätte, dann müsste ich ihn küssen. Und es ist gar nicht so abwegig, dass ich damit die allgemeine Annahme im Hinblick auf meine Kusskompetenzen eher bestätigen als widerlegen würde.

6

2. NOVEMBER

Viertel vor sechs. Mein Wecker, der gestern, als ich ihn gebraucht hätte, geschwiegen hat, schmettert jetzt vom Schreibtisch aus sein *Hohoho* quer durch mein Zimmer. Es ist ein Santa-im-Schornstein-Modell, das meine Mutter letztes Jahr aus der Schnäppchenkiste gefischt hat, nachdem ich wiederholt vergessen hatte, mein Handy zu laden. Wenn der Schornsteinwecker geht, schiebt sich ein blinkender Weihnachtsmann aus dem Kamin und *hohoho*t sechzig Sekunden lang, und sofern man ihn in dieser Zeit nicht ausschaltet, singt er anschließend auch noch »Jingle Bell Rock«.

Ich komme dem Song um eine Sekunde zuvor, aber Santa leuchtet noch immer so hell, dass ich die Weste meiner Uniform im Schrank hängen sehe. Bryans Notiz ist nach wie vor darangeheftet. Vermutlich hätte ich sie gestern Abend lesen sollen, aber nachdem Alice' Dad sie abgeholt und ich zu Abend gegessen, Hausaufgaben gemacht und mich dann noch mit einer raubkopierten YouTube-Folge von Miss Fisher von Alice' Knutschplan abzulenken versucht hatte, bin ich eingeschlafen.

Verdammt! Ich habe gestern Abend vergessen, das Handbuch für Santa Franklin zu kopieren!

Ich schalte das Licht ein, werfe mir die erstbesten unweihnachtlichen Klamotten über, die mir in die Hände fallen, und rase so leise wie möglich die Treppe hinunter. Dads Schlüssel hängen immer an einem Haken neben der Tür – nicht nur die Haustürschlüssel, sondern auch die Schlüssel für den Shop, den Baumschuppen, die Lagerhalle und den Nordpol. Zum ersten Mal seit Ewigkeiten bin ich dankbar, dass wir direkt gegenüber von unserem Laden wohnen. Denn so kann ich die Schlüssel ausborgen, hinüber zum Nordpol sprinten, meine Kopien machen und die Schlüssel zurückhängen – ohne dass irgendjemand etwas davon mitbekommt.

Um sechs Uhr morgens ist es still in Hollydale. Auf der Fair Street sind nur vereinzelte Autos unterwegs, und die Weihnachtsmusik auf dem Parkplatz stellen wir erst um neun Uhr an, sobald der Shop öffnet. Ich höre meine eigenen Schritte auf dem Asphalt. Meinen Atem. Die Parkplatzbeleuchtung ist gedimmt, aber die Lichterketten an der Ladenfassade und am Nordpol strahlen hell und klar, und obwohl ich weiß, dass Jerry und Tom vom Wareneingang die letzten beiden Wochenenden damit zugebracht haben, sämtliche ausgebrannten Glühbirnchen zu ersetzen, kann ich beinahe glauben, dass die funkelnden Lichter tatsächlich Weihnachtsfeen sind, angelockt von der festlichen Atmosphäre unseres Shops – so, wie Grampa Chris es immer behauptet hat.

Im Nordpol fällt mir zur Abwechslung sogar der Code ein, mit dem sich die Alarmanlage abschalten lässt, und ich finde auch die Notfalltaschenlampe, die unter dem Tastenfeld an der Wand hängt. Meine Eltern liegen noch eingekuschelt im Bett, aber falls sie wach würden und bemerkten, dass hier drüben Licht brennt, würden sie wahrscheinlich den

Sicherheitsdienst alarmieren. Ich richte den Lichtkegel der Taschenlampe auf den Boden und mache mich auf den Weg in die Schneeflocke, das größte der drei Klassenzimmer der Santa School.

Im Gegensatz zu den anderen beiden Schulräumen, die früher Wohnstube und Hinterzimmer waren, handelt es sich bei der Schneeflocke um einen Anbau aus jüngerer Zeit. Als Grampa Chris die Schule gegründet hat, gab es nur ein halbes Dutzend Schüler, und obwohl Weihnachtsmänner in der Regel recht kräftig gebaut sind, konnten wir sie allesamt in der einstigen Wohnstube unterbringen und hatten immer noch genügend Platz, um das korrekte Winken bei der Parade zu demonstrieren. Vor etwa zehn Jahren wuchs die Zahl der Weihnachtsmannschüler allerdings rapide an, und wir bekamen außerdem erste Bewerbungen von Frauen, die sich eine Miss-Santa-Ausbildung wünschten – ganz zu schweigen von den vereinzelten übereifrigen Elfen, die schworen, dass es ganz besonders tralalalustig zugehen würde, wenn sie ebenfalls mit von der Partie wären!

Grampa Chris wollte niemanden ausschließen, deshalb nahm er einen beträchtlichen Kredit auf und baute die Schneeflocke. Mein Lieblingszimmer. Als ich klein war, war ich überzeugt, dass das Wohnzimmer des echten Weihnachtsmanns haargenauso aussehen musste: mit einem Kamin und Dachbalken und viergeteilten Fenstern und einer Wand voller Regalschränke mit gläserner Front, in denen sich Hunderte von Büchern über Santa und Weihnachten und Feiertagstraditionen drängen. Die Regalschränke stehen wiederum auf geschlossenen Schränken und Aktenschränken aus Eichenholz, in denen wir Aufzeichnungen zu sämtlichen Schülern verwahren, die jemals unsere Schule besucht haben. In einem dieser Aktenschränke finde ich die gesuchte

Kopiervorlage und nehme sie mit nach oben zum Kopierer im Büro der Buchhaltung.

Das Handbuch ist gut einhundertfünfzig Seiten dick und dient als Lehrmaterial für die Hollydale Holiday Shop Santa School. Darin enthalten sind Tipps zu Kleidung und Etikette ebenso wie Stimmübungen. Es gibt einen Medienleitfaden für Fernsehauftritte wie den im Rahmen der Show *An Evening with Santa,* vor dem Dad solche Panik schiebt, dazu Notenblätter für Weihnachtslieder und ein langes Kapitel über Weihnachtsbräuche und darüber, wie das Fest in unterschiedlichen Ländern gefeiert wird. Den Großteil des Handbuchs hat Grampa Chris verfasst, als er damals die Schule gegründet hat, und ich vermute, abgesehen von der einen oder anderen Aktualisierung der Arbeitsverträge und des Datums auf dem Titelblatt wurde das Ganze schon sehr lange nicht mehr überarbeitet. Die Santas – insbesondere diejenigen, die wie Santa Franklin mehrfach teilnehmen – lieben es, genauso, wie sie die Hosenträger lieben, die sie als Abschlussgeschenk bekommen, und die Souvenir-Schlittenglöckchen. Als kürzlich ein unerwarteter Oktobersturm Santa Franklins Keller geflutet hat, hat er als Allererstes Dad angerufen, um ihn um ein Ersatzexemplar des Handbuchs zu bitten. Erst nachdem das in trockenen Tüchern war, hat er sich mit seinem Versicherungsvertreter in Verbindung gesetzt.

Während die Blätter doppelseitig durch den Kopierer laufen, leuchte ich mir mit der Taschenlampe den Weg zu einer Versandtasche und schreibe in Druckbuchstaben die Adresse darauf, die ich in Santa Franklins Schülerakte gefunden habe. Die letzten Seiten zischen durch die Maschine und der Kopierer kommt mit einem selbstzufriedenen Brummen zur Ruhe. Ich bin ebenfalls ziemlich zufrieden mit mir. Niemand wird je erfahren, dass ich meine Aufgabe verschwitzt hatte, ich bekomme meine Säulenpunkte und darf meinen Traum von einem sonnenscheingelben Mazda-MX-5 weiterträumen.

Ich nehme den Stoß Kopien, wende ihn und stutze, als ein Weihnachtsmann mit durchdringendem Blick von einem Foto zu mir heraufstarrt. Was mich überrascht, ist nicht etwa der Big-Brother-Faktor dieses Überwachungs-Santas, sondern der Santa selbst. Der Mann auf dem Foto ist nicht mein Dad. Und auch nicht Grampa Chris. Er könnte einer unserer Weihnachtsmannschüler aus den letzten Jahren sein, aber obwohl er mir vage bekannt vorkommt, will mein Gehirn keine hilfreiche Verbindung herstellen. Das Bild zeigt einen (für Santa-Verhältnisse) ziemlich fit wirkenden bärtigen Mann und ist, anders als die Fotogrußkarten und Schnappschüsse aus irgendwelchen Kaufhäusern, die wir meistens von unseren Absolventen zu sehen bekommen, perfekt ausgeleuchtet. Die Augen des Weihnachtsmanns funkeln, und es wirkt beinahe, als wäre er von einem Heiligenschein umgeben, wodurch mich das Bild an die Porträts alter Hollywood-Filmstars erinnert. Für meinen Geschmack ist er ein bisschen zu unecht. Zu schmalzig.

Ich schiebe die Kopie des Handbuchs in die Versandtasche und klebe sie zu, behalte aber die Seite mit dem Santa-Foto zurück. Ich bin mir ganz sicher, dass sie nicht Teil des Handbuchs ist. Irgendjemand muss das Blatt wohl im Kopierer vergessen gehabt haben.

Ich drehe das Foto um. Eine Pressemeldung klebt auf der Rückseite. *Brady McCaffery,* steht dort. *Der Promi-Santa.*

Einer der bekanntesten und beliebtesten Santas der Welt, Brady McCaffery, tourt seit mehr als zwanzig Jahren um den Globus und tritt in Filmen, TV-Shows, Werbespots und bei Live-Events auf. Als gefragter Gast auf Amerikas heißesten VIP-Partys ist Santa Brady bereits als Headliner für so große Namen wie Amy Poehler, Usher oder Soap-Star Montreat Cole aufgetreten. Zudem hat sich Santa Brady als erstklassiger Motivationsredner einen Namen gemacht und bereits Hallen mit mehr als fünfhundert Zuschauern mit seinen inspirierenden Geschichten von der Magie der Weihnachtszeit und der Strahlkraft seiner charakterstarken Persönlichkeit in den Bann geschlagen.

Seit einigen Jahren teilt Santa Brady seine außergewöhnlichen Qualitäten und seine Erfahrung mit einer ausgewählten Gruppe von Nachwuchs-Santas. Auf vielfachen Wunsch erweitert er in diesem Jahr sein Santa-Ausbildungsprogramm um exklusive zweitägige Seminare in fünf amerikanischen Städten. Weitere Informationen zu den Veranstaltungen in Orlando, Branson, Dallas, Las Vegas und natürlich Hollywood auf celebritysanta.net.

Darunter eine Liste einiger der Klienten von Santa Brady: Sony Pictures. Friends of the Los Angeles Zoo. Reese Witherspoon. Hallmark. Vielleicht kommt er mir deswegen bekannt vor? Habe ich ihn schon mal in einem TV-Special gesehen?

Moment. Da steht es: *O, The Oprah Magazine.*

7

ZWEI JAHRE ZUVOR

Die meiste Zeit meines Lebens hatte Tante Carole im fernen Los Angeles gewohnt. Ich war ihr lediglich an einigen Feiertagen außerhalb der Hochsaison begegnet. Am 4. Juli. An Ostern. An Weihnachten kam sie nie zu Besuch, aber einmal im Oktober, als der Unterricht an der Santa School in vollem Gange war. Ich war damals vermutlich acht oder neun und kannte sie kaum, doch mit einem Mal war sie da, mitten im Nordpol, und herrschte mich an, wieder nach Hause zu gehen und Grampa Chris nicht bei der Arbeit im Weg herumzustehen. Zum Glück kam in genau diesem Moment Grampa Chris persönlich um die Ecke und sagte ihr, sie solle nicht so einen Wirbel veranstalten – ich sei schließlich seine Spezialgehilfin. Mir trug er auf, ruhig schon in die Schneeflocke zu laufen, ganz wie immer. Ich weiß nicht mehr, ob er ihr anbot, uns zu begleiten, aber am nächsten Tag war sie fort, und ich glaube, bis zu Grampa Chris' Beerdigung sah ich sie nicht wieder.

Nachdem sie anschließend zurück nach Hollydale gezogen war, ignorierte sie mich praktisch komplett, bis sie eines

Tages – nur ein paar Wochen nach meinem Geburtstag – lächelnd in unsere Küche spazierte und meinte, sie habe eine Überraschung für mich. Sie wolle mich auf ein Abenteuer mitnehmen – ein geradezu perfektes Abenteuer für eine Dreizehnjährige. Ich solle mich am Freitagmorgen um zehn Uhr bereithalten, sagte sie, dann werde sie mich abholen.

Sie holte mich tatsächlich ab, aber bereit war ich in ihren Augen offenbar nicht. Tante Carole verlangte, dass ich Jeans und T-Shirt gegen ein Kleid mit Peter-Pan-Kragen tauschte, das sie angemessener fand. Sie herrschte mich an, mir die Haare zu kämmen, und dann, nach einem weiteren abschätzigen Blick, sie zu einem Pferdeschwanz zu binden, der so hoch saß, dass ich mich während der folgenden zweieinhalbstündigen Autofahrt unmöglich an der Kopfstütze anlehnen konnte. Tante Carole selbst war tadellos herausgeputzt. Sie hat ebenso blasse Haut wie ich, aber ihre Haare sind silbrig weiß und zu einem strengen, kantigen Bob geschnitten. An diesem Tag trug sie von Kopf bis Fuß Schwarz und hatte außerdem eine Sonnenbrille auf der Nase – ihr Markenzeichen, wie ich später lernen sollte. An ihrem Handgelenk klimperte ein ganzes Arsenal von Armreifen.

»*Wir* besuchen heute einen ganz besonderen Ort«, verkündete sie in dem langsamen Singsang, in dem man normalerweise mit Kindergartenkindern spricht. »*Wir* wollen dort einen guten Eindruck machen. Dazu gehört, dass wir kleine Bissen nehmen, mit geschlossenem Mund kauen und uns leise unterhalten.«

»*Ich* kann das«, sagte ich und wartete darauf, dass sie erwiderte, sie könne es auch, doch das tat sie nicht. Genau genommen sagte sie überhaupt nicht mehr viel, bis wir zweieinhalb Stunden später Chicago erreichten. Ich war zuvor erst ein einziges Mal in der Stadt gewesen, auf einem Schulausflug ins Shedd Aquarium. Mir gefiel die Geschäftigkeit der Metrolpole: all die umhereilenden Leute mit ihren Einkaufstüten und den schicken Mänteln, die ausschauen, als hätten sie allerhand wichtige Verabredungen. Ich starrte aus dem Autofenster hinüber zu den hohen Gebäuden und den eleganten Läden und staunte darüber, wie anders das Leben nur wenige Stunden von Hollydale entfernt sein konnte.

Tante Caroles Wagen hielt an einer Ampel vor einer Ladenzeile. Eine riesige Filiale von American Girl machte sich dort breit, daneben einige der üblichen Coffeeshops und eine Postfiliale, außerdem noch etwas, das aussah wie ein Macy's. Auf der anderen Straßenseite befand sich ein extrem nobel wirkendes Restaurant. Vielleicht hatte sie vor, dort mit mir zu Mittag zu essen?

Tante Carole bog rasant ab und fuhr in eine nahe gelegene Tiefgarage. »Ich hätte dich fragen sollen, ob du schon ein Püppchen hast, aber keine Sorge, falls nötig kaufe ich dir ein neues«, säuselte sie und manövrierte das Auto in eine Parklücke.

Hatte sie gerade *Püppchen* gesagt?

Eine Minute später standen wir mitten im American-Girl-Store. Er war glitzrig und pink, und überall standen Puppen herum, die aussahen wie perfekte kleine Mädchen, und um sie herum scharten sich perfekte kleine Mädchen, die aussahen wie Puppen. Mit sieben oder acht Jahren wäre ich begeistert gewesen. Aber mit dreizehn? Tante Carole suchte mit den Augen den Laden ab, erspähte eine Dame im American-Girl-Shirt und marschierte zielstrebig auf sie zu.

Erwartete sie jetzt, dass ich ihr nachlief?

Ich erreichte Tante Carole, als sie die in die Enge getriebene Angestellte gerade nach einem Pfadfinderinnentreffen fragte, das in einem separaten Raum abgehalten werden sollte.

Die Dame musterte uns skeptisch. »Haben Sie eine Einladung?«, wollte sie wissen.

Tante Carole ließ ihren Schmuck klimpern. »Ich bin mit jemandem verabredet.«

Die Angestellte sprach mit der geübt ruhigen Stimme, die unsere Miss Santas für übereifrige Instagram-Mütter im Repertoire haben. »Ma'am«, sagte sie leise. »Ich weiß nicht, was Sie gehört haben, aber sie ist nicht hier. Sie ist lediglich die Sponsorin. Tatsächlich handelt es sich um ein Fotoshooting für das Magazin –«

»Ich will doch nicht *Oprah* treffen«, schnaubte Tante Carole. Mehrere in der Nähe stehende Mütter horchten auf.

In diesem Moment bemerkte die Verkäuferin mich und schüttelte den Kopf. »Ich kann die Kleine nicht mit dazunehmen, Ma'am. Es handelt sich um eine private Veranstaltung.«

Tante Carole lachte, als wäre die Vorstellung, mich zu wovon auch immer sie redeten dazuzunehmen, vollkommen absurd. »Ich möchte lediglich einmal hineinlinsen und meinen guten Bekannten in Aktion erleben. Das verstehen Sie doch sicher.«

Die Dame musterte mich erneut. Tante Carole folgte ihrem Blick.

»Geh da rüber.« Tante Carole deutete zu einer Schlange von Mädchen und Müttern und Puppen, die darauf warteten, ins American Girl Café eingelassen zu werden. »Sag, dass wir für ein Uhr einen Tisch reserviert haben. Ich komme gleich nach.«

Ich wurde zu einem kleinen Tisch in der Ecke gebracht und bekam eine hübsche pinkfarbene Speisekarte in die Hand gedrückt. An den Tischen ringsum saßen kleine Mädchen mit ihren Müttern und Puppen, allesamt im angemessenen Alter und überglücklich, dort zu sein. Nach einer Weile kam ein Kellner und schenkte mir Wasser nach. MARVEL stand auf seinem Namensschild. »Wartest du auf jemanden?«

»Auf meine Tante«, antwortete ich. »Sie hat gesagt, sie kommt gleich.«

»Du sitzt schon seit fünfzehn Minuten hier.« Er klang misstrauisch, so als hätte ich mir meine Tante bloß ausgedacht, um den anderen Mädchen bei der Puppenfütterung zuschauen zu können und dabei sein ganzes Wasser leer zu trinken. »Wie wäre es, wenn ich dir ein Chocolate Chunky Marshmallow Square bringe? Viele Moms erlauben ihren Kids keine mehr, sobald sie erst einmal festgestellt haben, wie klebrig die Törtchen sind. Das gibt schnell Flecken auf den Puppenklamotten«, meinte er. »Aber du hast ja keine Puppe dabei.«

»Und auch keine Mom«, sagte ich. Das sollte heißen, dass meine Mom nicht mit mir im Laden war, doch Marvel reagierte, als hätte ich ihm gerade eröffnet, dass ich Waise war.

»Ich wärme dir ein Marshmallow Square auf«, sagte er und tätschelte meine Schulter. »Bin sofort wieder da, Schätzchen.«

Im Gegensatz zu Tante Carole hielt Marvel Wort. Wenig später war er zurück und stellte einen blassrosa Teller vor mir ab, auf dem ein ziegelsteingroßer Brownie mit Schokostückchen thronte. Himbeer-Marshmallow-Soße sammelte sich links und rechts davon in kleinen Pfützen. »Wie heißt deine Tante, Kleines?«, fragte er.

Ich schluckte einen Bissen Brownie hinunter. »Carole.«

Marvel nickte. »Na, dann lass es dir mal schmecken. Ich schaue in ein paar Minuten noch mal nach dir.«

Hier schnell die wichtigsten Fakten zum Chocolate Chunky Mashmallow Square: schmelzende Schokostückchen. Karamelliger Brownieteig. Gebackene, innen cremige Marshmallows. Klebrige Himbeer-Marshmallow-Soße.

Irgendwann um den sechsten Bissen herum vernahm ich das wohlbekannte Klimpern von Armreifen. Schon erstaunlich, dass Armreifgeklimper inmitten eines Raums voll kreischender Kinder und schwatzender Eltern die Geräuschkulisse durchschneiden kann wie eine Zugpfeife oder ein Lehrer, der im Sportunterricht den Namen eines Schülers brüllt.

Tante Carole stapfte auf mich zu, flankiert von zwei American-Girl-Angestellten. »Sie ist *dreizehn Jahre alt*«, fauchte sie, und ganz im Gegensatz zu kurz zuvor, als sie mir ein Püppchen in Aussicht gestellt hatte, klang dreizehn nun alt genug, um den Abschluss einer Lebensversicherung zu rechtfertigen. Angesichts ihrer Miene schien mir das gar keine so schlechte Idee.

»Es ging ihr bestens – nicht wahr, Frankincence?« Ihre Stimme bebte, als sie den Tisch erreichte. Anscheinend hatte ich ein wenig Schokolade an der Wange. Möglicherweise auch auf meinem Kleid.

»Die Ladenbestimmungen besagen, dass –«, begann die Managerin, doch sie wurde prompt vom Jubel unterbrochen, der an den umliegenden Tischen aufbrandete. War Oprah etwa *doch* hier?

»HO, HO, HO!«

Ich schaute auf, und obwohl ich wusste, dass Grampa Chris gestorben war – obwohl ich im Baumschuppen und später bei der Beerdigung gewesen war und wieder und wieder gehört hatte, dass Tante Carole aus Kalifornien zurück nach Hollydale gezogen war, um uns dabei zu helfen, den Laden am Laufen zu halten, nun, da Grampa Chris nicht mehr da war –, obwohl ich all das mit einhundertprozentiger Gewissheit *wusste*, glaubte ich in diesem Moment fest, ich würde ihn sehen. Natürlich war er es nicht.

Der Weihnachtsmann, den ich stattdessen sah, hatte einen echten Bart, genau wie Grampa Chris, doch zunächst war ich mir da bei ihm gar nicht sicher. Der Bart schimmerte, weshalb ich kurz überlegte, ob er vielleicht aus Yakhaar sein könnte wie der Bart, den Dad benutzt, doch mit dem zweiten Blick war klar, dass der Weihnachtsmann ihn lediglich mit Glitzer-Conditioner gekämmt hatte. Außerdem trug er Make-up. Nicht allzu viel. Bloß ein wenig Mascara, wie es schien, und etwas Rouge, damit seine Wangen rosiger wirkten. Seine Augenbrauen waren geweißt. Nicht so auffällig, dass irgendein anderes Kind es bemerkt hätte, aber ich bin Christopher Woods Enkeltochter. Ich weiß, wie man jemanden in Santa verwandelt.

Ein mit Fünf- und Sechsjährigen besetzter Tisch brach in Gejohle aus. »Da ist Santa!«, quietschten die Kleinen. Sie konnten ihr Glück kaum fassen. Der Weihnachtsmann war da! Mitten im August! Im American Girl Café!

»Frohe Weihnachten! Frohe Weihnachten, allerseits!«, dröhnte dieser glitzrige Santa.

»Das stand so nicht auf der Agenda«, murmelte eine der American-Girl-Damen. Die andere zuckte ratlos mit den Schultern. »Er sollte hier eigentlich nur zu einer privaten Feier erscheinen. Zu der Party von Oprahs Pfadfinderinnengruppe.« Sie sprach *Oprah* nicht wirklich aus, sondern formte den Namen lediglich mit den Lippen.

Tante Carole hob einen Arm, um Santa zu winken, und er nickte ihr zu, und mit einem Mal wurde ich wichtig. »Putz dir das Gesicht ab!«, zischte sie. Sie tunkte eine Serviette in mein Wasserglas und klatschte sie mir auf die Wange. »Kaum lasse ich dich einmal für fünf Minuten allein«, grummelte sie, während der Weihnachtsmann von Tisch zu Tisch tingelte. Mir fiel auf, dass das Rot und Weiß seines Kostüms makellos waren und seine Stiefel funkelten. Er hatte eine tiefe Stimme wie Darth Vader, und ich bekam mit, wie er an jedem einzelnen Tisch den Mädchen erzählte, dass sie zauberhaft aussähen und er hoffe, sie seien artig gewesen. Er lachte viel, und obwohl er überhaupt nichts Witziges von sich gab, lachten die Leute mit, ganz so, als folgten sie alle einem Skript.

»Und deine Haare erst«, schnaufte Tante Carole. Mit spitzen Fingern packte sie eine der Strähnen, die sich aus meinem Pferdeschwanz gelöst hatten. Sie war pink und marshmallowbeschmiert, und als Tante Carole wieder loslassen wollte, blieb die Strähne an ihrem Finger kleben. Sie riss ihre Hand weg. Und ein paar meiner Haare gleich mit aus.

In dieser Sekunde wandte sich der Weihnachtsmann zu uns um. »Ho, ho, ho«, sagte er.

»Hallo, Santa«, erwiderte Tante Carole. Ihre Stimme klang so süß und klebrig wie Marshmallow-Soße. »Das hier ist die junge Dame, von der ich dir erzählt habe. Meine herzallerliebste kleine Nichte Francie.«

»Natürlich erkenne ich Francine«, meinte Santa – sein erster großer Fehler. Grampa Chris benutzte niemals den Namen eines Kinds, das er nicht kannte. Die Gefahr, in ein Fettnäpfchen zu treten – sich zu verhören, den Namen falsch auszusprechen oder schlicht wieder zu vergessen ... nichts zerstört den Mythos vom allwissenden Weihnachtsmann schneller als ein vermasselter Kindername. Mir war glasklar, dass diesem Typen – so perfekt er auch aussehen mochte – ein wenig Nachhilfe in der Santa School gut anstehen würde.

»Ist das echter Pelz?« Tante Carole legte ihre Hand auf Santas Arm. »Wie edel. Einfach hinreißend.« Grampa Chris' Mantel war aus Wolle. Auch die Ärmelaufschläge bestanden nicht aus echtem Pelz, waren aber so zart und weich, dass er immer behauptet hatte, sie wären aus Wolken gemacht.

»Ich habe noch nie jemanden erlebt, der einen ganzen Raum derart in seinen Bann ziehen kann, Brady«, sagte Tante Carole.

»Ich schon«, warf ich ein.

»Iss deinen Brownie, Francie.« Tante Carole wandte mir den Rücken zu, aber ich konnte dennoch hören, wie sie Santa Schmalzlocke weiter Honig um den Bart schmierte. »Im Ernst, Brady, du bist beeindruckend. Ich habe keine Ahnung, wie du das schaffst.«

Eine dritte American-Girl-Dame trat an unseren Tisch, um uns darüber zu informieren, dass Santas Schlitten eingetroffen war und es Zeit für ihn wurde, aufzubrechen. Da zog dieser geschniegelte Weihnachtsmannverschnitt eine Visitenkarte aus der Tasche. »Es war mir eine Freude. Lass uns in Kontakt bleiben.« Tante Carole streckte die Hand danach aus, doch im letzten Moment wurde ihr bewusst, dass noch einzelne marshmallowbeschmierte Haare von mir an ihren Fingern klebten. Entsetzt zuckte sie zurück, sodass das Kärtchen durch die Luft wirbelte. Es landete auf meinem Teller, inmitten einer Pfütze aus Himbeer-Marshmallow-Soße, und das Gesicht dieses schmalzlockigen, glitzrigen Weihnachtsmanns starrte aus der Pampe zu mir hoch.

8

3. NOVEMBER

Ein anschaulicher Beleg für das Engagement der Hollydale High School in Sachen »authentisches Schreiben« besteht darin, uns dazu zu bringen, so zu tun, als wären wir echte Autoren mit echten Schreibgruppen. Der Gedanke dahinter: Wir sollen unsere Themen diskutieren und uns gegenseitig unsere ersten Schreibentwürfe vorstellen und lebenslange Freundschaften knüpfen, während wir über Symbolik und Parallelismen philosophieren. Die Realität sieht meist so aus, dass wir über alles Mögliche reden, worüber wir uns sonst vielleicht beim Mittagessen unterhalten hätten, und einander nebenher hin und wieder auf einen Rechtschreibfehler aufmerksam machen.

Noch bevor Ms Colando (heute mit *Totoro*-Shirt unter einem fusseligen blauen Cardigan) ihre Ansage zur Arbeitsgruppenbildung beenden kann, habe ich Augenkontakt zu DeKieser aufgenommen, die sich wiederum per Blick mit Ellie Baptiste – Neuntklässlerin und Film-Geek – verständigt. Auch die Theaterkids und Comicfans rotten sich sofort in Kleingruppen zusammen. Und natürlich wollen auch Gunther und die restlichen Hockeyhonks unter sich bleiben, aber da sie zu sechst sind, schlägt Ms Colando vor, dass sie sich aufteilen und anderen Gruppen anschließen. Sie nickt Gunther zu, und ein kalter Schauder läuft mir über den Rücken.

Zum Glück meldet sich Ellie zu Wort, noch ehe Gunther sich von seinem Stuhl hochgewuchtet hat. »Wir nehmen Hector«, sagt sie, zieht einen Tisch zwischen sich und mich und tätschelt einladend die Tischplatte. »Hast du ihn mal reden hören?«, raunt sie DeKieser zu. »Premium-Off-Kommentator.« Ellie muss in einem anderen Kurs einen Kurzfilm drehen, und obwohl sie noch keine Ahnung hat, worum es überhaupt gehen soll, ist sie schon intensiv auf der Suche nach Schauplätzen und Cast. »Hey, Hector«, meint sie und richtet ihre Handykamera auf ihn. »Sag mal ›In einer testosterondominierten Welt bricht ein Mann aus der Sicherheit seines Clans aus, um sich drei smarten Frauen in einer scheinbar aussichtslosen Schlacht gegen die übermannende Müdigkeit während des Englischunterrichts in der ersten Stunde anzuschließen‹.«

»Ich mache nicht bei deinem Film mit, E«, entgegnet Hector. Er hat wirklich eine tolle Stimme. Irgendwie tief und dunkel und klangvoll. Er lässt sich auf den Stuhl neben mir fallen, und wieder erschaudere ich, diesmal allerdings aus ganz anderen Gründen.

»Wir werden sehen.« Ellie schiebt ihr Handy zurück in die Tasche, bevor Ms Colando es bemerkt. Handys sind im Klassenzimmer nicht erlaubt, auch wenn natürlich jeder eins dabeihat.

Ms Colando fährt fort: »Ich möchte, dass ihr euch nachher in den letzten fünfzehn Minuten des Unterrichts gegenseitig je ein Thema vorstellt, mit dem ihr euch in diesem Quartal näher beschäftigen wollt, und begründet, wieso ihr überzeugt seid, dass gerade diesem Thema eine interessante Mythologie innewohnt. Ich erwarte nicht von euch, dass ihr bereits eine genaue Vorstellung von dem letztlichen Ergebnis eurer Untersuchung habt – falls doch, dann solltet ihr euch genau genommen ein anderes Thema suchen. Im ersten Quartal geht es um Recherche, nicht darum, zu bestätigen, was ihr bereits wisst.«

»Dann schreibst du besser nicht darüber, wie es ist, ein geiler Hengst zu sein«, dröhnt Gunther und haut Sam auf die Schulter.

Hector senkt den Blick auf seine Tischplatte, und mich beschleicht das Gefühl, er ist ebenso dankbar wie ich, dass Ellie ihn von den Hockeyhonks weggeholt hat. Dieser Gedanke wiederum ruft mir natürlich prompt Alice' dämlichen Knutschplan ins Gedächtnis. Und schon schlägt mein Magen Purzelbäume, mein Nacken kribbelt, und meine Wangen werden ganz langsam warm und kündigen die Röte an, die mir ins Gesicht steigt. Zum Glück setzt Ms Colando den Unterricht fort.

Über die nächsten sechzig Minuten des Kurses erzählt sie uns von ein paar französischen Gelehrten, die all den Definitionen beigepflichtet hätten, die wir am Dienstag zusammengetragen haben. In erster Linie waren sie aber der Meinung, ein Mythos sei ein »Bedeutungssystem« und Geschichten könne man auseinandernehmen und anhand der ihnen zugrunde liegenden Gegensätze – etwa mutig/feige, rein/verdorben, richtig/falsch – erkennen, welche Art von Kultur sie untermauern. Das Knifflige daran: Unterschiedliche Mythen widersprechen einander und manchmal birgt sogar ein einziger Mythos einen Widerspruch in sich, und deshalb, so Ms Colando, sei es ein solches »Vergnügen«, sich mit ihnen zu beschäftigen.

»Eure Themenvertiefungen erfordern womöglich intensive Recherche – teils historisch, teils zeitgenössisch – und angestrengtes Nachdenken. Zwar dürft ihr, wenn ihr mögt, jede Woche ein neues Thema wählen, aber ich bin überzeugt, dass die Erfahrung für euch bereichernder wird, wenn ihr euch in ein einziges Thema – zum Beispiel Golf oder Zoohandlungen oder Marvel-Charaktere – vertieft.«

Ellie hat sich in dieser Hinsicht offenbar bereits jede Menge Gedanken gemacht. »Also«, verkündet sie, »ich befasse mich mit der Mythologie von Teenie-Komödien, beispielsweise damit, wie sie Teenager prägen und definieren, wie Jugendliche sich darin verhalten und welche Werte sie vertreten.« Ellie hat dunkle, springende Locken und trägt eine Brille mit großem, auffälligem Rahmen, die sie laut DeKieser nicht wirklich zum Sehen braucht, mit der sie sich aber »regisseurhafter« fühlt, à la Spike Lee oder Ava DuVernay. Diese Entscheidung kann ich nachvollziehen. Als ich zu Beginn meines neunten Schuljahrs neu an die Hollydale kam, habe ich ständig die Dr. Martens meiner Mom getragen. Ich bezweifle, dass irgendjemand außer mir sie besonders cool fand, aber sie waren so schwer, dass ich mich in den ersten paar Wochen – als meine Zweifel, die richtige Schule gewählt zu haben, am größten waren – darin ein wenig tougher gefühlt habe.

Ellie lässt sich ungefähr dreizehn Minuten lang darüber aus, welche Filme sie schauen will und wer darin mitspielt und wer Regie geführt hat und welche davon Schrott sind. Dann übergibt sie das Wort an DeKieser, die meint, sie habe keine Ahnung, was sie machen soll. Oder was das mit den Gegensätzen bedeutet. Oder was auch immer.

»Du hast aber nicht vor, Hockey als Thema zu nehmen, oder?«, erkundigt sich Ellie bei Hector.

»Es gibt noch mehr im Leben als Hockey«, brummt Hector. Wieder erzittere ich beim Klang seiner Stimme leicht und schaue mich demonstrativ um, als würde es von irgendwoher ziehen.

Ach du heilige Nacht, was ist bloß los mit mir?

Ms Colando trommelt mit ihrem Füller auf das Pult und leitet das Ende der Stunde ein. »Ich habe ein paar von euch sagen hören, dass sie noch keine Themenwahl getroffen haben. Vielleicht wäre es für diese Leute hilfreich, sich etwas einfallen zu lassen, das sie nicht verstehen, aber gern verstehen würden –« Jemand aus Sams Gruppe nuschelt etwas und die anderen lachen.

Es wäre albern, zu glauben, dass die Hockeyhonks über mich reden, aber trotzdem spüre ich, wie meine Wangen zinnoberrot zu glühen beginnen. Wäre Alice hier, würde sie bestärkend eine Augenbraue in meine Richtung hochziehen, aber DeKieser und Ellie haben, soweit ich weiß, keinen blassen Schimmer von meiner demütigenden ersten Kusserfahrung. Hector vielleicht schon, aber er hält den Blick starr auf sein Heft gerichtet, deshalb lässt sich das nicht genau sagen.

Ms Colando hat wieder ihre Ich-warte-geduldig-auf-den-Fahrstuhl-Miene aufgesetzt, spricht dann jedoch weiter. »Auch Dinge, die euch nerven, wären ein guter Ansatzpunkt.«

»Vielleicht könnte ich mich mit meinem Hockey-*Team* befassen«, murmelt Hector, und der Rest unserer Gruppe lacht. »Dazu müsste ich zumindest nicht viel recherchieren. Schließlich frisst Hockey massig Hausaufgabenzeit.«

Hector hat nicht nur eine klangvolle Stimme und einen sympathischen Humor, er ist auch noch clever. Ich treibe zwar keinen Sport, werde aber deutlich mehr Schichten im Laden schieben müssen, wenn die Vorweihnachtszeit so richtig losgeht, und wenn ich mir wirklich einen MX-5 ersäulenpunkten will, darf ich mich kaum über Überstunden beschweren oder um Auszeiten für meine Hausaufgaben betteln. Etwas zu wählen, das sich leicht erarbeiten lässt, scheint mir also eine gute Idee zu sein.

»Ich nehme Weihnachten«, sage ich.

»Das dürfen wir nicht – du weißt schon, Religion und Kram.«

»Im weltlichen Sinn«, stelle ich klar. »Santa. Weihnachtsbäume. Stechpalmenzweige.«

»Weihnachtselfen«, ergänzt Ellie.

»Jep«, nicke ich, weil mir wieder einfällt, was Ms Colando über Dinge gesagt hat, die einen nerven. »Mit Elfen fange ich an.«

9

6. NOVEMBER

Sonntags geht meine Familie gestaffelt zum Gottesdienst, damit – wie mein Dad es ausdrückt – »ein paar von uns im Shop arbeiten können, während die Übrigen für den Shop beten«. Heute früh baut Onkel Jack mit Dad die Weihnachtsdorfkulisse auf, und Mom ist mit Dash, Don, Gram und mir in der Kirche, was bedeutet, dass wir im Anschluss schneller wieder draußen sind, als das mit Onkel Jack der Fall wäre. Die Witwen unserer Kirchengemeinde lieben ihn, und kein Schlusslied verklingt, ohne dass mindestens eine von ihnen Onkel Jack eine Hand auf den Arm gelegt und ihn zum Abendessen oder ins Kino eingeladen hat. In Begleitung von Mom sind wir aus der Tür, ehe Pfarrer Tim auch nur den Mittelgang bis zu unserer Bank entlanggeschritten ist.

Eigentlich war geplant, dass ich mich nach der Messe mit Alice treffe, aber sie hat mir heute Morgen geschrieben, dass sie die Berichterstattung zu einem Basketballspiel an der Saint Lawrence übernehmen muss, weil der Sportreporter krank geworden ist. **Carly, Margo und ein paar andere Mädels von der Regina sind auch da. Willst du kommen?** Mit

Carly und Margo war ich befreundet, als wir alle zusammen auf der Our Lady of Sorrows waren, aber mittlerweile fühlt es sich komisch an, wenn wir uns sehen, ein bisschen so, wie im Fernsehprogramm zufällig über eine Sendung zu stolpern, die man als kleines Kind gern geschaut hat. Kurz ist es nett, in Erinnerungen an die alten Zeiten zu schwelgen, aber nach ein paar Minuten kommt man sich irgendwie fehl am Platz vor und fragt sich, wie man tatsächlich glauben konnte, dass alle Schweine sprechen können wie Peppa Wutz. Ginge ich zum Spiel, würde Alice ihr Reporterding machen und ich bei Leuten festhängen, die ich kaum noch kenne, bis mich irgendein großmütiger Elternteil nach Hause bringen könnte.

Wäre ich wie Alice weiter auf der Regina geblieben, sähe die Sache dann genauso aus? Oder stünde ich Carly und den anderen beinahe so nahe, wie ich Alice stehe? Vermutlich nicht. Alice ist meine beste Freundin, schon seit sie in der fünften Klasse aus Michigan nach Hollydale gezogen ist. Am ersten Schultag hatte sie kein Mittagessen dabei und trug unsere Schuluniform, da ihr nicht klar war, dass an der Our Lady of Sorrows an den ersten beiden Tagen des Schuljahrs die Uniformen nicht verpflichtend sind – und auch nicht, dass unsere Chefköchin Hilda DeSmet erst am nächsten Montag für uns kochen würde.

Ich überrage Alice immer noch ein gutes Stück, aber damals war sie praktisch winzig und wirkte in der Cafeteria so klein und verloren ohne Freunde oder Mittagessen oder überhaupt irgendwas. Ich habe ihr die Hälfte von meinem Tomaten-Käse-Sandwich abgegeben und einen der selbst gebackenen Brownies, für die – das habe ich ihr stolz erzählt – meine Großmutter berühmt ist. Am nächsten Tag habe ich als Akt der Solidarität ebenfalls meine Uniform angezogen, obwohl sie erst am Folgetag verpflichtend war. (Wohlgemerkt das erste und einzige Mal, dass ich freiwillig eine Uniform getragen habe.) Und Alice hatte ihr eigenes Mittagessen dabei, unter anderem eine kleine Tupperdose mit Kimchi, für das wiederum ihre Großmutter berühmt ist.

Ganz ehrlich: Ich habe ein paar Monate gebraucht, bis ich mich mit Kimchi anfreunden konnte, aber Alice mochte ich sofort, also aß ich, was sie mir gab, und bedankte mich, und sie nickte und auf einen Schlag waren wir Freundinnen. Und nichts so Blödes wie der Umstand, dass wir jetzt auf unterschiedliche Schulen gehen, wird daran jemals etwas ändern. So viel dazu. Trotzdem werde ich mich um ein Vielfaches besser fühlen, sobald ich genug verdient habe, um mit meinem MX-5 eigenhändig zu jedem beliebigen Basketballspiel und wieder heim fahren zu können.

Ich habe Alice zurückgeschrieben, das sei schon in Ordnung und wir treffen uns einfach am nächsten Tag nach der Schule. Ich muss ohnehin mit meinem Projekt für *Mythologie heute* anfangen. Außerdem lag in meinem Nachrichtenfach eine Notiz von Bryan, die mich ermahnt, meinen Uniformbewertungsbogen auszufüllen und ihn zusammen mit der Arbeitskleidung schnellstmöglich in Tante Caroles Büro abzugeben.

Sobald wir also von der Messe nach Hause kommen, suche ich das Blatt und lege los.

BEWERTUNG DER UNIFORM:

Atmungsaktivität: schlecht. Manchmal minutenlange Atemnot, nachdem ich auf einer blanken Arbeitsplatte oder im Fenster mein Spiegelbild gesehen habe

Reinigbarkeit: Outfit zieht die Blicke der Kundschaft auf sich, was mir ein ziemlich dreckiges Gefühl gibt

Langlebigkeit: zu langlebig. Wiederholte Versuche, die Weste in Brand zu stecken, sind gescheitert

Wahrnehmbarkeit: siehe »Bewegungseinschränkungen«

Bewegungseinschränkungen: Selbstbeschränkung des eigenen Aktionsradius auf Lager- und Hinterräume aufgrund massiver Schamgefühle dafür, in der Uniform gesehen zu werden

Kommentare: Niemals zuvor bin ich derart dankbar dafür gewesen, dass eine Arbeitswoche zu Ende geht – nicht mal der Osterhasen-Tombola-Dienst an der Kinderschminkbude hat mich so fertiggemacht, und das will etwas heißen

Tante Carole kommt sonntags meistens nicht ins Büro, also pflanze ich ihr meinen Bewertungsbogen und die Uniform auf den Schreibtisch und mache mich dann auf den Weg in die Schneeflocke, um ein bisschen Elfenrecherche zu betreiben. Auf dem Pult liegen einige Transkripte von Grampa Chris' alten Showauftritten in *An Evening with Santa*: Beweis dafür, dass Dad mitten in der Vorbereitung steckt. Wie schon gesagt: In vielerlei Hinsicht ist er als Weihnachtsmann ein Naturtalent, aber im Fernsehen aufzutreten fällt ihm nicht leicht.

Ich schiebe die Transkripte zu einem Stapel zusammen und blättere durch das Handbuch der Santa School, in der Hoffnung, auf altes Elfenmaterial von Grampa Chris zu stoßen. Das Gute an Ms Colandos Sondierungsaufsätzen ist, dass sie sich nicht darum schert, ob sie formal korrekt oder sinnvoll strukturiert sind. Wir sollen einfach ein bisschen unser Thema durchdenken und dann ein bis zwei Seiten dazu zu Papier bringen, was mir recht leichtfallen dürfte. Besonders auf diesem Gebiet. Immerhin kreisen meine Gedanken schon mein ganzes Leben lang um Weihnachtselfen – oder eher darum, wie ich ihnen am besten aus dem Weg gehe.

Die Sache ist die: In der Popkultur sind die Kandidaten, die als Elfen des Weihnachtsmanns anheuern, meist ausgebrannte, verzweifelte Charaktere, die keinen anderen Ausweg sehen, um ihre Rechnungen zu bezahlen – desillusioniert, aber nicht nervtötend. Meine Erfahrung mit Elfen ist eine völlig andere. Wer sich an der Santa School für eine Elfenausbildung bewirbt, ist in aller Regel energiegeladen, enthusiastisch und ganz wild auf den Job. Diese Elfenanwärter nennen »Radschlagen« als eine der sie auszeichnenden Kompetenzen. Sie möchten nicht mehr als Derek oder BethAnne angesprochen werden, sondern bestehen darauf, dass man sie künftig mit ihrem Elfennamen anredet. Spangles zum Beispiel. Oder Flip. Sie jonglieren. Sie sprechen mit hohen Piepsstimmen. Sie lieben lärmende Klamotten: Glöckchen sind das Mindeste. Kazoo-Ketten und Fahrradhupen hatten wir auch schon. Unsere Nachwuchselfen sind laute, grinsende, unerträgliche Leute, die keinerlei Hintergrundwissen zu oder auch nur Interesse an ihrer eigenen Entstehungsgeschichte und ihrem Platz in der Weihnachtsfolklore besitzen.

Im Handbuch erläutert Grampa Chris, dass Elfen als Gehilfen in der Werkstatt des Weihnachtsmanns erstmals im Jahr 1873 in *Godey's Lady's Book* erwähnt werden, das im Grunde genommen die *Cosmopolitan* des 19. Jahrhunderts war – allerdings eine *Cosmopolitan*, die sich nicht gegen Konkurrenz wie *Glamour* und *Elle* und *Vogue* und das Internet durchsetzen musste. *Godey's Lady's Book* war praktisch alles, was es damals an Medienangeboten für Frauen gab, und kaum prangten ein paar hammerbewehrte Elfen auf dem Cover, war die Sache offiziell: Elfen stellen Spielzeug für Santa her. Ende.

Godey's Elfen tanzten nicht. Sie tollten nicht ausgelassen durch die Gegend. Kein Kazoo in Sicht. Die Illustration lässt darauf schließen, dass sie mit ihrer Arbeitssituation zufrieden waren. Aber ganz aus dem Häuschen darüber? Sicher nicht. Sie waren engagierte, pflichtbewusste Arbeiter. Keine Angeber, die dem Weihnachtsmann die Schau stahlen.

Was hat sich seither verändert?

Der Einzug des Kommerzialismus vermutlich. Es ist doch so: Je größer die Santa-Story aufgebauscht wurde, desto mehr Vermarktungsmöglichkeiten bot sie. Und mit dem Merchandising und Marketing kamen mehr und mehr Menschen, die ein Stückchen vom Weihnachtskuchen abhaben wollten. Aber ganz gleich, welche Dimensionen die Weihnachtsindustrie noch annimmt, es wird natürlich immer nur einen wahren Star der Weihnachtsshow geben: den Weihnachtsmann.

Wobei: Mein Grampa Chris hätte gesagt, die Stars der Show sind die Kinder. Jedes einzelne Kind. Eins nach dem anderen. Und dass der einzige Daseinszweck des Weihnachtsmanns darin besteht, ebendiesem einen Kind, das gerade im Mittelpunkt steht, das Gefühl zu vermitteln, es wird gesehen und wertgeschätzt und umsorgt und geliebt. Und das ist das genaue Gegenteil der Elfenprahlerei.

Ich notiere all diese Dinge und überlege mir dann noch ein paar Gegensätze, die ich im Unterricht erwähnen kann, etwa selbstbezogen/kindbezogen, hinter den Kulissen/auf der Bühne und echt/fake. Ich weiß, dieser letzte Gegensatz stimmt so nicht ganz. Ich meine, sogar die stillen, hart schuftenden Elfen auf der Titelseite von *Godey's* sind genau genommen nicht wirklich *echt.* Aber fake sind sie eben auch nicht.

10

7. NOVEMBER

Montagmorgen, sechs Uhr. Auf unerklärliche Weise ist zwischen dem Moment, in dem ich gestern Abend eingeschlafen bin, und dem Zeitpunkt, an dem Santa-im-Schornstein sein erstes morgendliches *Ho* hat ertönen lassen, ein texanisches Weihnachtsungetüm in meinem Kleiderschrank aufgetaucht.

Details: cranberryrotes Kleid mit Puffärmeln und silbernen Steckschnallen. Silberner Gürtel. Silberne Schlangenledercowboystiefel. Ein Blechstern auf der linken Brusttasche. SHERIFF OF SNOWTOWN steht darauf. An einen Ärmel ist eine Notiz gepinnt.

> *F:*
>
> *Carole hat Deinen Bewertungsbogen gelesen und mich gebeten, Dir die Bewertungskriterien noch einmal zu erklären. Mit Atmungsaktivität meinen wir: Schwitzt Du in der Uniform? Mit Wahrnehmbarkeit ist gemeint: Erleichtert die Uniform es der Kundschaft, Dich als Mitarbeiterin des Hollydale Holiday Shop zu erkennen und ausfindig zu machen? Im Hinblick auf die Langlebigkeit ist es nicht nötig,*

die Uniform Testbedingungen auszusetzen, die über das hinausgehen, was an Abnutzung im Verlauf eines normalen Arbeitstags zu erwarten ist. Wir hoffen, diese Präzisierungen helfen Dir künftig im Begutachtungsprozess, sodass Du uns fortan die Art nützlicher Informationen liefern kannst, auf die wir aus sind. Viel Spaß mit der dieswöchigen Uniform. Wir sind gespannt auf Deine Erkenntnisse.
Das ist wahre Weihnachtsmentalität!
Bryan

PS: Der Hut liegt auf Deiner Kommode.

Ich wirbele herum. Auf meiner Kommode liegt tatsächlich ein Hut. Ein karminroter Cowboyhut mit einer Borte aus silbernen Stechpalmenblättern.

PPS: Da es schwierig ist, Kundenmeinungen einzuholen, solange Du Dich im Lagerraum versteckst, bist Du ab morgen für die Verkaufsfläche eingeteilt. Viel Vergnügen!

In der Schule sehe ich die Zungen von zwei Hockeyhonks aus der Schulmannschaft und zwei Neuntklässlern, die ich nicht einmal kenne.

»Es breitet sich aus«, vermelde ich Alice nach dem Unterricht.

»Du solltest die öffentlichen Liebesbekundungen ernsthaft in Erwägung ziehen«, wiederholt sie.

Ich verrate ihr nicht, dass ich das durchaus getan habe – oder zumindest, dass meine Träume unfreiwillig in diese Richtung schweifen. Schon zwei Nächte in Folge bin ich im Traum mit meinem MX-5 durch die Stadt gecruist, aber ich war nicht etwa mit Michael B. unterwegs, sondern mit verschiedenen Mitschülern von der Hollydale. Zumindest glaube ich, dass es verschiedene waren. Konkret erinnern kann ich mich nur an Hector Ramirez, der mir vom Beifahrersitz aus schwärmerische Blicke zugeworfen hat. »Nein«, beharre ich.

»Dann wirst du wohl unter vier Augen mit Sam reden müssen. Ihm versprechen, dass sein Geheimnis bei dir sicher ist.«

»Solltest du mir nicht eher raten, die ganze Sache einfach zu ignorieren? Nach dem Motto: ›Wenn du den Jungs nicht die gewünschte Aufmerksamkeit schenkst, hören sie von selbst auf‹?«

»Klar doch«, erwidert sie. »Genauso gut könnte ich dir vorschlagen, den Weihnachtsmann um Hilfe zu bitten.«

Wir sind in der Schneeflocke. Santa Franklin hat schon wieder Dad angerufen und wollte diesmal wissen, ob wir aus den Jahren, in denen er hier Schüler war, noch irgendwelche Fotos von ihm haben. Er hat die Santa School schon ganze fünf Mal absolviert, also wälze ich mich durch fünf Fotoalben. Bei uns läuft es oldschool: Wir drucken echte Fotos aus und kleben sie in Alben. Da fällt mir ein, dass dieses Jahr *ich* neben dem Ladengeschehen dafür verantwortlich bin, das Album zusammenzustellen. Eigentlich hat es mir nicht mal jemand aufgetragen. Ich habe mich aufopferungsvoll dazu bereiterklärt in der Hoffnung, damit ein paar Säulenpunkte in der Kategorie Eigeninitiative einzustreichen. Allerdings haben die diesjährigen Santa-Schüler schon seit sechs Wochen ihren Abschluss in der Tasche und ich war im Laden so eingespannt und dann noch damit, Uniformen zu testen und wegen Traumtypen zu erröten, die mich im wahren Leben nicht einmal wahrnehmen, dass ich noch kein einziges Foto ausgedruckt habe. Ich muss langsam Gas geben.

»Ist er das?«, fragt Alice. Sie deutet auf einen von einem Dutzend Santas in einem Gruppenbild. Alle tragen die komplette Montur und sind daher schwer zu unterscheiden. Zum Glück sind zwei schwarze Santas darunter (bei denen es sich definitiv nicht um Santa Franklin handelt) und einer ist auffällig groß und dürr (dito), somit können wir drei von vornherein ausschließen.

»Schreib ›47‹ auf. Wir machen ihm für alle Fälle eine Kopie.«

Alice und ich blättern noch einige Seiten durch, notieren uns die Nummern der Bilder. Alle Fotos sind auch im Computer gespeichert und normalerweise würden wir Santa Franklin einfach einen Link zum entsprechenden Ordner schicken, aber die Überschwemmung hat auch seinen PC geschrottet und die Stromversorgung lahmgelegt. Sein Haus liegt quasi in Trümmern. Ich habe keine Ahnung, was er in einem zerstörten Haus mit einem Haufen Weihnachtsmannfotos anfangen will. Aber er hat Dad darum gebeten und Dad hat mich darum gebeten und ich kann Säulenpunkte gut gebrauchen, also bitte.

Gerade schlagen wir das letzte Album auf, als wir jemanden im Klassenraum nebenan hören. Es kommt häufig vor, dass irgendwelche Vertreter der verschiedenen Christbaumschmuck- und Dekohersteller sich mit Mom, Dad oder den anderen Einkäufern aus unserem Team treffen und drüben auf den Tischen ihre Muster ausbreiten.

»Wir wirtschaften kaum auch nur kostendeckend, Nick.« Das ist Tante Carole – offenbar im Gespräch mit Dad. Ich lege einen Finger auf die Lippen, damit Alice stumm bleibt. Ich hätte gar nichts dagegen, Tante Carole sehen zu lassen, dass ich hier fleißig Recherche für Santa Franklin betreibe, aber sie mag es nicht, wenn ich Freunde in den Shop oder in den Nordpol mitnehme. Keine Freunde bei der Arbeit, meint sie, was für sie ja leicht gesagt ist – denn soweit ich weiß, hat sie sowieso keine Freunde.

»Mehr als unsere Kosten decken müssen wir auch nicht, Carole. Die Schule ist eher ein zusätzliches Angebot als ein Geschäftszweig.«

Genau, erklär ihr, wie der Hase läuft, Dad.

»Diese Einstellung mag funktioniert haben, solange Dad am Leben war. Das hier war seine Leidenschaft, sein kleines Wohltätigkeitsprojekt: alle Santas und Elfen und sonstigen weihnachtsverrückten Spinner zusammenzubringen, die er auftreiben konnte. Aber Dad ist tot, Nick. Und dir macht das Theater nicht einmal Spaß.«

»Es macht mir Spaß«, höre ich meinen Dad widersprechen, doch sogar ich muss mir eingestehen, dass er nicht vollends überzeugend klingt.

»Du hasst es«, stellt Tante Carole fest, und ihre Armreifen klimpern, als wollten sie die Worte unterstreichen. »Die Fernsehshow hasst du allemal.«

»*Dad* hat sie geliebt«, sagt mein Vater. »Und ich will die Menschen, die Dad geliebt haben, nicht enttäuschen. Ich werde die Schule nicht schließen, Carole.« Ich sehe ihn zwar nicht, da die beiden sich in der zum Klassenraum umfunktionierten Wohnstube unterhalten und ich in der Schneeflocke stehe, aber ich kenne seine Miene in solchen Momenten nur zu gut. Er hat das Kinn Richtung Brust gezogen, sodass er über den Rahmen seiner Brille hinwegschauen kann. Seine Stirn ist gerunzelt, der Mund ernst. Mit diesem Blick bringt er aufdringliche Vertreter, aufmüpfige Angestellte und gelegentlich auch ungezogene Kinder zum Schweigen. Es ist ein Blick, der sagt: *Genug*.

Offenbar ist Tante Carole nicht in der Lage, den Blick zu lesen. Oder sie schaut Dad nicht an. Sie beharrt auf ihrem Standpunkt, wobei mir auffällt, dass ihre Stimme leiser geworden ist. So leise, dass ich Alice bedeute, keine raschelnden

Albumseiten mehr umzublättern, damit ich sie weiterhin verstehen kann. »Das ist genau der Punkt, Nicholas. Du musst die Schule nicht schließen. Wir können Dads Traum am Leben halten. Was mir vorschwebt, ist in allererster Linie eine Art Partnerschaft. Und Brady wird uns sogar noch mehr Publicity und ein Vielfaches an Schülern bescheren. Wir werden mit halb so viel Einsatz doppelt so viel Geld verdienen. Mindestens.«

»Der Hollywood-Santa«, brummt Dad. Er klingt angewidert. Ich *bin* angewidert. Schlägt sie allen Ernstes vor, dass wir Santa Schmalzlocke die Schule von Grampa Chris anvertrauen sollen?

»Ich habe ihn live erlebt, Nicholas. Er ist sehr gut. Ich wünschte, du würdest dir wenigstens einmal die Videos anschauen, die ich dir geschickt habe.«

»Ich habe keine Zeit für Videos«, entgegnet er. »Ich habe für diesen ganzen Unsinn keine Zeit.« *Sag es ihr, Dad. Sag ihr, du lässt nicht zu, dass sie Grampa Chris' Schule ruiniert.*

»Hättest du jemanden, der dich unterstützt, hättest du auch mehr Zeit.« Wieder Tante Carole. »Brady bietet uns ein Franchise-Modell an. Wir können Teil seiner Tour sein. Nicholas –« Ich spüre, wie eine feuerrote Wut in meinem Magen zu brodeln beginnt, und bin kurz davor, nebenan hineinzuplatzen und ihr zu sagen, dass sie sich zurück nach Hollywood scheren kann, wenn sie diese Glamourwelt so toll findet, aber Alice zieht mich zurück, ehe ich auch nur die halbe Strecke zur Tür geschafft habe.

»MX-5«, flüstert sie. Alice wünscht sich ebenso sehr wie ich selbst, dass Onkel Jacks Auto bald mir gehört.

»Solange die Schule keine Verluste macht, Carole, behalten wir sie. Sollte sich daran irgendwann etwas ändern, können wir uns noch einmal unterhalten.«

»Dann ist es vielleicht schon zu spät«, zetert Tante Carole. »Er wird anderswo investieren. Sich andere Partner suchen …« Ich vermute, jetzt blickt sie Dad an, denn sie stockt. »Also … solange die Schule keine Verluste macht …«

Dad hat eindeutig keinen Nerv mehr für diese Unterhaltung und zieht den Schlussstrich. »Ich werde bei den Krippen gebraucht«, sagt er.

Alice und ich hören, wie Dad davonrauscht, und dann geht auch Tante Carole und das Geklimper ihrer Armreifen verhallt im Flur.

Alice schüttelt den Kopf. »Sie kann kein Nein akzeptieren, oder?«

»Sie wird die Santa School *nicht* verkaufen«, betone ich.

Alice' Gesicht strahlt auf einmal so begeistert, als ob ein Teller voller Sirup-Plätzchen vor ihr stünde, und ihr Miss-Fisher-Akzent dreht bis zum Anschlag auf. »Soll das heißen, du hast einen Plan?«

»Ich brauche keinen Plan. Du hast meinen Dad gehört. Die Santa School darf bloß keine roten Zahlen schreiben. Sie muss keine Gewinne einfahren oder sich vergrößern. Ich muss lediglich meinem Dad dabei helfen, alles am Laufen zu halten.«

»Keinen Plan?« Alice klingt aufrichtig enttäuscht.

»Man braucht keinen Plan«, erkläre ich ihr, »wenn man nicht will, dass sich etwas verändert.«

11

11. NOVEMBER

Eine ganze Woche lang trage ich meine Cowboy-Uniform im Laden. Sie ist schlimmer als der Elfen-Albtraum, den ich vorher anhatte. Der Hut schränkt meine Sicht ein, sodass ich ständig irgendwo gegenlaufe oder Dinge zu Boden werfe: Aufsteller, Kunden und – das tragischste Opfer – einen eineinhalb Meter großen aufblasbaren Frosty (67,50 $), der gegen den spitzen Blechstern auf meiner Brust keine Chance hat. Am übelsten sind die Stiefel. Am Ende der Woche habe ich vier Blasen und humpele durch die Gegend wie der fiese Hexenmeister in *Santa Claus is Comin' to Town*.

Immerhin bleibt die Zahl der Zungensichtungen in der Schule relativ stabil, und in Ms Colandos Unterricht muss ich keine fiesen Kommentare parieren. Eine Erleichterung. Meine Präsentation der ersten Recherche-Ergebnisse läuft auch gut. Bis ich mit meinem Erkenntnisbericht an der Reihe bin, habe ich mir noch ein paar mythologische Gedanken gemacht und erkläre meiner Gruppe, dass der ursprüngliche Zweck der Elfen darin bestand, die wirtschaftliche Komponente der Feiertage zu übertünchen.

»Der Weihnachtskommerz wurde mit dem schönen und unschuldigen Bild der am Nordpol gefertigten Spielzeuge überpinselt«, erläutere ich. »Indem Elfen in die Weihnachtsmythologie integriert wurden, ließ sich die Realität leichter verbergen: dass nämlich jede Menge Dollars die Taschen wechseln müssen, damit am Ende Geschenke unter dem Weihnachtsbaum im Wohnzimmer landen.«

DeKieser ist entsetzt. »Oha«, schnaubt sie. »Das ist irgendwie, keine Ahnung, echt mies und so.«

Da muss ich ihr recht geben. Ich erläutere weiter, dass insbesondere dieser Teil des Mythos fortbesteht, die Elfen selbst allerdings – zumindest diejenigen, die sich an der Santa School bewerben – inzwischen auch noch mit großem Ego daherkommen. Sie sind protzig geworden und buhlen um Aufmerksamkeit.

»Elfen waren einst nur Hintergrundfiguren«, sage ich. »Sie waren viel bescheidener. Viel ...« Ich suche nach dem richtigen Wort.

Hector kommt mir zu Hilfe. »Weniger elf-bewusst?«

Wider Willen muss ich lachen. Ellie ebenso, und sie legt prompt noch eine Schippe drauf.

»Und jetzt sind sie nur noch elf-gefällig und elf-zufrieden«, kichert sie. »Keinerlei Elf-Achtung. Keine Elf-Disziplin. Und ständig posieren sie für Elfies.« Sie rückt ihre Brille zurecht und hält ihr Handy in die Höhe, als wollte sie ein Foto knipsen.

Ms Colando bedenkt uns mit ihrem Ich-warte-auf-den-Fahrstuhl-Blick. »Vielleicht solltet ihr euch jetzt dem nächsten Recherchethema zuwenden?«, schlägt sie vor. »DeKieser, hast du deins schon vorgestellt?«

DeKieser wühlt in ihrem Rucksack nach einigen der College-Broschüren, die derzeit den Briefkasten ihrer Familie fluten, und unterdessen berührt Hector leicht meinen Arm. Instant-Gänsehaut.

Ach du heilige Nacht.

Er beugt sich zu mir, sein Gesicht kommt meinem immer näher, und obwohl ich *weiß-weiß-weiß*, dass er mir nur irgendetwas zuraunen will, zerfließt ein Teil meines Gehirns vor Entzücken und bringt die Geste mit jedem RomCom-Filmkuss in Verbindung, den es je gesehen hat. Schlagartig schießt mir die Röte ins Gesicht, mein Magen schlägt Purzelbäume und mein Nacken beginnt zu kribbeln. Hectors Lippen halten nur wenige Zentimeter von meinem Ohr entfernt inne.

»Ich hoffe, du hattest jetzt nicht den Eindruck, dass ich mich über *dich* lustig mache oder so.« Er sagt es leise genug, dass niemand sonst es hört. Er zieht keine Show ab und meint es auch nicht witzig. Einfach eine nette Geste – aber, wie ich mir selbst einschärfe, *kein* Kuss. Bei Weitem nicht. »Ich hoffe, ich bin nicht zu weit gegangen«, sagt er.

Du bist nicht weit genug gegangen, antwortet der schmachtende Teil meines Gehirns.

Als ob du wüsstest, was zu tun wäre, wenn er es täte, kontert der Rest.

»Alles gut«, sage ich zu Hector. »Ich meine, ähm, allzeit Feuer frei auf die Elfen, wenn es nach mir geht.«

DeKieser findet endlich ihre gesuchten Broschüren und knallt sie auf ihre Tischplatte, doch gedanklich ist sie offenbar komplett anderswo. »Also, ähm, ich habe mir Gedanken gemacht zu den Gegensätzen und was weiß ich«, fängt sie an. »Ich meine, keine Ahnung – was, wenn man beide Seiten für richtig hält? Zum Beispiel, dass ein Elf sowohl egozentrisch als auch großzügig sein kann?«

Die neu entfachte Elfendiskussion reißt mich weit genug

aus meiner Schwärmerei, dass ich ein wenig wohltuenden Spott anbringen kann. »Ausgeschlossen«, stelle ich klar.

»Ich weiß nicht«, widerspricht Hector, der wieder seine normale Sitzposition eingenommen hat, die ich mit normaler Gesichtsfarbe ertragen kann. »F. Scott Fitzgerald war der Meinung, dass die Fähigkeit, zeitgleich zwei gegensätzliche Ideen in Betracht zu ziehen, ein Zeichen herausragender Intelligenz ist.«

Ellie schnaubt abfällig. »In der Psychologie nennt man das kognitive Dissonanz – einer der größten Stressfaktoren des modernen Lebens.«

Hector dreht sich zu mir, als wäre meine Meinung ausschlaggebend in dieser Diskussion. Wieder fährt mein Magen Achterbahn, und obwohl ich mir ernsthafte Gedanken über Intelligenz und Stress machen sollte, denke ich stattdessen an Alice' Knutschplan, wohl wissend, dass er bei jedem anderen Menschen wahrscheinlich funktionieren würde, in meinem Fall aber von vornherein zum Scheitern verurteilt ist. »Vielleicht«, sage ich, »stimmt beides.«

12

13. NOVEMBER

UNIFORM-BEWERTUNGSBOGEN #2:

COWBOY CHRISTMAS

Atmungsaktivität: nicht gegeben

Reinigbarkeit: abwischbar, wie ein Plastiktischtuch

Langlebigkeit: Schlangenlederstiefel verlieren jede Menge Silber, scheinen zu schuppen

Wahrnehmbarkeit: praktisch reflektierend

Bewegungseinschränkungen: Gürtel nicht für Plätzchenliebhaber gemacht. Noch schlimmer: Stiefel verursachen Blasen

Kommentare: Kill me now.

KOMMENTARE AUS DER KUNDENBEFRAGUNG:

»Die Kleine war niedlich in ihrem Kostüm, aber in Anbetracht des Outfits bin ich davon ausgegangen, mehr

Baumschmuck im Western-Stil zu finden. Gefunden habe ich nur fünf Anhänger, und einer davon war ein pinkfarbener Cowboyhut. Ich wollte für meinen Neffen aber einen blauen.«

»Die Stiefel sind entzückend! So glitzrig! Ich würde sie selbst tragen, wenn ich dafür nicht schon zu alt wäre.«

»Die junge Angestellte hätte mehr lächeln können. Sie schien sich beinahe für ihr Outfit zu schämen.«

13

19. NOVEMBER

Uniform Nummer drei: Weiße Button-down-Bluse. Krawatte im Zuckerstangen-Look, dazu passende Kniestrümpfe. Cranberryrote Hosenträger. Nadelstreifenshorts. »Freie, optisch angemessene Schuhwahl.«

Ich kämpfe immer noch mit meinen Cowboystiefel-Blasen, deshalb schlüpfe ich in meine alten Dr. Martens, in denen meine Zehen mehr Spielraum haben als in all meinen anderen Schuhen. Der schlimmste Teil der neuen Uniform sind die Hosenträger. Ich kann mich nicht entscheiden, ob sie dazu gedacht sind, direkt über den Brüsten getragen zu werden, oder außen daran vorbeilaufen sollen. Oder denke ich bei meinen Schultern in die ganz falsche Richtung – sollte ich die Hosenträger einfach vom Hosenbund baumeln lassen? Ich probiere an jedem Tag meiner »Corporate Christmas«-Woche eine andere Variante aus. Am Freitag klemme ich sie verkehrt herum an, sodass sie sich vor meinem Oberkörper kreuzen. Das mag nicht die vorgesehene Trageweise sein, erweist sich überraschenderweise jedoch als die bequemste.

Dottie, die für diesen Tag die Teamleitung im Laden übernommen hat, positioniert mich innen an den Eingangstüren vor einem Tisch voller Truthahnplatten. Sie zieht einen gefalteten Zettel aus der Tasche ihrer Schürze und liest vor.

»Du sollst lächeln und jeden Gast mit ›Willkommen im Hollydale Holiday Shop‹ begrüßen.« Sie legt ähnlich viel Begeisterung in die Worte, wie man sie fürs Schrankausmisten oder Zahnarztbesuche aufbringt. Ich mag Dottie.

»Jeden Gast? Was, wenn Leute in Gruppen kommen?«, frage ich.

Dottie hebt eine Schulter – sie ist von der ganzen Sache nicht einmal überzeugt genug, um sich ein komplettes Schulterzucken abzuringen. »Du bist diejenige, die Carole ans Bein gepinkelt hat. Das kannst du dir jetzt selbst überlegen.«

»Ich habe ihr nicht ans Bein gepinkelt«, verteidige ich mich. »Sie ist einfach bösartig.«

Dottie zieht die andere Schulter hoch. »Biete allen einen Ladenplan an, aber nur die Tourbus-Gruppen bekommen das komplette Willkommenspaket.« Sie reicht mir einen crayolaroten Eimer (4,95 $) voller Broschüren und Lagepläne und Discount-Coupons.

»Sind für heute viele Busse angekündigt?«

Dottie stößt ein Grunzen aus und drückt mir den Zettel mit den Anweisungen in die freie Hand. »Am Wochenende vor Thanksgiving? Was erwartest du? Heute Nachmittag kommen vier Busse. Und mit denen, die sich nicht vorab anmelden, muss man jederzeit rechnen. Gib Bescheid, wenn du noch mehr Broschüren brauchst.«

Ich sehe ein paar Damen, die ich aus der Bibliothek wiedererkenne, vom Parkplatz her auf unseren Eingang zusteuern. Dottie entdeckt sie ebenfalls, wendet der Tür den Rücken zu und raunt leise: »Nur damit du gewarnt bist: Die Praktikantin deiner Tante hat eine der Kameras genau auf diesen Bereich hier ausgerichtet.«

Sie hat recht. Über den Eingangstüren befinden sich zwei Überwachungskameras. Eine hat wie üblich die Kassen im Fokus, aber die andere weist genau auf mich. Ich salutiere vor ihr. Schlittenglöckchen klingeln, als die Eingangstüren sich öffnen. »Dein Einsatz, Kleines«, sagt Dottie. »Lächle die Leute in Grund und Boden.«

»Willkommen im Hollydale Holiday Shop«, sage ich, kaum dass die Tür sich öffnet, und erschrecke damit Mrs Fenderson, die Vorlesefee aus der Bibliothek.

»Hallo, Francie«, begrüßt sie mich, sobald sie sich wieder gefasst hat. »Du machst ja ganz schön was her.«

»In der Tat«, sage ich. »Möchten Sie einen Lageplan?«

»Ich bin schon einhundert Mal hier gewesen, Francie. Ich brauche genauso wenig einen Plan wie du.«

Ich gebe mir Mühe, nicht zur Kamera hochzuschauen. »Ich befolge nur meine Anweisungen, Ma'am.«

Mrs Fenderson verzieht mitfühlend das Gesicht. »Schwer zu glauben, dass heute schon *An Evening with Santa* läuft«, sagt sie. »Die Zeit fliegt dieses Jahr nur so.«

Probieren Sie mal aus, den ganzen Nachmittag hier in Elfen-Business-Kleidung herumzustehen, würde ich am liebsten erwidern. *Das bringt die Zeit auf der Stelle zum Stillstand.*

Mrs Fenderson und ihre Freundin machen sich auf zu den Papierwaren und ich bleibe allein zurück mit dem Broschüreneimer und »Jing-A-Ling, Jing-A-Ling« von den Andrew Sisters im Ohr. Ihr Chor wird kurz von Dottie unterbrochen, die meinen Dad über die Lautsprecheranlage zum Baumschuppen beordert. Ich versuche, ihn mir nicht dort vorzustellen, und konzentriere mich stattdessen darauf, wie ungewöhnlich es ist, dass er am Tag der Fernsehshow arbeitet. Grampa

Chris hat das nie gemacht. Für ihn war dieser Tag einer der wichtigsten der Saison, und er hat alles darauf ausgerichtet, schon lange vor Beginn der Live-Aufzeichnung gut ausgeruht und in Schale geworfen drüben im öffentlich zugänglichen Aufnahmestudio der Bibliothek zu sein. Natürlich hatte er Gram und Dad und Mom und Onkel Jack, die sich um den Laden kümmerten, solange er weg war. Dad hat nur Mom und Onkel Jack, und so wunderbar Onkel Jack auch ist, es mangelt ihm eindeutig an Führungsqualitäten, weshalb niemand sich richtig wohl damit fühlt, ihm Verantwortung zu übertragen.

Außerdem schätze ich, Dad hat es nicht sonderlich eilig, ins Studio zu kommen. Die persönlichen Begegnungen liegen ihm – wenn Kinder anstehen, um bei ihm auf dem Schoß zu sitzen, oder wenn er bei der Parade von einem Wagen winken soll –, aber alles, was vor der Kamera passiert, macht ihn nervös. Extrem nervös. Ich meine, er fängt sich wieder, sobald der Dreh erst einmal begonnen hat, aber vorher ist er ein nervliches Wrack. Darum habe ich ihn in den letzten beiden Jahren zur Sendung begleitet, um ihn zu beruhigen und dafür zu sorgen, dass er nicht komplett durchdreht und am Ende noch einen Herzinfarkt bekommt oder dergleichen … Wie auch immer: Jedenfalls sehe ich es als meine Aufgabe, ins Studio zu gehen und ihn auf seinen Auftritt vorzubereiten. Aber zuerst muss ich hier im Shop ein paar Stunden für meinen MX-5 abreißen.

Anfangs kommen nicht viele Kunden, also schlage ich die Zeit damit tot, die Truthahnplatten präzise auszurichten, was mir durchaus säulenpunktwürdig erscheint. Dann treffen die Busse ein. Ich begrüße. Ich verteile Broschüren. Die Mittagspause ermöglicht mir ein sehr willkommenes Durchschnaufen, aber im Nu bin ich wieder draußen auf der Verkaufsfläche und warte auf weitere Touristen. Den Großteil des Nachmittags ertappe ich mich dabei, wie ich über den Parkplatz hinweg auf die Rückwand des Nordpols starre und verfolge, wer von meinen Kolleginnen und Kollegen in die Pause geht oder daraus zurückkehrt. Mir fällt wieder ein, dass das Gebäude, in dem ich mich befinde, einst eine Milchscheune war, und ich stelle mir vor, wie die Kühe damals wohl den ganzen Tag lang durch die Türen gestarrt haben, ganz ähnlich wie ich jetzt. Ich ermahne mich, dass ich die ruhigen Phasen dafür nutzen sollte, meine Verbkonjugationen für Französisch zu üben oder meine künftigen Recherchen für *Mythologie heute* zu planen, doch kaum denke ich an *Mythologie heute*, schiebt sich Hector Ramirez in meine Tagträumereien – und unser Nicht-Kuss. Zugegeben, mehr als einmal wird in meinem Kopf daraus ein Nicht-Nicht-Kuss. Ich male mir aus, wie er sich tatsächlich herüberlehnt, um mich zu küssen, dass er mich küssen will, mitten im Mythologie-heute-Unterricht. Beim ersten Mal fällt in meiner Fantasie Sam Spinek und Gunther Hobbes die Kinnlade herunter, aber danach hat in meinem Tagtraum nur noch Hector Platz. Und der Traum wird sehr realistisch. So realistisch, dass ich heilfroh bin, nicht von einer Infrarotkamera durchleuchtet zu werden, denn ganz gewiss würde die Wärme, die mich durchflutet, jeden Alarm im ganzen Laden auslösen. Tagträumereien sind ein sehr vergnüglicher Zeitvertreib.

Ich fächele mir gerade mit Dotties Anweisungszettel Luft zu, da bemerke ich eine handschriftliche Notiz von Bryan am unteren Seitenrand.

Bitte erinnere Francine daran, dass sie auf Bewährung ist und dass Carole aktiv nach einer Gelegenheit sucht, die Fortführung ihres Angestelltenverhältnisses mit dem Management-Team zu besprechen.

Damit meint sie, dass Tante Carole mit Dad über mich reden will und einmal mehr behaupten wird, ich wäre nicht reif genug für diesen Job. Zu meinem Glück war Dad in letzter Zeit so eingespannt im Shop, dass er keine Zeit für eine solche Debatte hatte, aber mir ist klar, dass ich besser ein paar grandiose Säulenpunkte-Tage für mich verbuchen können sollte, ehe es doch dazu kommt. Wieder spähe ich zu den Kameras hinauf, als ein Luxus-Tourbus mit Senioren aus dem Mittleren Westen vor dem Eingang hält. Noch bevor die Rentnergruppe bereit zum Aussteigen ist, drückt ein kleines Mädchen von vielleicht fünf oder sechs eine Hälfte der großen Doppeltür auf und betritt den Laden.

»Willkommen im Hollydale Holiday Shop!«, sage ich mit mustergültigem Säulenpunkte-Grinsen.

»Bist du ein Elf?«, fragt das Mädchen.

»Um Himmels willen, nein.«

»Was bist du dann?«

Ich linse zur Kamera empor. »Ich bin Santas Praktikantin.«

Schlittenglöckchen klingeln und ein Schwung Midwest-Senioren ergießt sich durch die Türen. »Willkommen im Hollydale Holiday Shop!«, trällere ich, und dann fallen mir die Willkommensbroschüren wieder ein, und ich bemühe mich eilig darum, sie den Rentnern in die Hände zu drücken, die prompt in ihrem Vorwärtsdrängen innehalten, um einen Blick hineinzuwerfen. Im Eingangsbereich bildet sich ein Seniorenstau.

Ich rufe noch ein paarmal meine Willkommensparole, bis ich spüre, wie jemand an meinem T-Shirt zupft.

»Fühlt sich an wie ein Baumwoll-Polyester-Mix«, sagt die Zupferin zu der Frau, die neben ihr steht.

»Ich wusste es. Und die Shorts sehen mir nach Gabardine aus«, entgegnet sie. »Darf ich mal einen Blick auf das Schildchen werfen, Liebes?« Schon klappen ihre Finger meinen Hosenbund am Rücken um und mit schief gelegtem Kopf versucht sie das Etikett zu entziffern.

Ich muss mich mühsam zurückhalten, um ihre Hand nicht wegzuschlagen. »Was tun Sie da?«, frage ich und denke gerade noch rechtzeitig an ein strahlendes Lächeln. »Ich meine, kann ich Ihnen irgendwie behilflich sein?«

»Ich kann diesen Bogen nur sorgfältig ausfüllen, wenn ich über den Stoff im Bilde bin«, erklärt die grabbelnde Dame. »Du hast recht, Barbara. Wollgabardine.«

»Die Shorts sind aus Wolle«, ruft Barbara den restlichen Senioren ihrer Gruppe zu. Alle haben Stifte aus ihren Taschen geangelt und kritzeln auf einen Papierbogen aus dem Willkommenspaket.

»Fühlt sie sich darin in ihrer Bewegungsfreiheit eingeschränkt?«, fragt eine hochgewachsene Dame in der Nähe der Pilgerpyramide.

»Fühlst du dich darin in deiner Bewegungsfreiheit eingeschränkt?«, gibt Barbara die Frage an mich weiter.

»Nicht besonders, denke ich. Aber wieso wollen Sie –«

Barbara zeigt mir den Zettel, auf dem sie eifrig Notizen macht. »Jeder, der diesen Bewertungsbogen komplett ausfüllt, bekommt zwanzig Prozent Rabatt auf den gesamten Einkauf«, erklärt sie und nimmt sich die nächste Frage vor. »Ich schätze, für ›Herzlichkeit‹ würde ich vier Punkte vergeben. Die Hosenträger sind ein bisschen irritierend.«

»Von der Bewegungsfreiheit bin ich nicht so recht überzeugt«, meint die große Frau. »Kann sie sich denn darin gut bücken?«

»Kannst du dich darin gut bücken?«, fragt die Zupferin.

»Ja, bück dich mal«, ruft eine neue Stimme. Eine Jungenstimme.

Das kleine Mädchen taucht aus dem Touristenschwarm auf, ihre Hand sicher in der eines dunkelhaarigen Jungen mit Wangengrübchen, der eine Jacke mit dem Logo der Hollydale High School trägt. Sam Spinek.

Ach du heilige Nacht.

14

»Du musst noch *Herzlich Willkommen* zu meinem Bruder sagen«, verlangt das Mädchen.

Sam Spinek steht einfach da, inmitten der Traube aus rabattgierigen Rentnern, und grinst mich an. Seine Grübchen sind doppelt so tief wie sonst, und er wirkt enorm selbstzufrieden. »Herzlich willkommen«, sage ich im unherzlichsten Tonfall, den ich zustande bringe.

»Danke«, antwortet Sam, »aber ich fürchte, wirklich willkommen kann ich mich erst fühlen, wenn ich die Gewissheit habe, dass du nicht in deiner Bewegungsfreiheit eingeschränkt bist.«

Barbara wirft ihm einen missbilligenden Blick zu, ehe sie sich wieder auf mich konzentriert.

»Nichts schränkt mich ein«, versichere ich ihr. Demonstrativ wedele ich ein paarmal mit den Armen.

»Ich sehe den Rücken nicht«, moniert eine andere Seniorin.

»Sie müssen deinen Rücken sehen«, sagt Sam.

»Ich werde mich nicht umdrehen«, entgegne ich ihm.

»Mach die Augen zu, Sammy«, verlangt das kleine Mädchen. »Sie will nicht, dass du ihr auf den Hintern guckst.«

Ich spüre, wie mein Gesicht purpurrot anläuft (vor Wut, nicht etwa vor Verlegenheit), doch zum Glück hält eine der Tour-Damen Sam Spinek ihren Lageplan vor die Augen. »Na komm schon, Schätzchen. Zeig uns die Rückseite, dann lassen wir dich in Frieden.«

Ich drehe mich um. Die Damen kritzeln ihre Beurteilungen. Als der Busfahrer sie daran erinnert, dass es bereits Viertel vor sechs ist und ihnen nur noch eine halbe Stunde zum Shoppen bleibt, bedanken sie sich bei mir und dringen tiefer in den Laden vor, eifrig auf der Suche nach etwas, auf das sie gern zwanzig Prozent hätten.

»Ich nehme auch einen dieser Bewertungsbögen«, sagt Sam Spinek und langt nach meinem Broschüren-Eimer.

Ich reiße den Eimer weg. »Verzieh dich«, fauche ich ihn an.

»Meine Schwester braucht einen Pilgerhut für die Theateraufführung an ihrer Schule«, sagt er. »Wenn ich das Formular ausfülle, kriege ich zwanzig Prozent Rabatt, richtig?«

»Ich gebe dir zwanzig Prozent Rabatt, wenn du es *nicht* ausfüllst«, erwidere ich. »Gang drei«, informiere ich seine Schwester, die prompt in die ausgewiesene Richtung davonrennt. Sam allerdings rührt sich nicht vom Fleck.

»Das muss heftig sein, so zur Arbeit anzutanzen«, sagt er. »Sicher, dass du dich darin nicht unwohl fühlst?«

»Weniger unwohl als in der Schule, wo ich von dir und deinem Gorilla-Rudel gemobbt werde.« So. Jetzt ist es raus. Ich wünschte bloß, Alice wäre hier und hätte es mitbekommen.

»Gemobbt?«

Ich strecke ihm die Zunge raus. Gleich darauf fällt mir

Bryans wachsames Adlerauge wieder ein. Ich täusche einen Hustenanfall vor und halte mir eine Hand so vor den Mund, dass er für die Kamera verdeckt ist.

»Das mache ich nicht«, sagt Sam. »Das habe ich noch nie gemacht.«

»Deine Hockeyhonk-Kumpane schon.«

»Nicht alle«, sagt er.

Das stimmt. In *Mythologie heute* ärgert mich niemand mehr, und Hector hat mir noch kein einziges Mal die Zunge herausgestreckt, vermutlich weil er ein echt netter Kerl ist – oder vielleicht auch, wie mir in diesem Moment in den Sinn kommt, weil er nicht will, dass ich ihn gedanklich in irgendeiner Weise mit Küssen in Verbindung bringe.

»Außerdem habe ich keinen Einfluss darauf, was meine Freunde tun«, fährt Sam fort.

»Ich denke schon«, widerspreche ich.

Sam streicht mit den Fingern über eine Truthahnplatte. »Ganz ehrlich«, sagt er und kommt noch einen Schritt auf mich zu, »ich denke, das liegt in *deiner* Macht.«

Im Bewusstsein der auf mich gerichteten Kamera verkneife ich mir ein lautes Lachen. »Ach ja? Und wie das?«

»Du musst ihnen beweisen, dass sie sich irren«, sagt er. Und dann, genau wie Alice, erklärt er mir, ich müsse mir einen festen Freund anlachen und im Schulflur mein Können demonstrieren.

Ich sage nichts darauf.

Und dann lacht Sam. »Oh«, meinte er. »Jetzt verstehe ich.«

»Du verstehst überhaupt nichts«, zische ich. Doch offensichtlich tut er das sehr wohl.

»Wie viele Kerle hast du nach mir geküsst?«, fragt er. »Drei? Zwei? Sekunde. Ich weiß es. Keinen?«

Eine Frau mit grünen Haaren und einem Buggy läuft an

uns vorbei. »Herzlich willkommen im Hollydale Holiday Shop«, presse ich hervor.

Sam schiebt sich noch näher an mich heran. »Was passiert ist, tut mir leid«, sagt er – beinahe, als würde er es wirklich so meinen. »Ich kann nicht zurücknehmen, was ich meinen Freunden erzählt habe, aber es tut mir leid. Und ich würde es gern wiedergutmachen.«

»Ach ja?«, frage ich noch einmal. Okay. Dann lag Alice vielleicht doch richtig. Vielleicht musste ich tatsächlich einfach nur Sam Spinek konfrontieren und unter vier Augen mit ihm reden.

Die Türen des Holiday Shop öffnen sich bimmelnd und drei weitere Frauen spazieren herein. »Herzlich willkommen im Hollydale Holiday Shop«, sage ich.

Sam zupft an meinem Ärmel, zieht mich dichter an sich heran, damit ich sein Flüstern höre.

»Wann hast du Feierabend?«, fragt er. »Ich könnte meine Schwester daheim absetzen und zu dir zurückkommen. Dann können wir rummachen.«

»Wir können *was*?« Mrs Fenderson ist wieder in Sichtweite, und allein mein Bestreben, der Vorlesefee gegenüber nicht unangenehm aufzufallen, hält mich davon ab, ihn anzuschreien.

»Rummachen. Wie schon gesagt: Ich schulde dir was.«

Ein Tsunami aus Einwänden überrollt mein Gehirn, doch aus meinem Mund kommt ausgerechnet der dümmste. »Du bist doch mit Ginger Smee zusammen.«

Sam lächelt großzügig. »Ich will ja nicht mit dir *zusammen sein*. Ich würde mit dir *rummachen*. Damit du ein wenig Übung bekommst. Dann bist du bestens gerüstet für den nächsten Typen, der kommt.«

Ich brauche Worte. Mir fehlen die Worte.

»Wenn du willst«, redet er weiter, »dann kann ich dir garantiert auch einen Freund für eine Party oder sogar zwei besorgen. Das beweist dann allen, wie falsch sie lagen, und –« Sam schnippt mit den Fingern. »Keine derben Gesten mehr.«

Ich bin noch immer sprachlos, also antworte ich mit meiner ganz eigenen derben Ein-Finger-Geste, die dem Moment vollkommen angemessen ist. Nur leider nicht der Kulisse.

»Frances!«, japst Mrs Fenderson.

»Tut mir leid. Oh, Sie habe ich nicht gemeint! Ich bin –« Mit einem Mal liegen mir jede Menge Worte auf der Zunge, eintausend Entschuldigungen, die wenig gegen Sams Belustigung oder Mrs Fendersons Entsetzen auszurichten vermögen. Und da erhasche ich aus dem Augenwinkel das stete alarmrote Lämpchen der Ladensicherheitskamera, und mir wird klar, dass die beiden womöglich nicht meine einzigen Zeugen sind.

Ach du heilige Nacht.

»Es tut mir leid«, sage ich noch einmal. »Ich ... ich muss jetzt ... in die Pause. Das wird hier sehr genau genommen«, beteure ich Mrs Fenderson. Ich drücke ihr eine Broschüre in die Hand. »Auf dem – auf dem Bewertungsbogen ist ein Coupon. Zwanzig Prozent Rabatt ... Ich muss –«

Sam Spinek lacht, als ich durch die Eingangstüren des Shops stürze und über den Parkplatz sprinte. Es besteht die Möglichkeit, dass Bryan gerade eben gar nicht hingeschaut hat. Vielleicht hat sie mich bloß aufgezeichnet und sich gedacht, dass sie die Aufnahmen irgendwann später ansehen kann, wenn es ihr besser passt, zum Beispiel während sie an der Ladesäule ihre Roboter-Batterien auflädt. Mir bleibt nur eine Chance: Ich muss mich in Tante Caroles Büro schleichen und die Aufnahmen manipulieren.

Ich renne also über den Parkplatz und in den Nordpol.

Nehme zwei Treppenstufen auf einmal und bin gerade an den Räumen der Buchhaltung vorbei, als ich sie sehe. »Brittany«, sage ich. Ich studiere Bryans Miene, suche nach einem Hinweis darauf, ob sie mitbekommen hat, wie ich einem Kunden den Stinkefinger gezeigt habe. Vergeblich. Sie ist so ausdrucksvoll wie ein Toaster.

»Francesca«, antwortet sie. »Ich glaube, du hast deine Hosenträger falsch herum an.«

»Ein wohlbegründeter Glaube«, erwidere ich und bereue es sofort. Ich bezweifle, dass ich mir Bryan je zur Verbündeten machen werde, aber mit rotzigen Kommentaren tue ich mir im Moment ganz gewiss keinen Gefallen. Ich spähe an ihr vorbei in Tante Caroles Büro. Darin erkenne ich den Screen mit den Bildern der Sicherheitskameras, doch das Büro selbst ist dunkel.

»Ist sie hier?«, frage ich. Dramatischer wäre, wenn Tante Carole mich gesehen hätte. Deutlich dramatischer.

»Sie ist drüben im Aufnahmestudio«, antwortet Bryan. »Wegen der Show. Sie wollte Santa bei der Vorbereitung helfen.«

Ich schaue auf die Uhr. Es ist sechs. Wegen diesem Idioten Sam Spinek habe ich die Zeit völlig aus dem Blick verloren!

Es ist *mein* Job, Dad vorzubereiten. Ich kenne Carole: Sie wird alles nur schlimmer machen, ihn noch nervöser machen, noch ... Ein letztes Mal schiele ich nach dem Screen mit dem Sicherheitsfeed. Darum werde ich mich später kümmern müssen, nach der Show. Zuerst muss ich Santa retten.

15

Seit nunmehr dreißig Jahren wird *An Evening with Santa* im Studio unseres Lokalsenders im Keller der Stadtbibliothek von Hollydale aufgezeichnet. Achtundzwanzig Jahre davon hat mein Grampa Chris in dem grünen Weihnachtsmann-Samtsessel gesessen, während ein Fernsehreporter aus der Gegend ihn vorgestellt und einige Sätze mit ihm gewechselt hat, ehe die Zuschauer an der Reihe waren. Kinder aus ganz Hollydale riefen an und stellten Fragen und erzählten Santa, was sie sich zu Weihnachten wünschten. Natürlich wird die Show live übertragen; manchmal allerdings werden Wiederholungen der Aufzeichnung ins reguläre Programm eingestreut, zwischen Stadtratssitzungen und Highschool-Basketballspielen.

Als Don und Dash noch Babys waren, habe ich die Show immer zu Hause bei Gram geschaut. Ich saß in meinem Dora-Schlafanzug auf ihrem gelben Sofa und Gram schaltete den Fernseher ein und die Musik ertönte: »Santa Claus is Coming to Town« als Instrumentalstück. Das körnige Bild eines Kamins mit Weihnachtsstrümpfen erschien auf dem

Bildschirm, darüber die Worte »An Evening with Santa« in schnörkeliger scharlachroter Schrift. Gram las sie feierlich vor, als würde sie den Titel eines Buchs verkünden, das sie gleich aufschlagen wollte. Und dann verschwand das Bild des Kamins und machte dem granatapfelroten Gesicht von Fernsehintendant Pinky Donovan Platz, der direkt in die Kamera blickte und allen Jungen und Mädchen in Hollydale verkündete, dass ein ganz besonderer Abend sie erwartete. Das wussten wir natürlich längst. Wir wussten, dass es ein ganz besonderer Abend war, weil Santa Claus höchstpersönlich in *unserer* Stadt war, in *unserem* örtlichen TV-Studio, und nur darauf wartete, mit *uns* zu reden. Pinky Donovan plauderte noch ein wenig, erzählte uns, was für ein einmaliges Erlebnis das sei und dass wir die eingeblendete Nummer anrufen durften. Und obwohl ich heute weiß, dass seine Einführung weniger als eine Minute dauerte, fühlte es sich damals an, als würde er ewig palavern und die Kamera uns niemals zeigen, was wir eigentlich sehen wollten. Aber schließlich, als wir alle schon glaubten, vor Aufregung gleich platzen zu müssen, war er da. Der Weihnachtsmann.

Mir muss schon damals, auch wenn ich noch klein war, klar gewesen sein, dass es sich bei dem Mann im Fernsehen um meinen Grampa Chris handelte. Immerhin hatte ich ihn Dutzende Male in seinem Santa-Kostüm erlebt. Ich hatte seinen Anzug an der Kleiderschranktür in seinem Schlafzimmer hängen sehen und seine Stiefel frisch poliert und einsatzbereit neben der Tür. Er trug das ganze Jahr über einen echten weißen Bart, und seine lange, dünne Nase war unverwechselbar. Und doch: Sobald er dort im Fernsehen erschien, war er der Weihnachtsmann. *Santa.* Und ich brannte ebenso wie jedes andere Kind in Hollydale darauf, in der Show anzurufen und ihm Fragen zu stellen. Gram erlaubte es nie. »Was möchtest du denn wissen?«, fragte sie mich stattdessen.

Da gab es gar nichts Bestimmtes. Ich wünschte mir einfach, mit ihm zu sprechen. Ich wünschte mir, dass der Weihnachtsmann mich aus diesem leuchtenden rechteckigen Bildschirm heraus anschaute und nur mit *mir* redete.

16

Nach einem halsbrecherischen Sprint quer über alle vier Spuren der Fair Street (gekrönt von einem beinahe fatalen Sprung über den tiefsten Abschnitt des Entwässerungskanals in der Fahrbahnmitte) platze ich in die Bibliothek, hetze die Stufen zum TV-Studio im Keller hinunter und in die Garderobe, fest überzeugt, dass ich dort Tante Carole vorfinden werde, die Dad kirre macht – aber er ist allein, dehnt den Hals, lässt die Schultern kreisen und macht prustende Aufwärmübungen mit seinen Lippen. Ich sehe sofort, dass er am liebsten durch den Raum tigern würde, aber die Garderobe des Fernsehstudios dient gleichzeitig als Requisitenkammer, und überall stehen jede Menge staubige Sachen herum, die sorgsam ausbalanciert gegen andere staubige Sachen gelehnt sind. Hier herumzutigern würde nicht nur die eigene Unversehrtheit gefährden, sondern auch die Makellosigkeit des Weihnachtsmannkostüms.

In der kindlichen Vorstellung ist Santa unfehlbar, ein Idealbild. Kinder verdienen diesen Glauben, und ein wahrer Santa tut nichts, was ihn zerstören könnte, heißt es im Handbuch der Santa

School. *Sein Bart ist ordentlich und weiß und gepflegt. Seine Stiefel glänzen. Sein Anzug ist in bestem Zustand. Er ist perfekt in seinem Auftreten, in seinen Absichten, in seinem Tun. Alles andere würde den Samen eines Zweifels in den Kindern säen. Zweifel werden eines Tages von selbst kommen – wir wollen niemals diejenigen sein, mit denen sie ihren Anfang nehmen.* Dad will auf keinen Fall durch einen Fleck auf seinem Anzug oder einen abgeplatzten Knopf an seiner Jacke dazu beitragen, dass irgendein Knirps vom Glauben abfällt. Als er mich also schließlich im Türrahmen bemerkt, ist seine Erleichterung regelrecht greifbar. Nun, da ich da bin, kann er seiner Nervosität Luft machen, indem er mit mir redet, statt auf und ab zu gehen.

»Francie. Dem Himmel sei Dank«, sagt er. »Du bist jetzt ein Kind. Frag mich etwas.«

»Santa Claus?«, setze ich an. Ich bin außer Puste und presse zwischen japsenden Atemzügen meine beste Kleinkind-am-Telefon-Stimme hervor. »Wie alt bist du?«

Dad gluckst. Er hat ein großartiges Glucksen. Eine Acht auf einer Skala von eins bis zehn, denke ich. Es ist warm und ehrlich, beinahe magisch. »Die Zeit läuft am Nordpol ein bisschen anders. Das liegt an der kalten Luft, genau wie im Kühlschrank bei euch zu Hause. Wir bleiben länger frisch.« Noch ein Glucksen. Dann macht Dad eine Pause, ehe er die eigentliche Antwort gibt. »Ich war schon da, als dein Großvater noch ein kleiner Junge war, und als der Großvater deines Großvaters ein kleiner Junge war, und auch schon viele, viele Jahre vorher. Und jetzt verrate mir einmal, kleiner Emmet: Genießt du die Weihnachtszeit?«

»Ich bin der kleine Emmet?«, frage ich.

»So steht es auf dem Prompter.« Dad deutet auf einen imaginären Teleprompter gleich neben der imaginären Kamera, in die er schaut. Die Call Screener überprüfen die

Namen der anrufenden Kinder immer doppelt und dreifach, um jedes Risiko auszuschließen, dass Santa sich mit einem davon vertut. »Den Namen Emmet mochte ich schon immer. Wären deine Brüder keine Zwillinge, hätte ich deine Mutter vielleicht überzeugen können, doch sobald wir wussten, dass zwei auf einmal kommen würden, waren sie vom Schicksal zu Donner und Dasher bestimmt. Arme Kids.«

In dieser Hinsicht sind wir alle drei arme Kids. Aber den Kommentar verkneife ich mir. Meine Aufgabe hier und jetzt besteht darin, es ihm leichter zu machen, nicht schwerer. »Das war gut, Dad. Eine richtig gute Antwort.«

»Danke, Francie. Sie stammt ursprünglich von deinem Grampa. Ich hatte sie beinahe vergessen. Sieh dir bitte mal meinen Bart genau an. Ich dachte gerade ganz kurz, dass er irgendwie locker sitzt?«

Ich zupfe ein bisschen an seinem Backenbart. Er sitzt bombenfest. »Soll ich dir noch eine Frage stellen?«

Dad nickt.

»Wie heißt Mrs Claus mit Vornamen?« Das ist knifflig. Mrs Claus hat in den letzten eineinhalb Jahrhunderten etliche Vornamen gehabt. Holly, Anna, Christine und – dank Rankin und Bass, den Schöpfern des Knet-Animationsfilms *Santa Claus is Comin' to Town* – auch Jessica.

»Hast du irgendwelche Spitznamen, kleine Monica?«

»Mein Dad nennt mit Äffchen«, sage ich, wieder in meiner Kleinkinderstimme. »Und meine Mom ruft mich Liebling oder Süße oder Schätzchen, wenn sie glücklich ist. Wenn mein Zimmer unordentlich ist, sagt sie Monica Marie zu mir.«

Sieben-Punkte-Glucksen. »Genau so ist es auch mit Mrs Santa«, erklärt Dad. »Wir beide sind schon so lange auf der Welt, da kommen eine Menge Namen und Spitznamen zusammen. Sie wurde schon Jessica und Anna und alles Mögliche gerufen. Ich nenne sie Funkelfüßchen. Sie ist eine wundervolle Tänzerin. Nun lass uns aber kurz einmal über dein Zimmer sprechen. Was meinst du, wie schaut es heute darin aus, kleine Monica?«

»Sehr schön die Kurve gekriegt«, lobe ich. Inzwischen geht mein Atem wieder normal. Dads nicht, aber er ist weniger nervös als noch vor ein paar Minuten.

»Ich muss noch mal aufs Klo«, sagt er. »Wir treffen uns im Studio.«

Im Studio ist es dunkel; nur die Bühne erstrahlt im Scheinwerferlicht. Vom hinteren Teil des Raums aus erkenne ich die Umrisse der Kamera und von Boomer, der Dame, die sie bedient. Mr Donovan sitzt in einem der beiden Sessel auf der Bühne und telefoniert. »Richte den Kleinen aus, dass ich das nicht versprechen kann«, sagt er. »Unsere Enkel haben dieselben Chancen, durchzukommen und Santa zu sprechen, wie alle anderen Anrufer. Ich weiß, dass ich der Leiter des Fernsehstudios bin, Liebes. Ja … ja … Na ja, ich würde nicht sagen, ohne mich *gäbe* es gar kein Studio – das liegt nicht in meiner … Ich habe die Regel nicht gemacht, Liebes. Sie steht im Santa-Vertrag. Also, wir werden sicher nicht … Du verlangst allen Ernstes, dass ich Santa feuere? Das willst du unseren Enkelkindern erzählen: Grampa hat den Weihnachtsmann gefeuert?«

»Fünf Minuten noch«, meldet sich Boomer. »Wo ist Santa?«

»Auf der Toilette«, rufe ich. »Er kommt sofort.«

»Die Nerven, hmm?« Tante Carole taucht aus einer dunklen Ecke des Studios auf. Verflucht, sie ist gerissen.

»Ich wusste gar nicht, dass du hier bist, Tante Carole.«

Sie trägt ihre Sonnenbrille, als wäre sie eine Hollywoodschauspielerin, die gerade am Filmset eingetroffen ist. Ihre

Armreifen klimpern, während sie sich an einem lässigen Abwinken versucht. »Aber natürlich. So funktioniert Öffentlichkeitsarbeit, Frankincense. Medien. Publicity. Image. Ich habe mir die früheren Aufzeichnungen angesehen. Die Qualität ist bemerkenswert erbärmlich.«

Dad ist mittlerweile die Stufen zum Studio heruntergekommen und steht hinter mir. Er hat offensichtlich wieder Nervenflattern.

»Weißt du«, sagt Tante Carole zu ihm, »wenn wir Bradys Angebot annehmen würden, müsstest du dir das hier nicht mehr antun. Er könnte das Programm aufzeichnen, solange er zum Unterricht an der Santa School in der Stadt ist. Wir würden die Show vorab filmen und noch ein paar zusätzliche Effekte einbauen, das Ganze so richtig mit Glitzer aufhübschen.«

»Mit Glitzer aufhübschen«, wiederholt Dad, obwohl ich die Ahnung habe, dass er gar nicht recht mitbekommt, was er da sagt. Seine Augen wirken nervös. Sein Mund wirkt nervös. Sogar sein Bart wirkt nervös.

»Um Glitzer soll es überhaupt nicht gehen«, sage ich. Ich fasse es nicht, dass sie das tut. Dass sie ihn in vollem Bewusstsein aus dem Konzept bringt, direkt vor seinem großen Auftritt. »Es soll echt sein. Und schlicht, und keine grelle Effekthascherei. Wir reden hier vom Weihnachtsmann, okay? Kids rufen an und wollen mit Santa Claus reden.« Meine Hände fliegen mit jedem Satz wilder durch die Luft. Alice meint, wenn ich wütend werde, sehe ich aus, als würde ich eine unsichtbare Pizza herumwirbeln.

»Drei Minuten noch«, warnt Boomer.

»Francie«, sagt Dad, aber jetzt bin ich nicht mehr zu bremsen.

»Lass es einfach gut sein, ja? Lass es so, wie es ist. So, wie Grampa Chris es gemacht hat. Wir sind hier in Hollydale«, erkläre ich Tante Carole, »und nicht in Hollywood.« Ich werfe einen Arm nach hinten, in die Richtung, in der ich Südkalifornien vermute. Zwischen mir und Kalifornien befindet sich allerdings mein Dad. Genauer: Dads Nase, die berüchtigt dafür ist, beim geringsten Anlass zu bluten.

Schlagartig färbt sich Dads Bart-Schnauzer-Kombination (549 $) scharlachrot.

»Dad! Ist alles in Ordnung?« Die dümmste Frage, die ich hätte stellen können. Nichts ist in Ordnung. Ich meine, es kommt schon wieder in Ordnung, aber ich habe bereits Nasenbluten bei Dad erlebt. Es hört nicht auf. Einmal musste er deswegen sogar in die Notaufnahme des Grace Memorial Hospital. Auch jetzt ist sein Gesicht mit einem Mal so weiß wie seine Handschuhe – oder besser: so weiß, wie seine Handschuhe es waren, bevor die roten Blutflecke sich darauf breitgemacht haben. Auch Grampa Chris hatte Probleme mit Nasenbluten, wenn ich mich recht erinnere ... und prompt sehe ich ihn wieder vor mir, wie er mit dem Gesicht nach unten im Baumschuppen liegt –

Zum Glück muss Tante Carole würgen und holt mich so in die Gegenwart zurück. »Er muss zum Arzt«, sage ich zu ihr. »Sofort.«

Tante Carole kann nicht hinsehen, aber sie nickt. »Nur zu. Bring ihn hin.«

Kann es allen Ernstes sein, dass meine Tante sogar in diesem Moment, in dem Dad das Blut nur so aus der Nase strömt, mehr Interesse daran hat, mich zu provozieren, als uns zu helfen? »Ich kann ihn nicht hinbringen«, entgegne ich und habe Mühe, mich so weit zu beherrschen, dass ich sie nicht anschreie. »Ich bin fünfzehn! Ich habe noch keinen Führerschein, schon vergessen?«

»Francie«, warnt Dad.

»Bryan«, sagt Tante Carole, und wie aus dem Nichts taucht Bryan an ihrer Seite auf. Wo war sie bis eben? »Bring Santa ins Krankenhaus.«

»Aber die Show«, wirft Dad ein. In seiner Stimme mischen sich zwei Drittel Besorgnis mit einem Drittel Erleichterung.

»Ich kümmere mich hier um alles«, versichert Tante Carole. »Das ist ein Regionalsender. Ich sage ihnen, dass sie irgendein altes Basketballspiel senden sollen.«

»Aber –«, setzt Dad noch einmal an.

»Wir verschieben die Show. So kannst du nicht vor die Kamera.«

»Wir verschieben«, wiederholt Dad. Er blutet noch immer wie verrückt, und ich habe ernste Bedenken, dass er jeden Moment umkippt. Bryan legt ihm eine steife Roboterhand auf die Schulter und steuert ihn aus dem Studio, während Tante Carole ihre Brille zurechtrückt und sich bereit macht, den Fernsehleuten zu erklären, was passiert ist.

»Santa zum Set, bitte«, ruft Boomer.

Tante Carole marschiert zur Kamera. »Tja, die Sache ist die …«

»Was ist los? Wo ist …?« Pinky Donovan hat gerade sein Telefonat beendet und stellt plötzlich fest, dass kein Weihnachtsmann neben ihm sitzt.

»Santa zum Set«, wiederholt Boomer.

»Also, schauen Sie, wir hatten hier ein kleines Problem«, sagt Tante Carole und geht noch ein paar Schritte auf die Kamera zu. Ohne zu wissen, wieso, folge ich ihr.

»Keine Zeit für Probleme«, wimmelt Boomer sie ab.

»Leider …«, versucht es Tante Carole erneut, doch in diesem Augenblick verändert sich die Beleuchtung und Boomer fängt an herunterzuzählen. »Wir sind live in fünf, vier, drei …«

17

Die vertraute Melodie von »Santa Claus is Coming to Town« erfüllt das Studio. Ein Monitor in Boomers Rücken zeigt, was die Zuschauer daheim in ihren Wohnzimmern sehen: den Schriftzug von *An Evening with Santa* vor dem Bild eines prasselnden Kaminfeuers. Eine Sekunde später wechselt die Kamera zu einer Großeinstellung von Pinky Donovan, dem die Panik ins Gesicht geschrieben steht.

»Hallo ... Hallo, liebes Hollydale«, sagt er. »Willkommen zu *An Evening with Santa*. Unserer alljährlichen Gelegenheit, den Weihnachtsmann ... ähm ... zu treffen und mit ihm zu plaudern ... live.« Mr Donovans Blick schweift panisch suchend von der Kamera weg und erfasst Tante Carole. Eine Idee nimmt in seinem Intendantenhirn Gestalt an. Selbst auf dem kleinen Bildschirm sieht man sie einrasten, als hätte ihn jemand mit einem winzigen Schneeball am Kopf getroffen. Sein Fokus schwenkt zurück zur Kamera.

»Kinder«, sagt er, »heute Abend haben wir eine ganz besondere Überraschung für euch – vom fernen Nordpol ist zu uns gereist ... die eine ... die einzigartige ... Mrs Claus!«

Das Entsetzen, das sich nun über Tante Caroles Gesicht ausbreitet, hat etwas Zauberhaftes. »Er kann ja wohl nicht mich meinen«, haucht sie.

»Aber sicher meint er dich«, sage ich.

Die Kamera zoomt heraus, sodass das komplette Set sichtbar wird. Pinky Donovan winkt mit einer Hand, tätschelt den leeren Sessel neben sich mit der anderen.

»Na kommen Sie nur, Mrs Claus, nicht so schüchtern. Sie wollen doch die Kinder nicht enttäuschen.«

»Genau«, echoe ich. »Du willst doch die Kinder nicht enttäuschen.«

Tante Caroles Mundwinkel kräuselt sich ganz leicht, und schlagartig begreife ich. Sie schert sich keinen Deut darum, ob sie irgendwelche Kinder enttäuscht. Wie die Schienenstücke des Polarexpresses, die nahtlos miteinander verschmelzen, fügt sich in meinem Kopf auf einmal ihr kompletter widerwärtiger Plan zusammen: *An Evening with Santa* ist eine der besten Werbeplattformen für unsere Santa School. Schließlich umfasst der Lehrplan auch Medientraining. Tante Carole ist nicht etwa ins Studio gekommen, um meinem Dad zu helfen – sondern um ihn noch nervöser zu machen, damit er sich vor der Kamera blamiert. Denn wenn es ihr gelingt, diesen Abend zu ruinieren, so offenbar ihre Logik, könnten die Anmeldezahlen für die Schule einbrechen. Oder das Debakel zumindest bewirken, dass wir deutlich weniger neue Schüler anziehen, was die Chancen eines Verlustgeschäfts der Santa School spätestens im nächsten Jahr erhöhen würde. Und das wiederum hätte zur Folge, dass Grampa Chris' Santa School darauf zusteuern würde, zum Franchise von Santa Schmalzlocke zu werden. Dass nun ausgerechnet ich diejenige bin, die tatsächlich den Abend ruiniert hat, ist das Sahnehäubchen für sie.

»Mrs Claus?«, fleht Mr Donovan schwach. »Für die Kinder?«

Gern würde ich jetzt sagen, dass ich auf einmal ganz vom Geist der Weihnacht erfüllt bin, aber ich schätze, in Wirklichkeit ist es der Geist des Tante-Carole-nicht-gewinnen-lassen-Wollens, der mich dazu treibt, Dads heruntergefallene Weihnachtsmannmütze aufzulesen. Dann schnappe ich Tante Carole ihre Sonnenbrille von der Nase und setze sie mir auf. Im nächsten Augenblick bin ich auf der Bühne und die Gläser der Sonnenbrille verdunkeln sich, während ich vor den Scheinwerfern entlangmarschiere und mich auf Santas Platz fallen lasse.

Mr Donovan schaut noch beunruhigter drein als zuvor. »Mrs Claus?«, quiekt er. »Sie wirken ein wenig jung ...«

Damit hat er selbstverständlich recht. Was jetzt? »Nein«, sage ich und überlege blitzschnell. »Seien Sie nicht albern, Mr Donovan. Ich bin nicht Mrs Claus.«

Mr Donovan mustert mich von oben bis unten, wird sich meiner Corporate-Christmas-Uniform bewusst. »Aber natürlich«, erwidert er lächelnd. »Du bist ... ein Elf.«

Ein Elf? Um nichts in der Welt. »Ich bin Santas Praktikantin«, verkünde ich ihm.

Man sollte meinen, dass diese Neuigkeit Pinky Donovan erleichtern müsste, doch stattdessen guckt er skeptisch. »Der Weihnachtsmann hat Praktikanten?«, fragt er.

Ich nicke so selbstsicher, wie ich es zustande bringe. »Oh, selbstverständlich«, sage ich. »Weihnachten ist ein gewaltiges Unterfangen, wie Sie wissen. Und Santa ist immer gern bereit, aufstrebendem Nachwuchs zu zeigen, wie der Laden funktioniert.«

Mr Donovan entspannt sich ein klein wenig, und sein angeborener Moderatoren-Instinkt gewinnt die Oberhand.

Wenn das Publikum sich mit einem Weihnachtsmannersatz zufriedengeben soll, dann muss er die Nummer zunächst einmal gut verkaufen. »Faszinierend«, sagt er, als meinte er es auch so. »Und was genau tut eine Praktikantin des Weihnachtsmanns den lieben langen Tag?«

Was tut eine Praktikantin des Weihnachtsmanns den lieben langen Tag? »Das kommt darauf an«, antworte ich, während ich mir fieberhaft das Hirn zermartere. »Ein paar Praktikanten kümmern sich um die Rentiere. Andere arbeiten als Geschenkeverpacker. Bei der Reisekoordination. Oder der Kohlebeschaffung.«

Irgendwo im Studio höre ich Tante Carole schnauben.

»Ich selbst mische tatsächlich in vorderster Reihe mit«, vertraue ich Mr Donovan an. »Ich bin für die Verwaltung unserer Datenbank der artigen und unartigen Kinder zuständig. Und für das Wunschzettel-Management.«

Mr Donovan blickt in die Kamera. »Das klingt nach einer wichtigen Aufgabe.«

»In der Tat«, bekräftige ich. »Santa setzt großes Vertrauen in mich. Er fragt mich um Rat bei der Auswahl der Geschenke – welche Kids die richtig tollen Sachen verdient haben. Sie verstehen schon.«

Allmählich gehe ich regelrecht auf in dieser Praktikantengeschichte, und Mr Donovan hat ebenfalls gut hineingefunden. »Na dann, Santas Praktikantin ... hast du auch einen Namen?«

Ich könnte mir einen ausdenken, aber am sichersten scheint mir, das Ganze simpel zu halten. »Einfach ›Santas Praktikantin‹ genügt«, sage ich und tippe mir an die Sonnenbrille. »Ich bleibe gern inkognito.«

Mr Donovan berührt sein Headset und nickt wieder. »Okay, Santas Praktikantin. Wir haben jede Menge Kinder in der

Leitung. Wie wäre es, wenn wir ein paar der Anrufe entgegennehmen?

Anrufe entgegennehmen? Die Anrufe habe ich völlig vergessen!

Mr Donovan späht zum Prompter und blickt dann geradewegs in die Kamera. »Unsere erste Anruferin ist ... Jessilyn. Hallo, Jessilyn, du bist live bei *An Evening with Santa*. Hast du eine Frage an Santas Praktikantin?«

Zwar habe ich Dad für diese Sendung gecoacht – aber ich war immer diejenige, die sich die Fragen ausgedacht hat. Ich musste mir noch nie Antworten einfallen lassen. Was hat mich bloß geritten? *Woher soll ich die Antworten wissen?*

Ein zartes Stimmchen hallt durch die Studiolautsprecher. »Wo ist Santa?«, fragt Jessilyn.

»Im Krankenhaus«, antworte ich.

Mr Donovans Granatapfelgesicht erbleicht. Habe ich gerade wirklich einem Kind gesagt, dass der Weihnachtsmann im Krankenhaus liegt?

»Ähm. Santa ist im Krankenhaus, Jessilyn, aber er hat nur ... Dort sind ein paar Kinder, die ihn heute Abend brauchen. Er will sicherstellen, dass auch bei ihnen Weihnachtsstimmung aufkommt. Er ... ähm ... er hat mich gebeten, ihn hier zu vertreten und die Sendung zu übernehmen, solange er die kranken Kinder besucht.«

Jessilyn schnieft und es knackt in der Leitung. »Aber Santa geht es gut?«, vergewissert sie sich.

»Santa geht es bestens«, beteuere ich. »Ganz großartig geht es ihm.«

»Mein Grampa war mal im Krankenhaus, weil er einen Stein in sich drin hatte und nicht mehr richtig pinkeln konnte.«

Was um Himmels willen sagt man darauf? »Santa kann problemlos pinkeln«, antworte ich.

Mr Donovan wirkt, als wäre er womöglich auch bald krankenhausreif. »Jessilyn«, hakt er rasch ein, »vielleicht möchtest du Santas Praktikantin noch verraten, was du dir zu Weihnachten wünschst.«

»Ich will ein Telefon«, sagt Jessilyn. »Ein gelbes Telefon mit einer Katze drauf, wie Benjamin.«

»Ist Benjamin deine Katze?«, frage ich.

»Benjamin ist mein größter Feind«, erklärt Jessilyn. »Er hat ein gelbes Telefon mit einem Hund drauf, aber Katzen sind besser.«

Mr Donovan nickt, ermuntert mich, ihr zu versichern, dass der Weihnachtsmann ihr selbstverständlich besorgen wird, was sie haben möchte. Aber das kann ich nicht. Wer in einer Familie wie meiner aufwächst, der kennt sich mit manchen Dingen besser aus als die meisten anderen Leute. Damit, dass der Weihnachtsmann keine Versprechen gibt, zum Beispiel – und man deshalb auch nichts in seinem Namen versprechen darf. Versprechen kann ich nur für mich selbst geben.

»Ich werde Santa erzählen, dass wir zwei uns unterhalten haben und du dir ein Telefon von ihm wünschst«, sage ich.

»Und das vergisst du auch ganz bestimmt nicht?«

»Ganz bestimmt nicht«, betone ich.

»Ich denke, du vergisst es.«

Hartnäckig, die Kleine. »Jessilyn, ich werde es nicht vergessen. Hätte ich Papier und Stift hier, würde ich es mir sogar aufschreiben. Mr Donovan, haben Sie vielleicht etwas zum Schreiben für mich?«

Mr Donovan schüttelt den Kopf. Ich schätze, er ist gerade nicht im Kamera-Ausschnitt, denn er gibt mir mit einer kleinen Geste zu verstehen, dass ich das Ganze zum Ende bringen soll. Leichter gesagt als getan, denn ich habe keine

Ahnung, wie ich Jessilyn am besten verabschiede. Sage ich einfach Tschüss? Sage ich ihr, dass ihre Zeit um ist?

»Ich schreibe dir einen Brief und erinnere dich daran«, sagt Jessilyn.

»Das ist eine gute Idee«, lobe ich.

»Auf Papier«, sagt sie. »Ich kann schon Druckbuchstaben.«

»Genau so machen wir das«, stimme ich ihr zu. »Es gibt nichts Besseres als Druckbuchstaben auf Papier.« Mr Donovan tippt so vehement auf seine Uhr, dass ich Sorge habe, er könnte das Glas zerbrechen. »Okay, Jessilyn. Ich halte in der Post nach deinem Brief Ausschau. Ja? Dann mach's gut. Und frohe Weihnachten!«

Mr Donovans Schultern entkrampfen sich etwas, als Jessilyn auflegt und wir zum nächsten Anrufer übergehen. Der restliche Abend läuft weitgehend glatt. Kids rufen an und stellen Fragen, ich beantworte sie. Die Kleinen verraten mir, was sie sich wünschen, und ich lege den Santa-Eiertanz aufs Parkett, den ich so oft in der Santa School verfolgt habe: Ich verspreche keinem Kind, dass der Weihnachtsmann dieses oder jenes unter den Baum legen wird, versichere aber allen, er wird sein Bestes geben, um ihr Fest zu etwas ganz Besonderem zu machen. Die Kinder in der Leitung klingen allesamt ziemlich glücklich. Am Ende bin auch ich ziemlich glücklich. Und das Beste: Tante Carole ist es nicht.

18

UNIFORM-BEWERTUNGSBOGEN #3:

CORPORATE CHRISTMAS

Atmungsaktivität: 1

Reinigbarkeit: Blut am Ärmelsaum nicht auswaschbar

Langlebigkeit: 1

Wahrnehmbarkeit: 1

Bewegungseinschränkungen: 1

Kommentare: Sind wir bald durch?

19

23. NOVEMBER – THANKSGIVING

Drei Briefe trudeln am Mittwoch im Nordpol ein.

Ich entdecke sie in meinem Postfach, kurz bevor Alice und ich eine unserer Plätzchen-Konferenzen abhalten. In Vorbereitung auf das Thanksgiving-Wochenende habe ich jede Menge Extrastunden geschoben, was natürlich insofern gut ist, als es mir mehr MX-5-Dollars beschert hat. Allerdings habe ich deshalb Alice am Montag nicht gesehen, und obwohl wir telefonieren und einander ständig texten, fühlt es sich an, als hätten wir jede Menge Nachholbedarf. Sie beginnt mit der Frage, ob irgendjemand mich diese Woche aufgezogen habe, und als ich zugebe, dass das durchaus hin und wieder mal passiert ist, erklärt sie mir, ich müsse ihren Plan allmählich ernsthaft in Erwägung ziehen. »Der Kerl muss nicht mal süß sein. Es muss nicht mal ein Kerl sein! Alles, was du brauchst, ist jemand mit Lippen und der Bereitschaft, sie in der Öffentlichkeit auf deine zu pressen.«

Ein Bild von Hector Ramirez, der sich während *Mythologie heute* zu mir herüberbeugt, um mich *nicht* zu küssen, schwebt durch meinen Kopf, doch ich kämpfe es nieder. Hector Ramirez hat kein Interesse an mir. Und selbst wenn er interessiert wäre: Was würde ich dann machen? Mag sein, dass mein Tagtraum-Ich eine versierte Küsserin ist, aber die echte Francie?

»Es gibt keine Kerle«, informiere ich Alice.

Um Zeit zu schinden, beiße ich in mein Hafer-Rosinen-Plätzchen. Ich würde mich lieber über ihr Leben unterhalten oder – noch besser – über irgendwelchen belanglosen Blödsinn, wie früher, als wir beide noch auf der Our Lady of Sorrows waren. Damals war es einfach, weil wir alle Kurse gemeinsam hatten und dieselben Leute kannten und dasselbe erlebt haben. Wir haben alles miteinander geteilt und kannten uns gut genug, um zu wissen, was die jeweils andere von diesem oder jenem hielt, ohne es immer bis ins Detail ausbuchstabieren zu müssen. Unsere gemeinsame Zeit verbrachten wir damit, das restliche Leben zu ignorieren: Wir sind in die Bücherei gegangen oder mit den Rädern die Santa Claus Lane hinauf- und hinuntergefahren, haben gezeichnet, laut zu Liedern aus dem Radio mitgesungen oder die Weihnachtsedition von Monopoly gespielt. (Alice war immer der Strumpf. Ich mochte den Schlitten am liebsten.)

Nun müssen wir uns in einem fort gegenseitig auf den neuesten Stand bringen, um einander nicht aus den Augen zu verlieren, und gleichzeitig fühlt sich dieses *Müssen* wie ein trauriger Beweis dafür an, dass unsere Leben inzwischen meilenweit auseinanderklaffen – und unterstreicht, wie wichtig es ist, dass ich das Geld für den MX-5 zusammenbekomme. Trotzdem wäre mir ein anderes Gesprächsthema gerade lieber. Ich greife nach einem der Briefe aus meinem Postfach und reiße ihn auf, in der Hoffnung, Alice damit ablenken zu können.

Liebe Praktikantin, steht da. *Ich heiße Katie Culp. Ich wohne in Hollydale. Ich bin dieses Jahr sehr artig gewesen. Bitte sag Santa, dass ich mir Glitzerstifte und ein Handy und dann noch Glitzerschuhe wünsche. Das gibt es alles bei Target.*

Danke und frohe Weihnachten

Katie

Der Brief ist ordentlich mit Bleistift geschrieben, und beigelegt hat Katie ein Wachsmalbild, das vermutlich ein glitzerbeschuhtes Selbstporträt sein soll.

»Das ist *so* süß«, schwärmt Alice. »Ich wünsche mir auch Glitzerschuhe.«

»Wer wünscht sich keine Glitzerschuhe?«, gebe ich zurück, linse im nächsten Moment aber argwöhnisch über meine Schulter, aus Sorge, dass Bryan in der Nähe sein könnte. Ich will ihr keine Munition liefern, sonst gehören Glitzerschuhe womöglich zu meiner nächsten Uniform. Mein aktuelles Outfit, das ich seit Montag trage, ist vom Athleisure-Trend inspiriert: ein granatroter Trainingsanzug, dessen Rücken ein weißer »TEAM SANTA«-Aufdruck ziert. Die Montur wäre gar nicht allzu schlimm, würde dazu nicht auch noch ein Schweißstirnband aus Frotteestoff in Grün und Weiß gehören. Trotzdem ist dieses Ensemble die bisher bequemste und am wenigsten peinliche Uniform, und ich möchte zwar auf keinen Fall, dass Bryan oder Tante Carole auf die Idee kommen, ich fühle mich wohl darin, habe aber doch vor, eine anständige Bepunktung dafür zu vergeben. Denn wenn wir am Ende *tatsächlich* irgendeine Art von Uniform im Verkaufsraum tragen müssen, dann wäre das nicht das schlechteste Los.

Ich öffne die anderen beiden Briefe. Sie sind ähnlich rührend. Cyrus Magoon hat seine Schwester schon seit drei

Wochen nicht mehr gehauen und wünscht sich eine Xbox. Serafina Lee hätte gern einen Schlitten und ein Fahrrad und einen Helm, der zu beidem passt. Ihr Brief endet damit, dass sie mir schreibt, wie hübsch ich im Fernsehen ausgesehen habe, und mich darum bittet, ihr – falls möglich – zurückzuschreiben.

»Cleveres Mädel, schmeichelt der Praktikantin«, meint Alice. »So kommt man weit im Leben.«

»Dumm nur, dass Roboter immun gegen Komplimente sind«, murmele ich. »Sonst würde ich es bei Bryan versuchen.«

Und prompt, als hätte die Erwähnung ihres Namens ein Zielortungssystem aktiviert, steht Bryan auf einmal in der Tür des Pausenraums.

»Du hast die Briefe gefunden«, stellt sie fest.

»Das war nicht allzu schwer«, entgegne ich. »Sie lagen in meinem Postfach.«

»Du brauchst oft mehrere Tage, um die Memos zu finden, die wir dort für dich hinterlegen, also konnte ich nicht zweifelsfrei davon ausgehen.« Wieder einmal kneift sie die Augen zu Schlitzen zusammen, um mir dann zu erklären, dass der Fernsehsender am Ende der Weihnachtssendung seine eigene Adresse eingeblendet hat. »Diese Briefe werden dorthin zugestellt und erst anschließend an uns weitergeleitet – somit bist du bereits im Verzug.«

»Ich? Ich habe sie gelesen, sowie ich hier angekommen bin«, sage ich. »Und überhaupt, was erwartest du jetzt von mir – soll ich den Weihnachtsmann anrufen und ihm von der Xbox erzählen?«

»*Ich* erwarte gar nichts von dir. *Carole* wünscht sich, dass du Antwortbriefe schreibst.«

»Das wünscht sie sich, ja? Soll ich dir verraten, was ich mir wünsche? Dass – autsch!« Alice zermalmt meinen Fuß unter ihrem Regina-Sattelschuh. »M-X-5«, raunt sie.

Zu Bryans zusammengekniffenen Augen gesellt sich ein selbstgefälliges Grinsen. »Was wünschst du dir?«

Verdammt. Was könnte ich mir wünschen? »Ähm. Briefpapier«, sage ich. »Nordpol-Briefpapier. Du weißt schon, damit der Brief auch offiziell aussieht.«

Es dauert eine Sekunde, ehe Bryans Mikrochip-Hirn erfasst hat, dass nichts an meiner Aussage frech oder unangemessen ist. »Hmm«, macht sie. »Keine schlechte Idee.«

»Vielleicht sogar eine, die Eigeninitiative zeigt?«, rege ich an. »Und kreative Problemlösefertigkeiten?« Wieso sollte ich nicht um ein paar Säulenpunkte buhlen, wenn sich die Gelegenheit schon bietet?

»Ich melde mich wieder bei dir«, sagt sie und ist im nächsten Moment verschwunden.

Alice nimmt einen Schluck aus ihrer Nussknacker-Tasse. »Schnell geschaltet. Aber jetzt musst du die Briefe beantworten.«

»Vielleicht. Vielleicht vergessen sie und Tante Carole auch alles direkt wieder angesichts der Vorstellung, selbst Zeit investieren zu müssen, um Briefpapier aufzutreiben.« Ich beiße noch einmal von meinem Plätzchen ab. »Außerdem sind es nur drei Briefe. ›Liebe Katie, danke für deinen Brief. Ich leite deine Wünsche an Santa weiter. Bitte sei weiterhin so artig. Und frohe Weihnachten! Liebe Grüße von Santas Praktikantin.‹ Fertig.«

»Das Bild erwähnst du nicht? Es ist wirklich gut geworden. Schau dir nur die Glitzerblitze an, die aus den Schuhen schießen.«

»PS: Du bist ja eine richtige Künstlerin!«, nuschele ich mit vollem Mund. »Und wieder: fertig.«

»Sehr schön«, meint Alice. »Würdest du bloß deine bestechenden kreativen Problemlösefertigkeiten auf das Kussdilemma anwenden, wäre dein Leben perfekt. Und jetzt erzähl mir, wie es sonst so läuft in der Schule.«

20

25. NOVEMBER

Am Freitag nach Thanksgiving geht es immer extrem trubelig zu im Hollydale Holiday Shop – das ist auch dieses Jahr nicht anders. Ich verbringe die meiste Zeit auf der Verkaufsfläche, helfe Kunden oder fülle Weihnachtsschmuck auf und mühe mich dabei nach Kräften, mein Schweißband davon abzuhalten, mir von der Stirn über die Augen zu rutschen. Während der Pausen steuere ich die Schneeflocke an, wo es schön ruhig ist und die Fenster rein zufällig den Blick auf den Charity-Weihnachtsbaumverkauf im Hof der Bibliothek gegenüber freigeben. Ebenfalls rein zufällig gehört ein gewisser Hector Ramirez mit höchst bemerkenswerten Schultern zu den freiwilligen Helfern. Kaum etwas hebt die Laune so zuverlässig wie der Anblick eines süßen Jungen, der Weihnachtsbäume stemmt. Zudem macht er das offenbar richtig gut, zumindest in den Augen der Kleinen. Der Hof der Bibliothek ist zu weit entfernt, als dass ich irgendwelche Gesichter erkennen könnte, aber ich habe schon genügend Kids in der Warteschlange vor dem Weihnachtsmann herumtänzeln sehen, um reine, ungetrübte Freude zu erkennen, und als Hector eine Kiefer auf dem Dach eines Subaru festzurrt, tja, da spricht ihr Hüpfen und Springen Bände.

Abseits der Pausen zieht sich mein Tag in die Länge. Bis Mom endlich die Durchsage macht, dass der Laden bald schließt, bin ich komplett erledigt. Normalerweise bleibe ich noch im Laden und warte auf Dad oder Mom, wenn einer der beiden den Tagesabschluss macht, aber heute marschiere ich geradewegs Richtung Nordpol, um meine Uniform und den Bewertungsbogen abzugeben. Fällig ist der Bogen für Tante Carole erst am Samstagnachmittag, aber ich will auf Kurs bleiben nach meiner Demonstration herausragender kreativer Problemlösefertigkeiten und dem Moment der Eigeninitiative. Solange ich in ihrer Gunst stehe, sollte ich direkt ein paar weitere Säulenpunkte für Pünktlichkeit und Verantwortungsbewusstsein einstreichen. Deshalb habe ich das Blatt gewissenhaft und vollständig ausgefüllt.

UNIFORM-BEWERTUNGSBOGEN #4:

TEAM SANTA

Atmungsaktivität: 7 (ausgenommen das Schweißband, das überhaupt erst Schweißausbrüche verursacht und daher mit 0 bewertet wird)

Reinigbarkeit: 10. Lässt sich gut waschen. Sogar Kaffeeflecken sind problemlos zu entfernen

Langlebigkeit: 8

Wahrnehmbarkeit: 8

Bewegungseinschränkungen: Keine wahrnehmbaren Einschränkungen. Die Hosen könnten lediglich ein wenig enger sein

Kommentare: Mir ist bewusst, dass ich mich bisher gegen sämtliche Uniformen gesträubt habe, und ich bin nach wie vor der Meinung, dass der Shop sie nicht braucht, aber wenn du die Leute schon zwingen willst, irgendein einheitliches Outfit zu tragen, dann ist das hier bis jetzt das am wenigsten schreckliche

Als ich im ersten Stock anlange, überfallen mich Zweifel. Für gewöhnlich ist Tante Carole um sechs Uhr abends schon längst weg, aber diesmal brennt in ihrem Büro Licht. Sie telefoniert und ich höre ihre Armreifen klimpern.

»Drucken Sie es einfach«, verlangt sie ungehalten. »Wir reden hier von der Gemeindezeitung, und ich bin ein wichtiges Mitglied dieser Gemeinde. Der Shop bringt Ihrem unbedeutenden Käseblatt jede Menge Dollar durch Werbeanzeigen ein, das ist Ihnen bewusst, oder?« *Klimper, klimper.*

Ich vermute, sie spricht mit jemandem von der *Hollydale Daily*, unserer Wochenzeitung, in der Alice dieses Jahr eine Story zu veröffentlichen hofft. (Früher erschien die Zeitung täglich, aber das war, ehe das Internet den meisten Printmedien den Garaus gemacht hat. Vor ungefähr zehn Jahren wurde dann auf einen wöchentlichen Erscheinungsrhythmus umgestellt, doch der Name ist geblieben.) Unser Laden schaltet während der Saison tatsächlich einen Haufen Anzeigen, und es gibt immer den einen oder anderen Artikel über die neuesten Trends in Sachen Heimdekoration oder unsere jährliche Weihnachtsparty an Heiligabend. Ich wette, deswegen macht Tante Carole so ein Theater – um schon früh ein paar Schlagzeilen zu generieren.

So langsam und leise wie möglich drehe ich mich um. Ich werde meinen Bewertungsbogen einfach in ihr Postfach legen. Mag sein, dass sie ihn dann erst am Montag bemerkt;

besser wäre natürlich, er läge morgen früh gut sichtbar auf Bryans Schreibtisch. Aber am wichtigsten ist mir, dass ich nicht auch noch persönlich mit Tante Carole sprechen muss.

»Stopp«, sagt Tante Carole.

Mist! Ich erstarre, wende mich schnell wieder um und stürze dabei beinahe über einen Karton, der keinerlei Recht und Grund hat, dort herumzustehen.

Zu meinem Glück galt Tante Caroles Kommando nicht mir, sondern ihrem Gesprächspartner am Telefon. Zu meinem Unglück haben mein abruptes Innehalten, Herumwirbeln und der Beinahe-Sturz sie nun auf mich aufmerksam gemacht. Sie winkklimpert mich in ihr Büro.

»Ich pfeife auf Ihre Warnungen. Drucken Sie es einfach.« Sie legt den Hörer auf. »Frankincense«, sagt sie. »Was hast du so spät hier oben verloren?«

»Ich habe meinen Bewertungsbogen dabei«, antworte ich. »Ich gebe ihn vorzeitig ab, was, wie dir vielleicht auffällt, von vorbildlicher Pünktlichkeit und Verantwortungsbewusstsein zeugt.«

»Deinen was? Oh. Die Uniformbewertung. Diese Bögen brauchen wir nicht mehr.«

Soll das ein Witz sein? Ich habe den Bogen ausgefüllt. Ich war pünktlich und verantwortungsbewusst. Andererseits ... »Dann sind wir also durch mit der ganzen Uniformtesterei? Für welche hast du dich entschieden?« *Bitte, bitte nicht Cowboy Christmas.*

»Dachtest du allen Ernstes, wir bestellen irgendeins dieser schrillen Outfits für die komplette Belegschaft? Ich bitte dich. Nicht bei unseren dürftigen Einnahmen.«

Das *muss* jetzt ein Witz sein. »Willst du mich auf den Arm nehmen?«, frage ich. »Vier Wochen lang habe ich mich täglich zur Weihnachtsidiotin gemacht – komplett umsonst?«

»Nicht umsonst. Bryan hat Zusatzpunkte für ihr Marketingseminar bekommen«, sagt Tante Carole.

»Oh, na, da war es die Mühe ja wert«, sage ich. Tante Carole ignoriert meinen Sarkasmus und streckt die Hand nach dem Bewertungsbogen aus. Ich gebe ihn ihr. Innerlich koche ich noch immer, doch gleichzeitig geht mir auf, was das bedeutet: Die Uniformen sind wirklich abgehakt. Ich kann endlich wieder meine normalen Klamotten tragen und muss nicht mehr höflich zu Touristen sein, die verlangen, dass ich mich für sie verrenke. Ich wiederhole meinen Satz und gebe mir dabei alle Mühe, diesmal nicht sarkastisch zu klingen. Vielleicht habe ich noch eine Chance auf wenigstens ein paar Säulenpunkte, wenn ich mich gütig und großzügig zeige. »Wenn es Bryan hilft, war es die Mühe wert«, sage ich. »Wobei ich froh bin, dass ich ab jetzt auf die Uniformen verzichten kann. Ich habe nicht das Gefühl, dass auch nur eine davon wirklich den Shop repräsentiert hat und das, wofür wir stehen, und –«

»Du kannst nicht auf die Uniformen verzichten«, unterbricht sie mich.

Wie bitte? »Aber du hast gerade gesagt, Uniformen für die Belegschaft kommen nicht infrage. Du hast gesagt, du brauchst keine Bewertungen mehr.«

Tante Carole lächelt ihr bestes Grinch-Lächeln. »Das stimmt. Der Shop braucht keine Uniform. *Du* allerdings schon. Schließlich bist du Santas Praktikantin.«

Sie hält mir eine Ausgabe der aktuellen *Hollydale Daily News* hin. Auf der Titelseite prangt ein Foto von mir – ein Standbild aus *An Evening with Santa*. Ich trage meine Corporate-Christmas-Uniform, mit über der Brust gekreuzten Hosenträgern. Dazu Dads Weihnachtsmannmütze tief über die Ohren gezogen und die dunkle Sonnenbrille auf der Nase, die mein halbes Gesicht verdeckt.

SANTAS PRAKTIKANTIN FREUT SICH AUF EURE BRIEFE, verkündet die Schlagzeile. Ich beginne den Artikel zu lesen, aber dafür hat Tante Carole offenbar keine Zeit. »Du hast Versprechungen gemacht«, sagt sie und faltet die Zeitung zusammen. »Versprechungen, die auf diesen Laden zurückfallen, solltest du sie nicht einhalten.«

»Ich habe Bryan schon gesagt, dass ich diesen Kids zurückschreibe, sobald ich passendes Briefpapier habe.«

»Hast du seither wieder in dein Postfach geschaut?«

Habe ich nicht. Verflixt! »Da liegt Briefpapier?«

»Eine ganze Schachtel. Die Grußkartenabteilung hat es eigens für dich entworfen und gedruckt.«

»Ich brauche keine ganze Schachtel«, erkläre ich ihr. »Es sind nur drei Briefe.«

»Es *waren* nur drei Briefe«, gibt Tante Carole zurück.

»Sind noch mehr angekommen?«

»Schau in dein Postfach, Frances.«

Ich laufe nach unten und schaue in mein Postfach. Wie versprochen liegt dort ein großer Packen Briefpapier. Kopfbogen, genauer gesagt. Eine Weihnachtsmannmütze und eine Sonnenbrille bilden zusammen ein kleines Logo, unter dem steht:

BÜRO VON SANTA CLAUS
Santas Praktikantin
c/o Hollydale Holiday Shop

Dazu noch die Anschrift unseres Ladens. Ziemlich stylisch, das muss ich zugeben. Ich wette, Mom hat es höchstpersönlich entworfen. Ich nehme den Packen aus meinem Postfach und sehe mich nach den anderen Briefen um, die laut Tante Carole da sein müssten. Sie sind nicht da. Was allerdings da ist: ein Notizzettel mit Bryans Roboterschrift darauf. *Carole will dich im Marketingbüro sehen.*

Carole hat mich gerade im Marketingbüro gesehen. Aber na schön. Ich jogge wieder die Treppe hinauf zu meiner Tante. »Hast du dein Postfach kontrolliert?«, fragt sie.

Ich halte das Briefpapier in die Höhe als Beweis dafür, dass ich ihren Anweisungen gefolgt bin. »Da lag eine Notiz von Bryan, dass du mich sehen willst.«

Tante Carole nickt.

»Ich war gerade erst hier oben«, rufe ich ihr ins Gedächtnis.

»Ich weiß«, erwidert sie. Sie genießt das.

»Okay. Hier bin ich. Wir sehen uns. Und jetzt?«

Tante Carole klimpert in Richtung des Kartons, über den ich vorhin gestolpert bin. »Mach ihn auf.«

Ich öffne den Karton. Darin befinden sich mindestens fünfzig Briefe, alle adressiert an Santas Praktikantin. »Heiliger Bimbam«, murmele ich. Mir war nicht einmal klar, dass überhaupt so viele Kids *An Evening with Santa* schauen. Schließlich läuft die Show auf einem Lokalsender.

»Diese Briefe müssen ZEITNAH beantwortet werden«, sagt Tante Carole. Ich schwöre, ich höre »zeitnah« in Großbuchstaben.

»Wann? Ich bin morgen für die Verkaufsfläche eingeteilt«, erinnere ich sie.

»Bryan wird dafür sorgen, dass deine Praktikanten-Uniform schon für dich bereitliegt, wenn du einstempelst. Wir möchten, dass du sie ab sofort immer zur Arbeit trägst. Das ist gute Reklame. Und die Briefe kannst du am Sonntag schreiben.«

»Am Sonntag habe ich schon etwas vor«, gebe ich zurück. Alice und ich sind zum Shoppen in der Mall verabredet. Dort wird am Wochenende nach Thanksgiving die Hölle los sein, und obwohl man meinen könnte, ich müsste von dem irren Kaufrausch die Nase voll haben, liebe ich die Energie, die damit einhergeht – zumindest, solange ich an diesen Tagen nicht selbst arbeite.

Tante Carole zuckt mit den Schultern. Sie ist eine Meisterin des Sarkasmus, selbst mir haushoch überlegen. Sogar ihre Schultern beherrschen ihn. »Ich bin mir sicher, du besitzt genügend Kreativität, um dir eine Lösung zu überlegen.« Sie greift wieder nach der *Hollydale Daily*. »Faszinierend, dass man ein Standbild direkt aus einer Videoaufzeichnung schneiden kann, nicht wahr?«

»Faszinierend«, wiederhole ich dumpf.

»Bryan kann so was auch«, meint sie. Sie hält mir ein bedrucktes Blatt Papier unter die Nase, auf dem ebenfalls ein Videobild von mir prangt. Aus dem Video der Überwachungskamera. Im Gegensatz zu dem Zeitungsfoto ist es schwarzweiß, dafür aber erstaunlich scharf – scharf genug, um alle wichtigen Details erkennen zu lassen. Unter anderem auch, welcher meiner fünf Finger im Gespräch mit Sam Spinek zum Einsatz kommt.

»Das wirst du in meine Akte für Dad legen, stimmt's? Und meine Säulenpunkte stutzen.« Offen gestanden sorge ich mich im Augenblick weder um Säulenpunkte noch um Lohnerhöhungen oder den MX-5. Ich sorge mich um meinen Dad. Ich möchte wirklich nicht, dass er das Bild sieht und sich deswegen mit Tante Carole anlegt. Er schuftet schon schwer genug. Und – tja, so uncool das für jemanden in meinem Alter klingen mag: Mir ist wichtig, was mein Dad von mir denkt. Und ich will nicht, dass er mich so vor Augen hat. Als jemanden, der Kunden mitten in unserem Familienladen den Mittelfinger zeigt.

»Ich bin mir aktuell nicht ganz sicher, wo es am besten

aufgehoben ist. Das entscheide ich noch.« Sie lässt das Blatt über ihrem Papierkorb baumeln, hält es dann über eine offene Heftmappe auf ihrem Schreibtisch. Papierkorb, Hefter, Papierkorb, Hefter.

»Kreativität«, sage ich. »Kein Problem.«

21

Ich nehme das Briefpapier und den Karton voller Briefe mit nach Hause und lasse alles demonstrativ auf den Küchentisch fallen. Dad ist auch in der Küche und räumt hinter Don und Dash auf, die sich vor dem Schlafengehen noch irgendein Schokomilchshake-Gebräu zusammengepanscht haben.

»Sind das die Santa-Briefe?«, fragt Dad.

Ich nicke. »Tante Carole sagt, ich muss alle beantworten.«

»Ich weiß«, antwortet er entschuldigend. »Magst du einen Tee?«

Ja. Dad setzt Wasser auf und holt Tassen, Löffel und Zucker aus ihren verschiedenen Schränken und Schubladen. »Sie hat recht, Süße«, sagt er, ohne mich anzusehen. »Wir sind den Kindern Antworten schuldig.«

»Aber wieso muss ich diejenige sein, die antwortet? Schon klar, ich habe die Kleinen zum Schreiben animiert, aber es ist ja nicht so, dass ich *wirklich* für den Weihnachtsmann arbeite. Jeder könnte das mit dem Antworten übernehmen. Bryan zum Beispiel.«

»Bryan ist die Praktikantin deiner Tante. Und ich bin mir nicht sicher, ob sie tatsächlich eine Ahnung davon hat, wer wir sind und was uns ausmacht. Wir können nicht einfach irgendwen antworten lassen. Wir haben wunderbare Mitarbeiter hier, Francie. Loyal und mit den besten Absichten. Aber wenn es um Santa höchstpersönlich geht, müssen wir mit größter Gewissenhaftigkeit agieren.« Er zitiert den Absatz aus dem Handbuch der Santa School, der mahnt, keinen Zweifel in den Kinderherzen zu wecken. »Es gibt nicht viele Menschen, denen ich zutrauen würde, dass sie das einwandfrei hinbekommen.« Er zählt die Kandidaten an seinen Fingern ab. »Mir selbst. Deiner Mom. Eventuell Kelly aus der Krippenabteilung. Jerry vom Wareneingang. Und dir.«

»Warum kann dann nicht –«, setze ich an, aber Dad schneidet mir das Wort ab.

»Wir sind mitten in der Hochsaison. All diese Leute sind unentbehrlich, um den Laden am Laufen zu halten. Jeder von uns arbeitet doppelt und dreimal so viel wie sonst, damit alle Bestellungen rechtzeitig versandt werden, die Kunden im Shop gut betreut und die Regale immer aufgefüllt sind. Da kann niemand noch weitere Extraschichten einlegen. Die Einzige, die mir für diese Aufgabe bleibt, bist du.«

»Heißt: Ich bin im Laden entbehrlich«, kontere ich. Eine dumme Antwort. Natürlich bin ich entbehrlich. Mag sein, dass ich unseren Shop besser kenne als die meisten anderen, aber als Schülerin packe ich natürlich lange nicht so viel mit an wie der Großteil unserer langjährigen Angestellten. Wenn ich mich krankmelde, findet sich leicht Ersatz.

Dad nimmt den Wasserkocher vom Herd – eine Sekunde, bevor er zu pfeifen anfängt.

»Okay, aber Dad – wann soll ich das schaffen? Ich bin nächste Woche für fast dreißig Stunden eingetragen und habe außerdem noch Hausaufgaben. Und Alice will ich auch nicht absagen.«

»Pfefferminz oder Ingwer?«, fragt Dad. Ich nehme Ingwer. Ingwer fühlt sich weniger unverhohlen weihnachtlich an.

»An deinen Hausaufgaben kann ich leider nichts ändern, aber ich schaue mal, ob sich das mit deinem Arbeitsplan irgendwie regeln lässt. Und ich sorge selbstverständlich dafür, dass du für die Stunden, in denen du mit den Antwortbriefen beschäftigt bist, bezahlt wirst. Denn wie du schon sagst: Du bist schließlich keine echte Praktikantin.«

Das hebt meine Laune ein wenig. »Bezahlt – wie viel?«, frage ich, bereit, das in Aussicht gestellte Geld direkt in meine MX-5-Berechnungen einfließen zu lassen.

»Alles, was über deine festen Zeiten im Laden hinausgeht, müssen wir vom Marketing-Budget abziehen. Ich bespreche es mit Carole.« Er stellt meinen Tee vor mir ab und setzt sich mir mit seiner eigenen Tasse gegenüber. »Hast du die Zeitung gelesen?«, fragt er.

»Ich habe die Titelseite gesehen«, erwidere ich. »Aber den Artikel noch nicht gelesen.«

Dad legt mir eine Hand auf die Schulter. »Es ist ein guter Artikel. Lies ihn bei Gelegenheit. Du hast deine Sache großartig gemacht, als du für mich eingesprungen bist, Francie. Ich bin stolz auf dich.«

»Danke«, murmele ich. Ich nippe an meinem Tee und gebe mir alle Mühe, zu verbergen, wie viel mir seine Worte bedeuten. Als Teenager sollte mir so etwas doch schnurzegal sein, nicht wahr? »Ich bezweifle, dass Tante Carole von dem Artikel allzu begeistert war. Ich habe mitbekommen, wie sie am Telefon mit jemandem von der Zeitung diskutiert hat. Sie muss einen Kommentar dazu geschrieben haben, denn sie hat verlangt, dass etwas, das sie eingeschickt hat, abgedruckt wird.«

Dad verzieht das Gesicht. »Bist du sicher, dass du das richtig verstanden hast?«

Ich bejahe.

»Martha?«, ruft er nach meiner Mutter. »Hast du die Zeitung?«

Dad marschiert ins Wohnzimmer, um sie zu holen, und ich bleibe allein mit meinem Tee und dem Karton voller Briefe an Santas Praktikantin zurück. So viele, und alle von Kids, die eine Antwort verdienen, wie Grampa Chris sie parat gehabt hätte.

Ich schlürfe weiter meinen Ingwertee, und mit einem Mal fühle ich mich in die Schneeflocke zurückkatapultiert und lausche meinem Großvater, der eine Gruppe angehender Weihnachtsmänner unterrichtet. »Was tut man«, wollte einmal einer der neuen Santa-Anwärter von ihm wissen, »wenn ein Kind sich etwas wünscht, das es mit absoluter Sicherheit nicht bekommen wird?«

Der Fragesteller, da bin ich überzeugt, dachte zum Beispiel an Rennautos oder Ponys, aber Grampa Chris war immer klar, dass Ponywünsche nicht zu den schwierigsten Anliegen zählen, die an den Weihnachtsmann herangetragen werden. Ich konnte damals beobachten, wie seine Miene weich wurde und er in seiner Jackentasche nach etwas tastete.

Einmal, erzählte Grampa Chris den Santa-Schülern, hat sich ein kleines Mädchen auf seinen Schoß gesetzt und ihm anvertraut, dass seine Mutter schwer erkrankt ist. Die Ärzte sagten, sie werde sterben. *Santa,* hat das kleine Mädchen gefleht, *ich wünsche mir zu Weihnachten, dass du meine Mom nicht sterben lässt.*

Daraufhin wurde es still in der Schneeflocke. Grampa Chris ließ die Stille zu. Er ließ zu, dass der Weihnachtswunsch des kleinen Mädchens jeden Einzelnen im Raum erfasste. Er ließ seine Schüler ihr Gewicht auf ihren eigenen Knien spüren, ihre Worte in ihren eigenen Ohren nachhallen.

»Was antwortet man darauf?«, fragte ein anderer Schüler. Einer der jüngeren. Dichtes dunkles Haar. Nur ein leichter Bauchansatz.

Nun gab Grampa Chris der Frage des jungen Weihnachtsmanns Raum. Und endlich sagte er: »Santa ist eine Idee. Ein Ideal. Er ist magisch, aber er kann nicht zaubern. Er macht keine Versprechungen, die vielleicht nicht eingelöst werden. Nicht einmal simple Dinge wie einen Baseball oder ein Malbuch verspricht er. Wir kennen niemals die Lebensumstände der Kinder, die zu uns kommen. Darum können wir einem Kind im Grunde nur zwei Dinge geben: unsere Aufmerksamkeit und unsere Liebe.«

Einige der Santas nickten. Etliche von ihnen besuchten schon seit Längerem die Santa School und kannten die Geschichte, doch auch sie spürten die Bedeutsamkeit von Grampa Chris' Worten genau wie beim ersten Mal.

»Aber was antwortet man darauf?«, beharrte einer von den neueren Weihnachtsmännern. »Was sagt man?«

»Ihr werdet beizeiten die richtige Antwort finden«, meinte Grampa Chris.

Nicht alle waren mit dieser Aussage zufrieden. Ich war es auch nicht, und ich konnte mich nicht beherrschen. Obwohl ich nur Gasthörerin war, hob ich die Hand.

Grampa Chris schenkte mir ein Lächeln. »Francie?«

»Was hast *du* geantwortet?«, bohrte ich. »Was hast du dem Mädchen geantwortet?«

Da nickte Grampa Chris nachdenklich. Ihm war bewusst, dass viele der Santas dasselbe wissen wollten. Santas wollen Antworten. Jeder will Antworten. »Wenn ich als Weihnachtsmann unterwegs bin, habe ich immer ein kleines Büchlein bei mir«, verriet er und fischte prompt ein Notizbuch aus seiner Tasche. Es war tatsächlich klein, vielleicht zehn Zentimeter hoch, in Leder gebunden und mit einer dünnen Schlaufe, in der ein winziger Bleistift steckte. »Ich habe mir den Namen des kleinen Mädchens aufgeschrieben und es dabei zusehen lassen. Dann habe ich *Lauras Mom* notiert und der Kleinen versprochen, für ihre Mutter zu beten.«

»Das ist alles?«, vergewisserte sich ein Nachwuchs-Santa. »Sie haben ihr bloß gesagt, dass Sie beten würden?«

»Nein«, entgegnete Grampa Chris. »Anschließend habe ich mein Versprechen gehalten.«

22

26. NOVEMBER

Wie sich herausstellt, bin ich nicht die Einzige in Hollydale, die sich an dem blitzblanken Silberkranz stört, der auf Tante Caroles Geheiß an die Eingangstür des Nordpols gehängt wurde.

Je näher der Winter rückt, desto weiter reicht die Dämmerung in die örtliche Rushhour hinein, und offenbar reflektiert die glänzende Oberfläche des Kranzes das Scheinwerferlicht der vorbeifahrenden Autos und verbreitet so eine Atmosphäre, die eher zu einer fetzigen Silvesterparty als zu einem besinnlichen Weihnachtsfest passt. Der Discokranz, wie es in einem der beiden Beschwerdebriefe an die *Hollydale Daily* heißt, sei nicht nur ein »hässlicher Affront« und repräsentiere »alles, was in unserem liberalen Amerika schiefläuft«, sondern könne unter Umständen auch zur realen Gefahr für Autofahrer werden. Es sei denkbar, dass »grelle Todesstrahlen aus Licht« die Insassen eines Wagens kurzzeitig blenden und damit eine Tragödie verursacht werden.

Der erste Leserbrief wurde unter dem Pseudonym »Blinded by the Light« veröffentlicht, doch der zweite, dessen Stil bemerkenswerte Ähnlichkeit mit dem ersten aufweist, wenngleich der Tonfall schärfer wird, ist von der »besorgten Anwohnerin Melanie Stebanow« unterzeichnet. Laut Dad war es nicht der Inhalt des Briefs, sondern der Name der Unterzeichnerin, der Tante Carole derart zugesetzt hat. Denn bei der besorgten Anwohnerin handelt es sich um keine Geringere als ihre Rivalin aus Highschooltagen, die laut meiner Tante bis heute einen Groll gegen sie hegt. Angeblich war Tante Carole in ihrem letzten Schuljahr eine heiße Anwärterin auf den Titel der Abschlussballkönigin, während Melanie ein paar Plätze hinter ihr rangierte. Folglich fasst sie den Beschwerdebrief nicht etwa als objektive Kritik, sondern als Ventil jahrzehntelang aufgestauter Eifersucht auf. Außerdem behauptet sie Dad gegenüber, ihr Buchclub habe ihr versichert, dass der Großteil Hollydales den modernen Kranz liebt und findet, er mache die vormals langweilige und immer gleiche Dekoration unserer Fassade lebendiger.

Das war es wohl mehr oder weniger, was Tante Carole als Antwort in der *Hollydale Daily* gedruckt sehen wollte. Dad hat sie jedoch gebeten, die Sache auf sich beruhen zu lassen, und deshalb ist sie jetzt sauer auf ihn.

Und ebenfalls deshalb hat Tante Carole – als er mit dem Anliegen, ein wenig Geld aus dem Marketing-Budget für meine Antwortbriefe abzuzweigen, auf sie zukam – einen noch mieseren Plan ausgeheckt.

Auf der Verkaufsfläche des Hollydale Holiday Shop, gut versteckt zwischen der Grußkartenabteilung und den Krippensets, steht ein wuchtiger antiker Schreibtisch, der einst meinem Urgroßvater gehört hat. Für gewöhnlich sind darauf nostalgische Weihnachtskarten ausgestellt, die meist von alten Damen und von Menschen mit einem Faible für Jane-Austen-Filme gekauft werden. Jetzt allerdings steht auf dem

Schreibtisch ein knallgrüner Briefkasten, auf dessen Seite in protzigen goldenen Buchstaben der Schriftzug *Santas Praktikantin* prangt.

»Nicht anfassen«, warnt Bryan. »Die Farbe ist noch ein bisschen klebrig.« Ich widerstehe der Versuchung, ihr zu sagen, dass ein paar Fingerabdrücke diesem Ungetüm von Postfach auch nichts mehr anhaben können.

Ab sofort, teilt Bryan mir mit, habe ich während meiner Arbeitsstunden in Praktikanten-Uniform am Schreibtisch zu sitzen und die Kinderpost zu beantworten. Sie reicht mir mein Corporate-Christmas-Ensemble. »So kannst du auf der Verkaufsfläche sein und Kunden bei Bedarf Hilfestellung geben und gleichzeitig den Kindern schreiben. Wahres Retailtainment«, erklärt sie. Und außerdem eine raffinierte Strategie, um sicherzustellen, dass ich keinen Cent extra für die Zeit einstreiche, in der ich mit den Briefen beschäftigt bin.

Ich gehe auf die Toilette, um mich umzuziehen. An die Hosenträger ist eine Erinnerung gepinnt, sie über der Brust zu kreuzen wie am Abend der Fernsehshow. Bryan hat sogar Tante Caroles Sonnenbrille in die Brusttasche meiner Corporate-Christmas-Bluse gesteckt. Als ich auf der Ladenfläche wieder zu ihr stoße, finde ich auf dem Schreibtisch einen randvollen Karton mit mindestens einhundert Umschlägen vor. »Wo kommen die denn her?«, frage ich.

»Von Kindern«, antwortet Bryan.

»Das ist mir klar«, gebe ich zurück. »Aber wieso sind es auf einmal so viele? Gestern waren es bloß um die fünfzig.«

»Vermutlich hat die Berichterstattung in der Zeitung noch mehr Kinder zum Schreiben ermuntert. Entweder das – oder der Upload auf YouTube.«

»Auf YouTube?«

»YouTube ist eine außergewöhnlich einflussreiche Videoplattform, auf der Leute und Unternehmen Filmmaterial teilen –«

»Ich kenne YouTube, Bryan. Aber was um alles in der Welt hat YouTube mit diesen Briefen zu tun?«

»In Anbetracht der wohlwollenden Reaktionen auf deinen Auftritt in der Show sind Carole und ich übereingekommen, dass wir deine Reichweite noch ein wenig vergrößern sollten. Das Video hat bisher nicht allzu viele Klicks, aber bei denjenigen, die es gesehen haben, scheint die Resonanz sehr positiv.« Sie zeigt mit ihrem Androidenfinger auf den Karton, als wäre ich zu begriffsstutzig, um den Bezug selbst herzustellen. Was ich allerdings tatsächlich nicht begreife, ist, wo ich die Zeit herzaubern soll, um all diese Briefe zu beantworten – schon gar nicht, während ich an einem Schreibtisch mitten im Laden hocke, wo auch Leute, die ich womöglich sogar kenne, mir zuschauen wie einer Straßenkünstlerin. Ehe es so weit kommt, kündige ich. Das ist nicht einmal der MX-5 wert. Gerade will ich Bryan meine Entscheidung mitteilen, als ein kleiner Junge neugierig an den Schreibtisch tritt.

»Arbeitest du für Santa?«, fragt er mit großen Augen, die sein halbes Gesicht einzunehmen scheinen.

»Ich bin seine Praktikantin«, erwidere ich und schiele finster zu Bryan hinüber. »Allzu viel arbeiten muss ich da gar nicht.«

»Aber du arbeitest für ihn?«, vergewissert der Junge sich. Ich höre die Hoffnung in seinen Worten. Er glaubt noch an den Weihnachtsmann, aus tiefstem Herzen.

In meinen Ohren klingt die Stimme von Grampa Chris, der wieder aus dem Handbuch zitiert. *Zweifel werden eines Tages von selbst kommen – wir wollen niemals diejenigen sein, mit denen sie ihren Anfang nehmen.*

»Ja«, bestätige ich. »Ich arbeite für Santa.«

Der Knirps starrt mich weiter mit seinen großen Augen an. Er bewegt sich keinen Millimeter, sagt aber auch nichts mehr.

»Gibt es irgendetwas, das ich Santa von dir ausrichten soll?«, frage ich ihn freundlich.

Eine Sekunde lang schweigt er weiter. Dann: »Sag ihm, dass ich auch sein Praktikant sein will, wenn ich so alt bin wie du.«

Bryan mustert mich mit zusammengekniffenen Augen und eisigem Lächeln. Sie glaubt, mich damit im Sack zu haben. Dass ich diesen Jungen und all die anderen Kinder, die Briefe geschrieben haben, auf gar keinen Fall enttäuschen will. Sie ist überzeugt, dass ich es absolut nicht über mich bringen werde, ihren Glauben an den Weihnachtsmann zu zerstören.

Und damit hat sie recht.

Ich nehme am Schreibtisch Platz und greife nach dem Stift. »Wie heißt du, Kleiner? Ich gebe Santa Bescheid.«

Lieber Damon,
danke für deinen Brief. Es freut mich, zu hören, dass du dieses Jahr so brav gewesen bist. Ich werde Santa von dem gelben Motorrad mit den orangefarbenen Flammen erzählen – und den Reifen, die wirklich qualmen. Ganz bestimmt gibt er sein Bestes, damit dein Weihnachtsfest besonders schön wird.

Liebe Laurel,
Santa bedankt sich für deinen Hinweis, dass Lavendel-Lila viel hübscher aussieht als Weintrauben-Lila, vor allem bei Wintermänteln.

Lieber Mickey,
Santa hat diese Bücher über den zeitreisenden Hund aus dem Tierheim noch nicht gelesen, aber er freut sich sehr über deine Empfehlung.

Ein Glück, dass ich jahrelang das Handbuch gewälzt, heimlich an den Klassenzimmertüren der Santa School gelauscht und Grampa Chris in Aktion gesehen habe – somit kenne ich die Regeln:

Mach niemals Versprechungen im Namen des Weihnachtsmannes – außer, dass er sein Bestes geben wird.

Falls irgendeine Möglichkeit besteht, die Eltern in die Wünsche des Kindes einzuweihen, tu das.

Benutze niemals den Namen eines Kindes, solange du dir nicht absolut sicher bist, ihn richtig verstanden zu haben.

Und, am wichtigsten: Wecke niemals den kleinsten Zweifel.

Aufgrund des begrenzten Wortschatzes und Buchstabiervermögens der kleinen Briefeschreiber bleibt mir nichts anderes übrig, als einige von ihnen mit »mein Kleiner« oder »meine liebe Freundin« anzusprechen, und manchmal wiederhole ich ihre Wunschliste auch nicht, weil ich mir nicht sicher bin, ob das hingekrakelte Wort nun *Schaufel* oder *Schaukel* heißen soll. Meistens aber fällt mir das Antworten leicht und ich komme zügig voran.

Hin und wieder bleiben Familien oder kleine Touristengruppen stehen und sehen mir beim Schreiben zu. Gelegentlich erkundigt sich jemand, wie es ist, für Santa zu arbeiten, oder ob ich schon einmal Mrs Claus getroffen habe oder wo die Toiletten sind. In diesem Teil des Ladens gibt es keine Überwachungskameras, deshalb tingelt Bryan mehrfach vorbei, um sich »ein Bild zu machen«, kritzelt Stichpunkte in ihr

Notizbuch und knipst Fotos für das Instagram-Profil unseres Shops.

Zwischen dem Plausch mit Kunden und dem wiederholten Zurechtrücken meiner Hosenträger beantworte ich vor meiner Pause einundzwanzig Briefe. Nach meinen Berechnungen sollte ich bis zum heutigen Feierabend die Hälfte der Post abgearbeitet haben; den Rest plane ich für meine Nachmittagsschichten am Dienstag und Donnerstag ein. Und anschließend kann ich – selbst wenn ich nach wie vor dieses dämliche Outfit tragen muss – immerhin wieder als ganz normale Aushilfskraft im Shop stehen, ohne dass Bryan und Carole jede meiner Bewegungen mit Argusaugen verfolgen.

Nach einer Tasse Kaffee und einem Erdnussbutterplätzchen kehre ich an meinen Schreibtisch zurück. Irgendjemand – vermutlich Bryan – hat die fertigen Briefe mitgenommen und meinen Briefpapierstapel aufgefüllt. Außerdem hat sie während meiner kurzen Pause meinen kompletten Arbeitsbereich umarrangiert und die Stifte penibel nebeneinander aufgereiht. *Nur noch bis Donnerstag*, rufe ich mir ins Gedächtnis.

Ich lange unter den Schreibtisch in den Karton mit der Kinderpost, der inzwischen halb leer sein sollte, doch offenbar war Bryan auch dort zugange. Ich stecke den Kopf unter die Tischplatte. Der Karton ist wieder voll. Mehr als voll. Ein Teil der Briefeflut ergießt sich schon auf den Fußboden.

Ich tauche gerade rechtzeitig wieder auf, um von Bryan abgelichtet zu werden, die mit ihrer Kamera erneut auf Fotojagd ist. »Du musst dich ein bisschen ranhalten«, meint sie.

23

SPÄT AM SELBEN ABEND

Meine Hand tut weh. Auf meiner Corporate-Christmas-Bluse sind Tintenspritzer. Ich habe siebenundneunzig Briefe an Kinder aus Hollydale und der Umgebung geschrieben.

Ich habe Wünsche nach Handys, Computern und Spielekonsolen, Fahrrädern, Puppen, allerlei Mal- und Bastelbedarf, Klamotten, ferngesteuerten Fahrzeugen, Actionfiguren, Brettspielen und Sportausrüstung entgegengenommen. Auch ein Einsteigerset fürs Bogenschießen (nicht aus Plastik), zwei Ballett-Outfits (einmal pink, einmal ohne spezifischen Farbwunsch), ein Pferd, ein Affe, ein Kätzchen (weiß mit einem schwarzen Fleck) und mindestens ein Dutzend Welpen waren dabei. Das alles will ich Alice schreiben, aber nachdem meine Hände den ganzen Tag lang so schwer schuften mussten, sind meine Daumen noch ungeschickter als sonst.

Seit wann lieben Kinder Welse?, fragt sie zurück.

Verdammt. Nicht Welse. Wellen.

Wellen? Wie will der Weihnachtsmann denn Wellen verschenken?

Welfen.

Hunde.

Kleider Hunde.

Kleine.

Welpen!, schreibt Alice. Für mich kannst du auch gleich einen notieren. Einen Welpen und Glitzerschuhe, bitte.

Erledigt, antworte ich.

Hast du trotzdem Lust, morgen shoppen zu gehen? Oder musst du arbeiten?

Muss nicht arbeiten. Aber auch nicht shoppen, okay? Bin platt. Du kommst her?

Natürlich, Tarzan. Ich komme hin.

Mach dich nicht luftig über mich, warne ich.

Sorry. Wir treffen uns nach dem Gottesdienst, dann können wir zu dir gehen. Aber nur, wenn ich ein paar der Wellen-Briefe lesen darf.

Deal.

24

27. NOVEMBER

Heute bin ich nur mit Mom, Don und Dash in der Kirche, und Mom hat es so eilig, zurück in den Shop zu kommen, dass sie uns schon aus der Bank scheucht, bevor das Schlusslied beginnt. »Such Alice und dann los«, raunt sie mir zu.

Mom setzt Don und Dash zu Hause ab, wo Gram die beiden in Empfang nimmt, und hastet sofort weiter zur Arbeit. Alice und ich begleiten sie ein Stück und biegen schließlich zum Nordpol ab, mit direktem Kurs auf Plätzchen und Welpenpost.

Gestern nach meiner Schicht habe ich den Karton mit den noch unbeantworteten Briefen in die Schneeflocke mitgenommen. Und mir bei der Gelegenheit außerdem einen Ordner über die Geschichte der Weihnachtsparaden für mein Mythologie-heute-Projekt ausgeborgt. Die Hollydale Christmas Parade findet nächsten Samstag statt. Onkel Jack fährt den Pritschenwagen, der die Szenerie mit den mechanischen Rentieren und Dads Weihnachtsschlitten zieht.

Die Rentiere haben in den letzten Jahren ganz schön gelitten. Grampa Chris hat sie immer mit viel Hingabe gehegt und gepflegt, aber Dad hat mit den Finanzen des Ladens so viel um die Ohren, dass er keine Zeit für die gleiche Sorgfalt hat. Onkel Jack plant, das Gespann nach der Parade auseinanderzunehmen und Rudolph zusammen mit einigen seiner Rentierkollegen nach Peoria zu einem Typen zu kutschieren, der ihr Genick verstärken und den Stromkreis in Rudolphs Nase wieder ordentlich verkabeln kann. Er sorgt sich – zu Recht, denke ich –, dass ein Kurzschluss in der Nase die ganze Bande in Flammen aufgehen lassen könnte, was wohl den meisten Zuschauern die Parade verleiden dürfte.

Alice ist beeindruckt von der Flut an Post, die ich bekommen habe. »Ich wusste nicht mal, dass es in Hollydale so viele Kinder gibt«, meint sie.

»Nicht alle Briefe sind aus Hollydale«, erkläre ich ihr. »Ich hatte schon welche aus Muncie und Naperville in der Hand und sogar aus Terre Haute.«

»Darf ich einen lesen?«, fragt sie und wühlt in dem Karton.

»Klar«, sage ich. »Pass nur auf, dass du beim Öffnen nicht die Absender-Adresse zerreißt.«

Alice reibt sich vergnügt die Hände, schlitzt einen Umschlag auf und liest vor:

Liebe Praktikantin von Santa,
wenn es stimmt, dass du Santa so gut kennst, kannst du ihm dann bitte sagen, er soll mir diesmal keine Hosen zu Weihnachten schenken? Ich habe mir dieses Jahr schon zweimal eine Paintball-Pistole gewünscht und beide Male keine bekommen – sondern stattdessen Hosen. Hosen sind kein gutes Geschenk. Und außer einmal in der Schulpause

war ich ziemlich brav dieses Jahr und ich habe mich schon entschuldigt und Henry hat die Entschuldigung angenommen.
Liebe Grüße von
Logan

»Ein toller Brief«, schwärmt Alice. »Darf ich ihn behalten?«

Ich schüttele den Kopf. »Die Briefe werden alle im Shop aufbewahrt. Wir wollen sie nächstes Jahr für die Ausbildung der neuen Santas nutzen.«

»Na – darf ich ihn dann wenigstens beantworten? Darf ich zurückschreiben?« Sie presst sich Logans Brief an die Brust. »Bitte?«

»Ich weiß nicht. Das ist ein bisschen knifflig.«

»Bitte, bitte?«

Obwohl sie albern mit den Augenbrauen wackelt, spüre ich, dass es ihr wirklich ernst ist. »Verrate mir erst, was du schreiben möchtest.«

»Okay.« Alice überlegt einen Moment. »›Lieber Logan –‹«

»Guter Einstieg.«

»›Danke für deinen Brief. Es stimmt, ich kenne den Weihnachtsmann gut, und er ist ein echt netter Kerl. Du würdest ihn mögen.‹«

»Das wird zu ausführlich. Wir haben hier noch haufenweise Briefe.«

»Okay. Sorry. Ähm. ›Ich erinnere Santa daran, dass du gern eine Paintball-Pistole hättest und schon genügend Hosen besitzt.‹«

»Nicht schlecht. Und jetzt nichts versprechen, aber mach dem Kleinen ein bisschen Hoffnung.«

»›Ganz bestimmt bringt Santa dir dieses Jahr genau das Richtige –‹«

»Nope. Was, wenn er das nicht tut? Was, wenn doch wieder Hosen dabei sind?«

»Okay. Hmm. ›Santa sorgt sich um sehr viele Kinder, deshalb schafft er es manchmal nicht, allen ihre Wünsche zu erfüllen –‹«

»Santa ist nie besorgt«, unterbreche ich sie.

»Nein? Puh. Das ist schwieriger, als ich dachte. ›Santa wird …‹«

»Sein Bestes geben«, souffliere ich.

»›Santa wird sein Bestes geben … um dir ein wunderschönes Weihnachtsfest zu bescheren.‹«

»In Ordnung. Und?«

»›Und ich freue mich, dass Henry deine Entschuldigung angenommen hat. Er scheint ein guter Freund zu sein.‹«

»Persönlich. Das ist schön. Komm zum Ende.«

»Ähm … ›Sei weiterhin so brav –‹«

»Das klingt nach einer unterschwelligen Drohung, dass er andernfalls leer ausgeht. Nächster Versuch.«

»›Frohe Weihnachten wünscht dir Santas Praktikantin.‹«

»Hervorragend. Ja, diesen Brief darfst du schreiben«, lobe ich sie.

Ich gebe Alice ein Blatt mit dem passenden Briefkopf, und sie macht sich daran, Logans Brief zu beantworten. Solange sie damit beschäftigt ist, kann ich mich genauso gut um den nächsten Brief kümmern. Mag sein, dass ich für inoffizielle Überstunden nicht bezahlt werde, aber immerhin muss ich so einen Brief weniger vor unzähligen Menschen mitten im Verkaufsraum aus dem Ärmel schütteln.

Auf diese Weise gemeinsam und still vor sich hin zu arbeiten ist ein behagliches Gefühl. Es erinnert mich daran, wie wir früher an Alice' Küchentisch Malbücher ausgemalt haben. Dabei brauchten wir gar nicht zu reden und auch keinen

Computer oder sonst irgendwas. Wir haben beide einfach gemalt, waren in unserer eigenen Welt und doch nicht allein. Irgendwie fühlt es sich an, als böten sich für solche Momente immer weniger Gelegenheiten, je älter wir werden.

»Darf ich noch einen übernehmen?«, fragt Alice.

Ich weiß, Dad hat gesagt, ich sei die Einzige, der er diese Aufgabe zutraut, aber Alice schlägt sich ziemlich gut, und ich achte natürlich darauf, dass nichts in die Briefe gelangt, was ich nicht selbst auch schreiben würde. »Klar, aber sag mir erst, was dir vorschwebt, bevor du anfängst.«

Bis zum vierten Brief ist Alice Vollprofi. Wir schreiben eine geschlagene Stunde lang, ehe es Zeit für eine Plätzchenpause wird. Die Plätzchen essen wir allerdings im Pausenraum, weit weg von den Briefen. Schokofingerabdrücke befördern schließlich nicht gerade den Glauben an den Weihnachtsmann.

Als wir den Pausenraum betreten, kommt uns ein Schwung Angestellter entgegen, die gerade den Rückweg in die Christbaumschmuckabteilung antreten und den kleinen Raum leer zurücklassen.

»Also, wie läuft es in Sachen ...?« Alice streckt mir die Zunge heraus.

»Sie machen es immer noch. Nicht oft. Nicht mal jeden Tag. Aber jedes Mal, wenn ich das Ganze fast vergessen hätte, taucht Gunther oder ein anderer der Hockeyhonks auf und –« Ich weiß nicht mal, wie ich es beschreiben soll. Ich meine, ich komme mir albern dabei vor, dass es mich überhaupt so trifft. Jemandem die Zunge herauszustrecken ist Drittklässlerniveau. Niemand, der älter als neun ist, würde sich das zu Herzen nehmen.

Wieso also ich? Warum überkommt mich jedes Mal dieses demütigende Schamgefühl? Das ist unsinnig. Und lächerlich.

Aber die Scham ist echt. Und sie hat nichts damit zu tun, dass ich mit dreizehn zu naiv und unerfahren war, um eine Ahnung davon zu haben, wie man küsst. Sondern damit, dass ich noch immer keine Ahnung davon habe. Und, da bin ich mir sicher, auch niemals haben werde. Denn ganz gleich, wie sehr ich einen Jungen mag: Um nichts in der Welt werde ich riskieren, mich jemals wieder so dumm zu fühlen.

Dieser Gedanke geht mir durch den Kopf: der Gedanke, dass ich nie, nie, niemals einen Jungen küssen werde – und mit einem Mal steht mir ein Bild von Hector Ramirez mit seinen bemerkenswerten Schultern vor Augen.

»Was denkst du gerade?«, fragt Alice. »Du denkst an meinen Plan, nicht wahr?«

Ihren Knutschplan. Nein, daran denke ich nicht. Aber von Hector will ich ihr auch nichts erzählen, denn dann gerät sie seinetwegen genauso aus dem Häuschen wie gerade eben, als sie den ersten Antwortbrief im Namen von Santas Praktikantin schreiben durfte.

Ich lenke unser Gespräch geschickt um. »Weißt du, Sam Spinek hatte die gleiche Idee wie du.«

»Du hast mit ihm geredet? Du hast allen Ernstes den Mumm aufgebracht, mit ihm zu reden? Francie, ich bin so stolz auf dich!« Den letzten Satz säuselt sie ganz mütterlich und mit Krokodilstränen in den Augen.

»Er hat mit *mir* geredet.« Ich berichte von unserer Begegnung im Laden und davon, wie er den Bewertungsbogen ausfüllen wollte und dann einfach herumgestanden und mir das Leben schwer gemacht hat. Sogar jetzt noch spüre ich, wie mein Gesicht bei der Erinnerung purpurrot anläuft.

»Du magst ihn«, trällert Alice in kindischem, neckendem Tonfall.

»Tu ich nicht«, gebe ich zurück. In Filmen und Fernsehserien sagt die beste Freundin auch immer so was, und dem Publikum ist klar, dass sie insgeheim recht hat, aber Alice irrt sich.

Sie steht einfach auf heimliche Liebschaften. Und singt gern. »Alles, was ich mag, ist die Vorstellung, dass ich ja vielleicht diesmal alles richtig machen könnte, wenn ich ihn noch einmal küssen würde. Und dann müsste er die Klappe halten und seinen tollkühnen Dumpfbacken-Kumpanen auch den Mund verbieten.«

»Das hört sich für mich nach einem guten Grund an«, meint Alice.

»Es ist kein guter Grund«, stelle ich klar. Und das meine ich auch so. Denn falls ich tatsächlich jemanden richtig küsse, dann soll das nicht Sam Spinek sein. Und falls ich jemanden falsch küsse, erst recht nicht.

25

28. NOVEMBER

Da wir in der letzten Woche zwei Tage schulfrei hatten, erfahren wir, dass der Stundenplan vom Freitag nun für den heutigen Montag gilt – und somit sitze ich schneller als erwartet wieder in *Mythologie heute*. Ms Colando (blaues T-Shirt mit Wonder Woman darauf, die einen Nazi vermöbelt) hat uns wieder in unsere Gruppen gesteckt. Ellie schwadroniert von *Heathers*, einem Film, der, wie sie uns informiert, 1988 gedreht wurde und eine Version jugendlicher Sozialstrukturen darstellt, die eher mit *Herr der Fliegen* als *Der Herr der Ringe* vergleichbar ist. Ich habe keine Ahnung, was sie damit meint. In meinen Augen sind beide Filme ziemlich brutal.

»Es geht nicht um die Brutalität«, erklärt sie. »Sondern darum, wie gesellschaftliche Gruppen strukturiert sind und was sie zusammenhält. Die Mythologie hinter *Der Herr der Ringe* suggeriert, dass solche Gruppen durch ein gemeinschaftliches Verständnis von Gut und Böse geeint sind – dass eine kleine Gruppe von Menschen, die für das Gute einstehen, jeden noch so großen Ansturm an blindwütigem Unheil, das die Welt aufbietet, überwinden kann.«

»Menschen und Elben«, wirft Hector ein.

Elben. Die Elfen Mittelerdes. Ein Schauder überläuft mich.

»Frierst du?«, fragt Hector. »Ich habe eine Jacke dabei.«

Eine Jacke wie gemacht für diese faszinierend perfekten, breiten Schultern. »Ähm. Nein danke.«

»Menschen. Elben. Hobbits. Und so weiter«, meint Ellie. »Tatsächlich unterstreicht das meine Aussage nur noch deutlicher. Das Wertesystem in *Heathers* beziehungsweise *Herr der Fliegen* setzt eben keine Welt mit irgendeiner glaubhaften Einigkeit zwischen verschiedenen Gesellschaftsschichten, Rassen oder Interessen voraus, die sich für das Gute verbünden. Erinnert ihr euch an Martha Dunstock?«

Ich habe *Heathers* gesehen. Martha Dunstock war mit einer der Heathers befreundet gewesen, ist allerdings fallen gelassen worden, sowie ihre Freundin populär wurde und anfing, sich wie die anderen Mädels zu kleiden.

»In *Herr der Fliegen* werden Bündnisse eher zum Selbstschutz geschlossen und sind darum auch nur so stark wie unser Eigeninteresse daran«, fährt Ellie fort.

Sie würde das problemlos noch weiter ausführen, doch Ms Colando unterbricht uns, um anzumerken, dass der Unterricht in fünf Minuten vorbei ist und wir unsere Diskussionen zum Abschluss bringen sollen.

DeKieser ist als Nächste dran. »Ich habe zuletzt zu College-Broschüren und Kram recherchiert. Mein Bruder Lincoln kriegt den Krempel stapelweise, und keine Ahnung, alle sehen total gleich aus, obwohl in jedem Prospekt steht, die Schule sei – was weiß ich – besonders und einzigartig und gehe auf das Individuum ein und alles. Und das ist doch irgendwie ein Widerspruch und was weiß ich, jedenfalls analysiere ich das irgendwie.«

Trotz all der *Irgendwies* und *Was-weiß-Ichs* klingt DeKiesers

Thema total clever und interessant, und das sage ich ihr auch.

»Danke«, erwidert sie.

Der Gong ertönt, ehe Hector und ich dazu kommen, unsere Ideen vorzustellen, was mir wenig ausmacht, da ich so eingespannt war mit der Beantwortung der Briefe an Santa, dass ich nicht einmal daran denken konnte, etwas anderes zu Papier zu bringen. Aber dann sagt Hector, dass er sich gern ein wenig über sein Thema austauschen würde, und fragt mich, ob wir dafür vielleicht gemeinsam ein bisschen Zeit finden.

Und zack: wackelige Knie, Herzrasen, Kribbeln im Nacken. »Ja«, antworte ich, weil das ein kurzes Wort ist und längere Wörter mehr Konzentration erfordern würden, als mein Gehirn im Augenblick zu leisten imstande ist.

»Du wohnst neben dem Weihnachtsladen deiner Eltern, stimmt's?«, erkundigt er sich in seiner klangvollen, dunklen Off-Kommentator-Stimme. Der Stimme des Films meiner Träume. *In einer Welt, in der Mädchen intuitiv küssen können ...*

»Ja«, sage ich wieder.

»Mein Bruder und ich helfen beim Charity-Weihnachtsbaumverkauf im Hof der Bibliothek«, erklärt er. Ich bemühe mich, dreinzuschauen, als hätte ich davon noch gar nichts mitbekommen – als hätte ich niemals am Fenster der Schneeflocke gestanden und Hector dabei zugeschaut, wie er zusammengeschnürte Weihnachtsbäume durch die Gegend wuchtet, und dabei zum ersten Mal in meinem Leben absurde Eifersucht auf eine Blaufichte verspürt. »Heute Nachmittag bin ich auch wieder dort. Wie wäre es, wenn wir uns in meiner Pause treffen?«

»Ja.« Ich muss ein paar längere Wörter dazunehmen. »Ja, das klingt gut.« Immer noch alles Einsilber, aber darunter immerhin ein Wort mit sechs zusammenhängenden Buchstaben.

»Soll ich zu dir kommen?«

»Ja. Du sollst zu mir kommen.« Himmel, wie blödsinnig. Ich muss mich konzentrieren. »Ich muss ein paar Sachen im Nordpol erledigen – das ist das Haus direkt an der Straße, gegenüber der Bibliothek. Das mit dem Discokranz. Ich meine, *wir* nennen ihn nicht Discokranz, eigentlich heißt er Silberschimmerkranz und kostet um die dreihundert Dollar, ob du's glaubst oder nicht.« Langweile ich ihn allen Ernstes mit Sortimentspreisen? Was stimmt nicht mit mir?

»Und da treffen wir uns?«

»Ja. Komm seitlich um das Gebäude herum, zum Mitarbeitereingang. Dort ist fast immer irgendjemand, der dir sagen kann, wo du mich findest.«

»Alles klar«, meint Hector. Er schiebt einen Arm in die Jacke, die ich mir sehr wohl hätte borgen sollen, und zieht sie über seine immens ansehnlichen Schultern. »Dann bis später.«

»Ja«, sage ich. »Ja.«

26

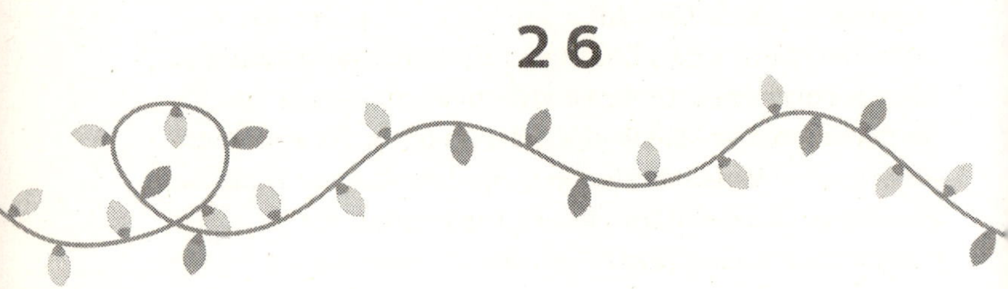

Ich habe Ja gesagt. Warum bloß habe ich Ja gesagt?

Meine Rechtfertigung vor mir selbst: Ich habe Ja gesagt, weil jeder vernünftige Mensch, der bei einem einfachen Hausaufgabenproblem um Hilfe gebeten wird, Ja sagen würde. Und zwar ohne sich den kompletten restlichen Schultag einschließlich der Busfahrt nach Hause den Kopf darüber zu zerbrechen, ob das die richtige Antwort war. Ein vernünftiger Mensch würde, während er auf den Bus der besten Freundin wartet, nicht prüfend vor einem reflektierenden Weihnachtskranz herumstehen, um sicherzustellen, dass die Wimperntusche nicht verschmiert ist für den Fall, dass der Hausaufgabenpartner unverhofft früher auftaucht. Ein vernünftiger Mensch würde beim Warten auf besagten überkonfessionellen Partybus auch nicht erbärmlich sehnsuchtsvoll zu den Charity-Weihnachtsbäumen auf dem Parkplatz der Bibliothek hinüberstarren, dann verschämt in eine andere Richtung blicken, nur um sofort doch wieder hinüberzustarren.

Ein vernünftiger Mensch macht sich über solche Dinge

keine Gedanken, weil klar ist, dass der Junge mit den markanten Schultern, der verleihbaren Jacke und der Off-Kommentator-Stimme kein Interesse an Francie-Zeit hat. Was ihn interessiert, sind seine Hausaufgaben. Eine anständige Note zu bekommen. Und irgendwann aufs College zu gehen, weit, weit weg von Mädchen, die darauf hoffen, er könnte auf wundersame Weise mitten im Gespräch über die Hausaufgaben plötzlich den Wunsch verspüren, sie zu küssen.

Außerdem will ich ja gar nicht, dass er mich küsst.

Also.

Na ja.

Ich schreibe Alice, dass ich eventuell zwischendurch kurz mit einem Klassenkameraden Hausaufgaben besprechen muss, solange sie hier ist.

Genau genommen schreibe ich, dass ich eventuell mit einem Mitschüler Haudrauf sprechen muss, aber sie versteht, was ich meine.

Mit einem Jungen?, vergewissert sie sich. **Jemand Besonderes? Hat er Lippen?**

Ich schiebe mein Handy zurück in die Manteltasche, ohne zu antworten. *Meine Finger waren von der Kälte zu steif zum Tippen,* werde ich später behaupten, und das stimmt. Nach wie vor liegt kein Schnee, aber der Winter ist da. Die Weihnachtsbaumverkäufer auf dem Hof gegenüber atmen kleine Dampfwölkchen in die Luft. Heute Nachmittag sind sie mindestens zu fünft, allesamt mit Strickmütze und Flanellhemden wie der sagenhafte Holzfäller Paul Bunyan aus diesem Buch, das Ms Colando uns gezeigt hat – *American Myths and Tall Tales*. Man sollte meinen, dass der einheitliche Aufzug es erschweren könnte, Hector unter den Freiwilligen auszumachen, aber seine Schultern sind verräterisch. Selbst aus knapp einhundert Metern Entfernung. Er und die anderen Bunyaniten entladen gerade einen Truck voller Bäume, die allesamt eng in Netze eingeschnürt sind und so an geschlossene Regenschirme erinnern. Ich kann mir vorstellen, wie himmlisch dieser Truck nach frischem Harz duften muss. Wir haben keine lebendigen Weihnachtsbäume im Angebot, darum hatte Grampa Chris auch nie etwas dagegen, dass direkt gegenüber welche für den guten Zweck verkauft werden. Tatsächlich habe ich eher den Verdacht, dass es ihm gefiel. Ihm gefiel, dass unzählige Familien auf dem Vorhof der Bibliothek ihren ganz persönlichen perfekten Weihnachtsbaum auswählten und auf ihrem Autodach festzurrten. Und ihm gefiel natürlich auch, dass die meisten dieser Familien anschließend in unseren Shop hereinschneiten, um sich mit Lichterketten und Baumschmuck einzudecken.

Ich beobachte, wie Hector ganze Bäume aus dem Truck zieht und sie ebenso schwungvoll wie mühelos am Rand des Parkplatzes zu einem ordentlichen Haufen aufschichtet. Dann hält er plötzlich inne, schaut herüber und entdeckt mich auf meinem Beobachtungsposten. Verdammt. Wieso beobachte ich ihn überhaupt?

Er hebt eine Hand und winkt. Ich winke zurück. Nach ein paar weiteren Baumwürfen haut Hector einem anderen Paul Bunyan freundschaftlich auf den Arm und deutet quer über die Fair Street zu mir. Sein Kollege nickt und Hector joggt auf die Straße zu.

Ich winke noch einmal, komme mir dann aber dumm dabei vor, einfach herumzustehen und auf ihn zu warten. Also deute ich auf den Weg, den er nehmen soll – um den Nordpol herum zum Pausenraum für die Mitarbeiter –, und schlüpfe dann so leise wie möglich durch die Vordertür. Obwohl ich heute Nachmittag freihabe und somit niemand von mir einen Arbeitseinsatz erwarten kann, wäre es mir lieber, wenn Bryan und Tante Carole nicht mitbekämen, dass ich hier bin. Dad hat mir gestern Abend verraten, dass meine Produktivität unter kritischer Beobachtung steht. Carole denkt, ich unterhalte mich während des Briefeschreibens womöglich zu viel und komme daher zu langsam voran. Sie hält mich für nicht effizient genug. Dad sagt, er habe ihr versichert, dass ich mein Bestes gebe.

Ehe ich angefangen habe, die Santa-Briefe zu schreiben, hätte diese Phrase mich vielleicht aufgemuntert – doch nun, da ich über einhundert Mal denselben Satz in verschiedenen Abwandlungen zu Papier gebracht und ihn dabei als die beruhigende, aber völlig nichtssagende Plattitüde entlarvt habe, die er ist, fühlt er sich nicht mehr so schmeichelhaft an.

»Ich gebe *wirklich* mein Bestes«, habe ich Dad dennoch beteuert. »Nur ein paar Dutzend Briefe noch, dann bin ich fertig.« Ich erzähle ihm allerdings nicht, dass Alice mir am Sonntag geholfen hat. Nur für den Fall, dass mein zügiges Vorankommen ihn derart beeindruckt, dass er sich dazu angehalten fühlt, Tante Carole darauf aufmerksam zu machen und einen oder zwei Säulenpunkte für mich einzufordern.

Der Pausenraum ist leer. Ich tigere auf und ab. Nehme eine Tasse vom Abtropfgitter neben der Spüle. *Elfen sind auch nur Menschen* steht darauf. Kurz erwäge ich, die Tasse in den Müll zu werfen, stelle sie aber stattdessen in den Schrank. »Möchtest du ein Plätzchen?«, frage ich laut. Das klingt in Ordnung. Normal. Ich greife nach einem Teller, um ein paar Plätzchen daraufzulegen. Stelle den Teller zurück. Und dann geht die Tür auf. Aus den Parkplatz-Lautsprechern tönt Bing Crosby, der im Duett mit dieser Frau, deren Namen niemand kennt, »White Christmas« schmettert. Und plötzlich steht Hector im Pausenraum.

»Hübsches Hemd«, sage ich zu ihm. Auch das habe ich geübt.

»Mein Bruder hat sie für die ganze Mannschaft besorgt. Er nennt uns LumberJuans.«

»Genial.«

»Genial wäre, wenn er das nicht von *Lumberjanes* abgekupfert hätte. Kennst du die Comicreihe?«

Tue ich nicht.

»Oh«, stutzt Hector. »Die ist gut. Du solltest sie lesen.«

Er zieht seine Mütze zurecht.

Ich streiche meine Haare zurück.

Er zupft noch einmal an der Mütze.

»Möchtest du ein Plätzchen?«, frage ich. »Selbst gebacken, von meiner Gram.«

»Klar«, meint Hector. »Danke.«

Ich köpfe den Schneemann, nehme ein paar Plätzchen heraus und lege sie auf den »Für den Dicken im roten Mantel«-Teller.

»Der Dicke bin also ich?«, fragt Hector.

Hätte Sam Spinek das gesagt, wäre mir die Zweideutigkeit sofort entgegengesprungen, aber Hector kommt mir nicht versaut vor. Obwohl ihm gerade aufzugehen scheint, dass ich seine Frage eventuell so verstanden haben könnte. Ein dunkles Rot kriecht in seine Wangen, was hervorragend zu dem Scharlachrot seines Karohemds passt.

»Hier arbeitest du also?«, schiebt er schnell hinterher.

»Meistens bin ich im Shop.« Ich weise mit einem Plätzchen in der Hand über den Parkplatz. »Außer wenn Santa School ist oder Bürokram anfällt.«

»Santa School?«, wiederholt Hector. »Es gibt eine Schule für Weihnachtsmänner? Was lernt man da? Weihnachts-Mathe? Weihnachts-Geografie?«

»Beides, um genau zu sein«, erkläre ich ihm. Und das stimmt. »Manche Santas machen das Ganze nur ehrenamtlich und opfern dafür ihre Freizeit, aber die meisten sind Geschäftsmänner mit kleinem Gewerbe. Oder Geschäftsfrauen – wir bilden auch Miss Santas aus.« Die Elfen erwähne ich nicht. »Sie nehmen Gage, zahlen Steuern und schließen Versicherungen ab. Weihnachts-Mathe ist also kein Witz.«

»Und Geografie?«, hakt Hector nach.

»Okay, mal angenommen, du bist ein Knirps aus … sagen wir: Ecuador. Und zu Besuch in Indiana. Und du gehst in die Mall und setzt dich auf den Schoß des Weihnachtsmanns und erzählst ihm, dass du aus Ecuador stammst, okay? Der Weihnachtsmann weiß alles. ALLES. Also weiß er auch, wo Ecuador liegt, und er weiß, welches Klima dort herrscht, und er stellt keine dummen Fragen wie ›Ist das in Ohio?‹ oder ›Soll ich dir zu Weihnachten einen Schlitten bringen?‹.«

»Und das alles lernen die Santas von dir?«

»Von meinem Dad. Und vor seiner Zeit haben sie es von meinem Grampa Chris gelernt. Er war der ultimative Weihnachtsmann. Er hat Weihnachten geliebt. Und nichts hat ihn mehr angewidert als Stümper-Santas. Wenn er solche Typen gesehen hat – wie sie in Hotellobbys oder auf Kinderfeiern mit ihren verwaschenen Anzügen und billigen Gummizug-Bärten eine alberne Show abziehen, mit Moms flirten oder Kinder mit falschem Namen ansprechen –, das hat ihn rasend gemacht. Er hatte schon von anderen Ausbildungsstätten für Weihnachtsmänner gehört, doch keine davon war in der Nähe, und ihm war klar, dass die meisten Kerle aus der Gegend kaum genügend Geld für die Ausbildung in einem anderen Bundesstaat lockermachen könnten, also hat er hier eine Schule gegründet.«

Das bringt Hector zum Lächeln. Er lächelt mich an.

»Findest du das witzig?«, frage ich.

»Nein«, entgegnet er. »Überhaupt nicht. Ich würde diesen Schulalltag nur zu gern mal miterleben.«

»Tja, ich kann dir zeigen, wo der Unterricht stattfindet.« Ich mache einen Schritt in Richtung Schneeflocke, halte dann aber inne. In der Schneeflocke wird es still sein. Dunkel. Wir wären ganz allein dort, ohne jedes Risiko, dass irgendwelche Angestellten auf Plätzchensuche hereinplatzen. Und mit einem Mal komme ich mir vor wie halb nackt. Als hätte ich bloß meinen Bikini an.

»Ähm«, sage ich, »ganz vergessen: Da liegt im Moment jede Menge Zeug herum.«

»Oh«, macht Hector. »Okay ... Darf ich mir dann vielleicht anschauen, wo ihr all die geschmückten Weihnachtsbäume aufgebaut habt? Einer unserer Kunden drüben auf dem Hof hat erzählt, dort sei es wunderschön.«

Im Baumschuppen? Noch schlimmer. Hector liest mir den Gedanken offenbar vom Gesicht ab, denn er zieht seine Bitte prompt zurück. »Vergiss es«, sagt er, »ich meine, ich verstehe das. Du hast gerade Pause. Kein Ding.«

Es fühlt sich an wie ein großes Ding. Wie ein verdammt großes Ding. Und ganz so, als ob ich Hector gerade einen metaphorischen Korb vor die Füße geknallt hätte. »Ich, ähm. Ich könnte dir etwas anderes zeigen. Ich könnte – oh, ich könnte dir die Briefe zeigen!«

Ich drücke ihm ein weiteres Plätzchen in die Hand und flitze los in die Schneeflocke. Als ich zurückkomme, stelle ich den Karton mit den noch unbeantworteten Briefen auf dem Tisch im Pausenraum ab. »Ich weiß nicht, ob du dir dessen bewusst bist«, fange ich an, »aber die Kinder von Hollydale kennen mich als Santas Praktikantin.«

»Dein Ernst?«, fragt Hector.

»Ich war im Fernsehen, was beweist, dass es stimmt. Bei *An Evening with Santa*. Bloß war Santa an diesem Abend unpässlich, deshalb bin ich eingesprungen. Und inzwischen habe ich eine große Fangemeinde.«

»Wie man sieht.« Hector pflückt einen Umschlag aus dem Karton und wirft einen Blick auf die Adresse. »›Santas Prachtfink‹«, liest er vor.

»Der traurige Status quo unseres modernen Bildungssystems«, kontere ich. »Die Sechsjährigen von heute wissen noch nichts von der kapitalistischen Erfindung unbezahlter Arbeit unter dem Deckmantel des ›Sammelns wertvoller Erfahrungen‹. Sie wissen noch nicht, was eine *Praktikantin* ist, also schreiben sie auf, was auch immer sie gehört zu haben glauben.«

»Allem Anschein nach in einer Buchstabenfolge, wie sie ihnen gerade einfällt.« Hector zieht noch ein paar weitere Briefe aus dem Wust. »›Santas Parkirantin‹ ... ›Santas Prancktin‹. Hier haben wir drei korrekte ... Oh, na, das ist doch mal –« Er gibt sich alle Mühe, sein Lachen zu unterdrücken, aber ich sehe es, er lacht. Er schiebt mir den Umschlag entgegen.

Santas Kacktikantin.

Ich kann nicht anders. Ich muss ebenfalls lachen. »Dieses Kind bekommt kein Pony zu Weihnachten. Keine Chance«, verkünde ich.

»Kriegst du viele Ponywünsche?«

»Nicht wirklich. Bisher nur einen. Hauptsächlich wünschen die Kids sich Elektronik. Hin und wieder Actionfiguren. Videospiele sind ein Dauerbrenner.«

»Welpen. Die besten Kids wollen Welpen.« Alice lässt ihre Schultasche auf den Tisch fallen und dreht Hector dann den Rücken zu, um mir per Augenbrauen-Code *Nur-zwischen-uns-beiden-heiliger-Dudelsack-ist-der-Kerl-heiß* zu signalisieren.

»Ich habe dich gar nicht reinkommen gehört«, sage ich.

»Mein Ninja-Training zahlt sich offenbar aus. Außerdem wurde hier drin ja laut und ausgiebig gelacht. Ich bin Alice«, stellt sie sich jetzt Hector vor. »Die Praktikantin von Santas Praktikantin ... Sekunde mal.« Ihre Augen landen auf dem Brief vor mir, und ein völlig verzückter Ausdruck huscht über ihr Gesicht. »Steht da wirklich und wahrhaftig *Kacktikantin*?«

Ich nicke.

»Meiner!«, schreit sie und schnappt ihn sich vom Tisch.

»Hey! Du weißt ja nicht mal, ob sich darin ein Welpenwunsch verbirgt.«

»Mir egal. *Kacktikantin* gehört mir. Oh Junge.« Sie dreht den Umschlag um, sodass der Absender sichtbar wird. »Oh Jordan Swan aus der Sparrow Ridge Road, Hausnummer 1224, du hast mir den Tag versüßt.« Sie plumpst auf einen Stuhl und tätschelt beglückt den Brief. »Bist du auch hier, um zu helfen?«, erkundigt sie sich bei Hector. »Sei nicht traurig, dass dir die Kacktikantin durch die Lappen gegangen ist. Ich wette, da drin stecken noch jede Menge Brüller. Praktikerin war Francie auch schon mal.«

»Du hast Medizin studiert?«, fragt Hector.

»Fernstudium«, gebe ich todernst zurück. »Mittlerweile habe ich mich aber der Elfenforschung verschrieben. Die Kleine hat das durcheinandergeworfen.«

Alice grinst und wendet sich erneut an Hector. »Setz dich, ähm – wie heißt du noch mal? Sam, stimmt's?«

Hectors Lächeln verrutscht, nur für eine Sekunde. »Hector. Und ich kann nicht bleiben. Tut mir leid, Francie. Vielleicht schaffe ich es ein andermal, mit den Briefen zu helfen, aber mein Bruder wartet drüben im Hof auf mich.« Er stellt seinen Plätzchenteller an der Spüle ab.

»Wir haben noch gar nicht über die Hausaufgaben gesprochen«, sage ich.

»Schon in Ordnung. Mir fällt bestimmt irgendetwas ein. Danke für die Plätzchen.«

Ich nicke, und weg ist er.

Alice wartet, bis die Tür zum Pausenraum ins Schloss fällt. »Hector«, sagt sie dann.

»Hector«, wiederhole ich.

»Nicht Sam.«

»Nicht Sam.«

Sie versucht sich an einer wortlosen Augenbrauen-Entschuldigung.

»So weit bist du noch nicht«, lasse ich sie wissen.

»Tut mir leid.« Ich bin mir nicht sicher, ob sie damit die Verwechslung meint oder ihre schwache Augenbrauendarbietung, aber im Grunde spielt es keine Rolle. Schließlich hat Hector kein noch so kleines Anzeichen dafür gezeigt, dass er mich mögen könnte. Und selbst wenn? Was dann?

»Du hast doch gar nichts gemacht«, erwidere ich. »Völlig egal. Es ist … Hast du Lust, ein paar Briefe zu schreiben? Vielleicht werden wir heute sogar fertig.«

Wir schleppen den Karton mit der Kinderpost zurück in die Schneeflocke.

»›Lieber Jordan‹«, liest Alice vor, während sie schreibt.

Ich suche mir einen Umschlag aus und folge ihrem Beispiel. »›Lieber Otis.‹«

27

Tante Caroles Antwort auf die Discokranz-Beschwerden ist in der dieswöchigen Ausgabe der *Hollydale Daily* zu lesen. Darin finden sich Äußerungen wie *ungebildet, verhaftet in der Vergangenheit* und *könnte guten Geschmack nicht mal erkennen, wenn er frontal in ihren Dodge Durango prallen würde*. Außerdem fallen Verweise auf die Art stilvoller Kränze, wie man sie in schicken europäischen Metropolen wie Paris und Amsterdam findet und in … Frankfurter. Dieser letzte Name war es, weswegen der Redakteur Tante Carole angerufen hatte, doch ehe er den Fehler erklären konnte, hatte sie ihm schon gedroht, sämtliche Werbeanzeigen des Holiday Shop abzuziehen. Also: Frankfurter.

»Frankfurter«, murmelt Dad beim Abendessen. Mom hat noch im Laden zu tun, und Dad ist heimgekommen, um mit Gram, den Zwillingen und mir zu essen. Gram hat die Zeitung noch nicht gelesen.

»Nein, Nürnberger, Liebling«, erklärt sie ihm. »Ich hätte wohl Sauerkraut als Beilage machen sollen, aber Don und Dash haben sich Käse-Makkaroni gewünscht.«

»Es schmeckt köstlich. Danke, Mom.«

Gram wischt den Dank mit einer wegwerfenden Handbewegung beiseite. »Wäre ich nicht nachmittags hier bei den Jungs und würde für euch Abendessen kochen, würde ich ja bloß allein in meiner Wohnung herumtapern«, meint sie.

»Wir mögen es, wenn du hier herumtaperst«, sagt Dash. Ein so liebevoller Kommentar von meinem Bruder ist selten. Er weiß, dass Gram Brownies zum Nachtisch gebacken hat.

»Wie läuft's in der Schule, Francie?«, fragt Gram.

»Alles gut«, antworte ich schnell.

»Ihr strecken ständig irgendwelche Jungs die Zunge raus«, sagt Don.

Ich verschlucke mich an meinen Käse-Makkaroni.

»Ach, so ein Unsinn«, sagt Gram. »Francie ist in der Highschool, Donner. Highschool-Jungen tun so etwas nicht.«

»Wo hast du das gehört?«, will ich von Don wissen.

»Beim Hockey«, meint Dash. »Gordie Hobbes hat es uns erzählt.«

Meine Brüder spielen in der Kinderliga. Klar, dass auch in dieser Altersgruppe schon die ersten Honks heranreifen.

»Tja, da täuscht sich Gordie Hobbes«, schaltet sich Gram wieder ein. »Nicht wahr, Nick?«

Sein Name lässt meinen Dad hochschrecken. »Was? Tut mir leid, Mom. Ich war in Gedanken gerade beim Bau–«

Es scheint, als wolle er »Baumschuppen« sagen, doch dann streift sein Blick mich und er sagt stattdessen »Bauamt«. »Beim Bauamt, mit dem ich noch telefonieren muss. Wegen der Wirtschaftsförderung. Du weißt schon, die finanzielle Unterstützung, die wir für Investitionen bekommen.«

Das klingt plausibel. Allerdings habe ich in den fünfzehn Jahren, die ich schon in unmittelbarer Umgebung unseres Shops verbringe, noch nie davon gehört, dass wir finanzielle

Fördermittel erhalten. Gram offenbar genauso wenig, doch sie spielt mit. »Das Bauamt«, sagt sie. »Tja, ich weiß ja, dass du alle Hände voll zu tun hast. Trotzdem wünschte ich, du würdest öfter mal eine Pause machen. Du wirkst erschöpft.«

Dad wirkt tatsächlich erschöpft. Richtig ausgelaugt. Aber ich ahne, dass ihm nun ebenso viel an einem Themenwechsel liegt wie mir, als Don von den Zungen angefangen hat. Bei erster Gelegenheit entschuldigt er sich vom Tisch und eilt zurück in den Shop. Ich kümmere mich um den Abwasch, nehme mir dann ein Beispiel an meinem Dad und verziehe mich in mein Zimmer. »Ich habe Hausaufgaben«, erkläre ich Gram, »aber ich lasse die Tür offen, damit ich Don und Dash höre. Du kannst nach Hause gehen, wenn du möchtest.«

»Jep«, pflichtet Dash mir bei. »Du kannst heimgehen. Wir sind ganz brav, Francie zuliebe.« Die Jungs nehmen Gram in die Mitte und schließen sie von beiden Seiten in eine Zwillingsumarmung.

»So rücksichtsvolle Kinder«, seufzt sie und tätschelt ihnen den Rücken. Das sagt sich leicht, wenn man nicht die Gesichter der beiden Quälgeister sieht. Sie nehmen mich ins Visier, verdrehen dabei die Augen und strecken die Zungen bis zum Anschlag heraus.

28

30. NOVEMBER

Auf dem Tisch im Pausenraum liegt die neueste Ausgabe der *Hollydale Daily*. Irgendjemand hat das Editorial aufgeblättert, wo heute abermals eine gepfefferte Beschwerde über den Discokranz prangt. Mir springen die Wörter *neumodisch* und *protzig* entgegen und der Vorwurf von *Eitelkeit zulasten der öffentlichen Sicherheit*. Direkt unter dem Artikel zeigt der Cartoon des Tages einen Weihnachtskranz, der gänzlich aus glitzernden silbernen Hotdogs besteht. »Frankfurter Weihnacht« steht darunter.

Ich kann Alice' Reaktion kaum erwarten.

Ehe sie eintrifft, kontrolliere ich mein Postfach und entdecke eine Notiz. Bryans strenge Druckbuchstaben informieren mich darüber, dass unser Lokalsender am Montag eine Wiederholung von *An Evening with Santa* ausgestrahlt hat. Da die Schulbehörde keine beschlussfähige Anzahl an Mitgliedern zusammentrommeln konnte, musste die üblicherweise live übertragene Sitzung abgesagt werden.

Das Ergebnis: In der Schneeflocke warten Unmengen neuer Briefe auf mich.

Außerdem haben einige Regionalzeitungen die Story der *Hollydale Daily* (über Santas Praktikantin, nicht über den Discokranz) aufgegriffen. In den Berichterstattungen der Onlineausgaben ist mehrfach ein Clip aus der Sendung verlinkt, in dem ich der schluchzenden Jessilyn erkläre, dass sie mir schreiben soll und ich ihren Brief an den Weihnachtsmann weiterleite. Und diese Aussage beschert mir nun drei weitere Kartons voller Kinderpost in der Schneeflocke.

Unwillkürlich muss ich an Sisyphus denken, den Zeus dazu verdammt hat, auf ewig einen riesigen Felsbrocken einen Berg hinaufzuwälzen, nur um ihn am Ende des Tages wieder hinunterrollen zu sehen. Ms Colando hat Sisyphus als Gaunerkönig von Korinth bezeichnet und erzählt, dass er Zeus tatsächlich zweimal ausgetrickst hatte, beim dritten Versuch allerdings vom Göttervater erwischt wurde. Ich stelle mir ernsthaft die Frage, ob Zeus sich zwischen dem zweiten und dritten Versuch womöglich einen Praktikanten zugelegt hatte.

Zweiundzwanzig Tage. Nur noch zweiundzwanzig vorbildliche Tage, dann bekomme ich meine Lohnerhöhung. *MX-5*, rufe ich mir ins Gedächtnis. Sonnenscheingelbe Freiheit. Mit offenem Verdeck einfach zu fahren, wohin es uns gefällt, während Alice und ich so laut singen können, wie wir wollen.

Liebe Veeda,
Santa findet schwarze Haare genauso hübsch wie blonde, vielleicht sogar noch ein bisschen hübscher (aber nicht verraten).

Lieber Wyatt,
Santa liebt Fußball, aber er findet, du solltest nur spielen, wenn es dir Freude macht.

Liebe Alyssa,
Santa bedankt sich für deinen Vorschlag zu den Pfefferminzbonbons. Es tut ihm leid, dass der Aushilfsweihnachtsmann, den du in der Mall getroffen hast, Zwiebeln zu Mittag gegessen hatte.

Die Tür zur Schneeflocke geht auf und Alice streckt den Kopf herein. »Guck mal, was ich gefunden habe.« Sie bugsiert ein Tablett durch die Tür. Darauf balanciert sie einen Stapel Plätzchen und drei Kaffeetassen.

»Du bist mein Lieblingsplätzchenengel!«, sage ich und will gerade fragen, ob die dritte Tasse daher rührt, dass ihre telepathische Intuition ihr eingegeben hat, wie müde ich bin, als ein LumberJuan mit sehr ansehnlichen Schultern ihr ins Zimmer folgt.

»Er ist auf dem Parkplatz umhergetigert.«

»Ich bin nicht umhergetigert.« Röte schießt Hector in die Wangen. »Ich habe eine Fitbit.« Zum Beweis schiebt er seinen Ärmel ein Stück nach oben. »Meine Cousine ist Personal Trainerin. Sie vergleicht die Anzahl meiner Schritte an Hockeytagen mit der Zahl an Tagen ohne Hockey. Für eine Studie. Sie ... Ich ...« Er lässt den Ärmel wieder nach unten rutschen. »Ich bin nicht getigert«, sagt er noch einmal.

Alice stellt das Tablett auf der langen Werkbank ab. Auf ihrem Gesicht liegt ein siegessicheres Grinsen, das mich an Grams Kater Bumble erinnert, wenn er ihr eine besonders brutal erlegte, bluttriefende Maus präsentiert. »Nimm dir ein Plätzchen und such dir einen Stift aus«, weist sie Hector an.

Ich schicke einen Was-soll-das-werden-Blick in Alice' Richtung, den sie offenbar missversteht als Bitte-misch-dich-ein-und-mach-die-ganze-Sache-so-unangenehm-wie-möglich-

Blick. Sie dirigiert Hector auf den Platz neben mir. »Setz dich hierhin, zu Francie. Sie erklärt dir, was du tun musst.«

Hector setzt sich. Alice grinst noch breiter.

»Näher«, kommandiert sie. »Damit Francie dir beim Schreiben über die Schulter schauen kann.« Sie wackelt lasziv mit den Augenbrauen. *Verflucht seist du, Miss Fisher!*

»Du musst nicht mithelfen«, sage ich. Ich würde Alice ja einen Hör-auf-mit-dem-Unsinn-Blick zuwerfen, aber dann bucht sie uns wahrscheinlich eine Hochzeitsplanerin.

»Soll das ein Witz sein? Siehst du dieses Meer an Briefen?« Alice' Stimme nimmt den warmen Klang der Dame in den Werbeclips der Caritas an. »Wir brauchen deine Hilfe.«

Hector beäugt die Kartons.

»Denk an die Kinder«, legt Alice nach.

Offenbar tut Hector genau das, denn er fischt sein Handy hervor und tippt eine schnelle Nachricht, garantiert ohne Rechtschreibfehler. »Okay. Mein Bruder braucht mich erst um fünf wieder auf dem Hof. Was soll ich machen?«

Alice drückt Hector einen Brief in die Hand und zieht sich dann auf ihre eigene Tischseite zurück.

Hector liest den Brief aufmerksam. Ich lese über seine bemerkenswerte Schulter hinweg mit. Sehr angenehm, so zu lesen.

»Also«, verkündet Hector. »Alex wünscht sich eine Puppe, genauer gesagt eine der Fairy Ninja Twins, und sie – oder vielleicht er? – liebt die Pacers.«

»Beeindruckend«, kommentiert Alice.

Das ist es. Hector hat sofort begriffen, dass Alex ebenso gut ein Mädchen- wie ein Jungenname sein kann. Außerdem ist er Meister im Dechiffrieren. Alex' Brief zeugt von der kreativsten Rechtschreibung, die mir je untergekommen ist, aber Hector ist über kein einziges Wort gestolpert und wusste sofort, dass mit P-A-S-U-R-E-S das Profi-Basketballteam aus Indiana gemeint ist.

»Sehr beeindruckend«, stimme ich Alice zu.

»Und jetzt?«, fragt Hector.

»Erwähne die Pacers in deiner Antwort – und auch die Puppe, nur für den Fall, dass Alex' Eltern den Brief vor dem Abschicken gar nicht gelesen haben. Versprich aber nicht, dass Santa die Puppe besorgen wird oder dass er versucht, sie zu besorgen oder so.«

»Nicht?«, stutzt Hector.

»›Santa wird sein Bestes geben, um dir ein ganz besonderes Weihnachtsfest zu bescheren‹«, formuliere ich für ihn.

»Alles klar«, erwidert er. »Kapiert.«

Ich sehe ihm beim Schreiben zu. Dabei halte ich die Hände links und rechts an meinen Körper gepresst und versuche, mich nicht von seinen Schultern ablenken zu lassen. Hector hat ja zum Beispiel auch noch einen Nacken. Und direkt an seinem Haaransatz, knapp unter dem rechten Ohr, erkenne ich sechs winzige Sommersprossen, nur minimal dunkler als sein Teint. Würde man sie verbinden, sähen sie dem Großen Wagen ähnlich, denke ich. Oder dem Kleinen Wagen. Irgendeinem sehr liebreizenden, himmlischen Wagen.

»Sind da Krümel? Habe ich –« Hector wischt die imaginären Plätzchenkrümel weg, die ich in seiner Vorstellung angestarrt habe.

»Alles gut«, schrecke ich aus meiner Verzauberung auf.

Alice schnaubt.

Eine Weile schreiben wir einträchtig unsere Antwortbriefe, und die Stille wird nur unterbrochen, wenn Hector Rat braucht oder Alice Plätzchennachschub oder wenn jemand einen Brief mit einem ungewöhnlichen Wunsch in die Finger bekommt.

»Hier, der Kleine hier will ein Restaurant eröffnen und braucht einen Holzbackofen für seine Pizza«, verkündet Alice.

»Ehrgeizig«, urteilt Hector.

»Wir haben jede Menge geschäftstüchtige Bittsteller«, informiere ich ihn. »Vor ein paar Tagen hat uns eine angehende Zoowärterin um einen Babyelefanten gebeten – und nach Möglichkeit auch so viele Rentiere, wie Santa entbehren kann.«

Hector blättert seine Post durch. »Ich habe hier auch etwas ... Ah, da: ›Lieber Santa, ich war sehr brav. Ich mag Sport. Sachunterricht mag ich nicht. Zu Weihnachten wünsche ich mir nie wieder Sachunterricht.‹«

»Armer Kleiner. Santa ist mächtig, aber gegen staatliche Lehrpläne kommt nicht einmal er an«, seufzt Alice.

Ich schlitze einen neuen Brief auf und überfliege ihn. »Ha!«, rufe ich. »Die Kleine hier wünscht sich, dass ihre Mom mehr Geld verdient.«

»Das wünsche ich mir auch, Praktikantin«, meint Alice. »Kümmere dich mal darum.«

Ich lese weiter und lasse die anderen teilhaben. »›Ich hätte gern ein Buch zu Weihnachten. Es heißt *Wilbur und Charlotte*. Das habe ich nämlich bei Elf Shelly mitgenommen, aber das Ende hat gefehlt.‹« Elf Shelly. Ich stelle mir einen glöckchenbehängten Angeber vor, der Rad schlagend über den Parkplatz der Mall wirbelt und verängstigte Kinder mit kaputten Büchern bewirft. »Elfen«, grummele ich.

Alice lacht.

Hector nimmt mir den Brief aus der Hand und liest selbst. »Nicht Elf Shelly. Elf Shelf. Das ist eine mobile Suppenküche, die Essensspenden an Bedürftige verteilt. Letztes Jahr zu Weihnachten gab es eine in Gary. Vermutlich hat

Hollydale auch etwas in der Art.« Er zitiert den kompletten Brief.

Liebe Praktikantin von Santa,
ich habe dich bei meiner Tante zu Hause im Fernsehen gesehen. Du hast gesagt, du kannst dem Weihnachtsmann etwas ausrichten. Bitte sag ihm, dass meine Mom sich einen Job wünscht, mit dem sie mehr Geld verdient. Und falls er es einrichten kann: Ich hätte gern ein Buch zu Weihnachten. Es heißt Wilbur und Charlotte. *Das habe ich nämlich bei Elf Shelf mitgenommen, aber das Ende hat gefehlt. Falls es mit dem Buch nicht klappt, könnte Santa mir dann vielleicht wenigstens sagen, was am Ende passiert? Er könnte mir eine Nachricht in den Strumpf stecken. Ich bin an Weihnachten wahrscheinlich bei meiner Tante.*
Deine Freundin Olivia

»Oha«, murmelt Alice nach einer Minute. »So ist es gar nicht mehr witzig.«

Hector wendet sich an mich. »Schickt Santas Praktikantin in Ausnahmefällen vielleicht auch einfach ein Geschenk? Könnten wir diesem Mädchen ein Exemplar des Buchs zukommen lassen?«

Ich will ihm gerade erklären, dass wir dazu zuerst Kontakt mit Olivias Mutter aufnehmen müssten, doch Hector streckt sich bereits nach dem Umschlag. »Kein Absender«, stellt er fest.

Bei Briefen ohne Absender bin ich meistens erleichtert: eine Antwort weniger zu schreiben.

Aber diesmal nicht.

»Gib mal her«, verlangt Alice.

Hector schiebt Olivias Brief über den Tisch. Alice sieht ihn durch und ein triumphierendes Lächeln breitet sich auf ihrem Gesicht aus.

»Das ist es!«, verkündet sie.

»Du hast eine Adresse entdeckt?«

Alice wedelt aufgeregt den Brief durch die Luft. »Das ist meine Story. Die, mit der ich es in die *Daily* schaffe. Ich werde Olivia ausfindig machen – und du, Santas Praktikantin, wirst ihr zu Weihnachten das Buch schenken, das sie sich wünscht«, erklärt sie. »Titelstory. Mit Foto und allem Drum und Dran.« Wenig später hat Alice jemanden von der Essensausgabe in Hollydale an der Strippe, der die Elf-Shelf-Außenstellen betreibt. Alice feuert jede Menge Fragen ab und gibt ebenso oft ein *Mhmm* oder *Wie wahr* oder *Okay* von sich. Schließlich beendet sie das Gespräch mit einem »Bis dann« und tippt einen Haufen Notizen in ihr Handy.

»Hast du sie gefunden?«, frage ich.

Alice schüttelt den Kopf und tippt weiter. »Die Dame, mit der ich gesprochen habe, kennt keine Olivia, sagt aber, dass in der Suppenküche haufenweise Freiwillige arbeiten und ich gern morgen nach der Schule vorbeischauen und mich mit den Leuten unterhalten kann.«

»Das klingt gut.« Hector zieht einen Zehner aus seinem Geldbeutel und reicht ihn Alice. »Meinst du, du hast vorher Gelegenheit, das Buch zu besorgen? Nur für den Fall, dass jemand die Kleine kennt? Dann könntest du denjenigen bitten, es an sie weiterzuleiten.«

»Sekunde mal«, hake ich ein. Ich habe unzählige Unterrichtsstunden in der Santa School miterlebt. Und von den Santas dutzendfach Geschichten über Charity-Events gehört, bei denen jedes Kind etwas von seinem Wunschzettel bekommt – aber das hier fühlt sich anders an. Ich meine, wir sind ja nicht der Rotary Club oder die Nachbarschaftshilfe.

Sondern bloß drei Teenager in einem weihnachtlich geschmückten Besprechungszimmer.

»Was?«, fragt Hector. »Stimmt etwas nicht?« Er schaut mich an. Ich kann den Großen Wagen nicht sehen, aber ich weiß, dass er da ist. Alles stimmt. Wie könnte etwas nicht stimmen? »Francie?«

»Ähm, das fühlt sich falsch an – dass du dafür bezahlst. Die Praktikantin bin schließlich ich.« Ich finde einen Fünfer und vier Einer ganz am Boden meines Rucksacks. Meinen kompletten zweiwöchentlichen Lohn habe ich auf mein Konto eingezahlt, und ich hebe derzeit nur das Allernötigste ab, somit ist das alles an Bargeld, was ich aufbieten kann. Alice nimmt es.

»Ihr könnt beide zahlen«, sagt sie. »Das Mädel verdient eine gebundene Ausgabe.«

In diesem Moment vibriert ihr Handy. »Dad«, meint sie. »Er ist unterwegs, um mich abzuholen. Hey, hast du nicht gesagt, dass du um fünf wieder drüben bei den Bäumen sein sollst?« Sie dreht Hector das Display entgegen. Es zeigt 4:52 Uhr.

Hector springt auf. »Ich muss los«, sagt er. »Danke, dass ich Praktikant der Praktikantin sein durfte.« Und schon ist er durch die Tür verschwunden.

Alice bleibt kaum Zeit, noch einmal anzüglich mit den Augenbrauen zu wackeln, da kommt er bereits zurück. »Ich bin wirklich nicht umhergetigert«, versichert er mir.

»Fitbit«, nicke ich.

»Aber ich hatte mir überlegt – ich wollte fragen – Gehst du … geht ihr zwei, meine ich, alle beide, geht ihr manchmal donnerstags ins Torino?«

Das Torino ist ein Club am Ortsrand von Hollydale, der immer donnerstags alkoholfreie Abende für Jugendliche veranstaltet. Ein DJ legt auf und hin und wieder stehen Highschoolbands oder junge Comedians oder Künstler auf der Bühne, aber nach allem, was ich gehört habe, wird in erster Linie getanzt und herumgeknutscht – und genau deshalb war ich noch nie da. Nicht wegen des Tanzens. Tanzen mag ich. Mich verschreckt eher der andere Part.

»Nein«, antworte ich genau im selben Moment, in dem Alice fragt: »Wieso?«

»Ich hatte überlegt, diesen Donnerstag hinzugehen, und mich nur gefragt, ob ihr – also, ob ihr beiden – wohl auch dort seid.«

Ich sage nichts. Der Junge hat Sternbilder auf der Haut. Ob wir auch dort sind? Natürlich, wieso sollten wir nicht dort sein?

»Francie muss donnerstags immer arbeiten«, sagt Alice.

Ach ja. Deshalb nicht.

»Ich kann um einen freien Donnerstag bitten.« Ich gebe mir alle Mühe, nicht übereifrig zu wirken, und klinge dadurch beinahe so roboterhaft wie Bryan, was natürlich auch nicht meine Absicht war. »Eher nicht mehr in dieser Lohnperiode, aber vielleicht in der nächsten?« Ich zähle die Tage an meinen Fingern ab. »Also am fünfzehnten? Danach könnte ich fragen.«

Hector schaut zu Boden. »Gut. Okay. Ich wollte es bloß wissen. Ich hatte überlegt.«

Alice reckt ihm noch einmal vielsagend ihr Handydisplay hin, und weg ist er.

»Er mag dich«, trällert Alice. »Er hat dich gerade um ein Date gebeten.«

»Hat er nicht«, stelle ich klar. »Er hat uns beide um ein Date gebeten. Oder noch nicht mal das. Er hat einfach gefragt, ob wir in diesen Club gehen. Ins Torino.«

Alice zieht eine Augenbraue hoch wie die besten Freundinnen in Filmen, die solche Dinge eben wissen. Und diesmal wünsche ich mir, dass sie recht hat.

29

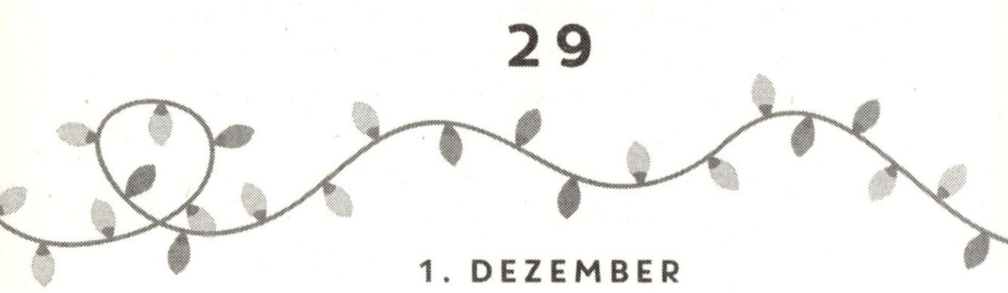

1. DEZEMBER

Kaum haben wir uns im Mythologie-heute-Kurs wieder in unseren Arbeitsgruppen zusammengefunden, beugt Hector sich zu mir. Er duftet nach Kiefern. Ich weiß, das ist so ein Buchklischee: Jungs, die nach Wald duften. Aber in Hectors Fall trifft es zu, vermutlich dank der Weihnachtsbäume, die er über den Parkplatz geschleppt hat. *In einer Welt, in der der Nachthimmel hinter dem Ohr eines nach Kiefern duftenden Jungen ruht …*

»Hat Alice es geschafft, der Kleinen das Buch zukommen zu lassen?«, fragt er.

Buch? Ach ja, das Buch. »Jep«, antworte ich. »Ähm, ich meine, nein. Sie hat ein Exemplar des Buchs gekauft, aber keiner der Freiwilligen bei Elf Shelf kennt ein Mädchen namens Olivia, also hat Alice es in die kleine kostenlose Leihbibliothek dort gestellt.«

»Oh.« Hector lehnt sich wieder zurück.

»Willst du deine zehn Dollar wiederhaben?«, frage ich. Nicht, dass ich gerade so viel Bares dabeihätte.

»Schon in Ordnung«, sagt er. »Alice hat das richtig gemacht. Vielleicht entdeckt Olivia es ja dort.«

»Vielleicht«, stimme ich ihm zu. Aber dann verrate ich ihm, was Alice außerdem in Erfahrung gebracht hat: nämlich dass es im Umkreis von dreißig Meilen nicht nur ein Elf Shelf gibt, sondern zwei – die beide innerhalb des Sendegebiets von Hollydale Cable liegen. Olivia kann ebenso gut das falsche besucht haben.

»Ich schätze, zwanzig Dollar könnte ich noch lockermachen. Wobei es gut wäre, in jeder Bibliothek mindestens zwei Exemplare des Buchs zu haben, oder? Für den Fall, dass eins ausgeliehen wird?«

»Macht dann sechzig«, sagt DeKieser, die mitgehört hat.

»Sechzig was?«, fragt Ellie, die sich erst jetzt einklinkt.

Hector erklärt. Ellie wirkt gelangweilt, bis er erwähnt, dass ich Santas Praktikantin bin. »Sekunde mal«, wendet sie sich an mich. »Du verkleidest dich jeden Tag?«

»Nicht jeden Tag. Nur zur Arbeit«, korrigiere ich.

»Du verkleidest dich und schreibst Briefe und machst Elfenkram?«

»Nein. Keinen Elfenkram. Ich bin nicht –«

Ms Colando zupft an ihrem T-Shirt (»Mystery Shack Staff«) und erinnert uns daran, in Klassenzimmerlautstärke zu diskutieren.

»Mist, dass du nicht einfach, keine Ahnung, jeder Familie dort ein Buch schenken kannst oder was weiß ich.«

Ich ziehe verstohlen mein Handy aus dem Rucksack und rufe die Nachrichten auf, die Alice mir zu ihrer Artikelrecherche geschickt hat. »Jede Ausgabestelle ist Anlaufpunkt für rund zweihundert Haushalte und …«, ich scrolle weiter, »… in gut der Hälfte davon leben Kinder unter zwölf.«

»Und jedes Buch kostet zwanzig Dollar, oder wie?«, fragt DeKieser.

Ich checke die Preise online. »Neun als Taschenbuch.«

»Ja, aber im Einzelhandel und Kram. Meine Mom ist Lehrerin. Sie kriegt manchmal, keine Ahnung, Klassensätze oder was weiß ich zum halben Preis, damit sie auf dem Schulflohmarkt verkauft werden können und so. Wenn wir das auch klarmachen könnten oder irgendwas ...« DeKieser kritzelt in ihr Heft. »Ungefähr neunhundert.«

»Neunhundert was?«, meldet sich Ellie wieder.

»Dollar. Um jeder Familie ein Buch zu kaufen.«

Hector sackt auf seinem Stuhl in sich zusammen. »Wäre nicht bald Weihnachten, könnte ich *vielleicht* neunzig Dollar aufbringen – aber neunhundert?«

Ich verliere ebenfalls den Mut. Neunhundert Dollar sind eine gigantische Stange Geld. Fast ein Viertel MX-5, Onkelrabatt eingerechnet.

Ellie zuckt ergeben mit den Schultern. »Ich muss mal ...« Sie bittet Ms Colando, kurz aufs Klo zu dürfen, und schlüpft hinaus in den Flur.

»Ich schätze, wir sollten uns, keine Ahnung, über Mythologie und Kram unterhalten«, meint DeKieser.

Also unterhalten wir uns über Mythologie. DeKieser erörtert Fragestellungen zur Collegebewerbung.

Als sie fertig ist, lässt Hector mir den Vortritt. Ich bin gerade dabei, die Feier der allerersten Weihnachtsparade als Werbemaßnahme für ein New Yorker Kaufhaus zu enthüllen, als Ellie zurückkehrt.

»Geritzt«, sagt sie, lässt sich auf ihren Stuhl gleiten und richtet ihre Brille.

»Was ist geritzt?«, will Hector wissen.

»Der Deal. Passt auf: In zwei Wochen habe ich einen Slot im Torino. Eigentlich wollte ich diesen Film zeigen, den ich über die Gullydeckel in Indiana gedreht habe, aber der ist sowieso ein bisschen zu tiefgründig für die Teenager von

Hollydale«, erklärt sie ihm. »Also werde ich stattdessen einen neuen Kurzfilm uraufführen – über sie.«

Dabei schaut sie mich an. Wieso schaut sie mich an?

»*Das geheime Leben von Santas Praktikantin*«, verkündet sie.

»Kommt nicht infrage«, halte ich dagegen. *An Evening with Santa* war mehr als genug Rampenlicht für mich. Außerdem: Mag zwar sein, dass ich derzeit eine Berühmtheit bei der Altersgruppe der Unter-Neunjährigen bin, aber der Großteil unserer Highschool scheint von meiner Demütigung noch nichts mitbekommen zu haben, und das darf gerne so bleiben. Auf gar keinen Fall werde ich mich vor dem gesamten Jahrgang bloßstellen lassen.

»Und du bist für die Kommentare aus dem Off und die Interviewpassagen zuständig«, weist sie Hector an.

»Ich habe es dir doch schon gesagt, E. Ich habe keine Zeit für deinen –«

»Du kümmerst dich um Werbung und Finanzen«, teilt sie DeKieser ein, die als Einzige von uns glücklich mit dieser Aussicht wirkt.

»Wofür genau soll ich werben? Also, für die Show oder den Film oder –?«, erkundigt sie sich.

»Für gar nichts«, grätsche ich hinein. »Es wird keinen Film geben.«

Ellie ignoriert mich. »Ich habe gerade mit Bruce vom Torino telefoniert. Sie sind bereit, die Hälfte der Eintrittsgelder der Bücherkampagne zuzuschießen, solange wir parallel dazu auch noch Lebensmittelspenden sammeln. Da reicht es uns schon, wenn einhundertfünfzig Leute auftauchen.«

»Einhundertsiebzig«, verbessert DeKieser.

Hector beugt sich wieder nach vorn, diesmal zu Ellie. »Ernsthaft?«, fragt er.

»Ernsthaft«, sagt Ellie. »Bruce tut das allerdings nur, weil ich es bin – seine heiß geliebte Nichte. So könntet ihr das Geld zusammenkriegen, das ihr braucht. Wenn ich jedoch keinen Film zu zeigen habe …« Sie lässt den Satz vielsagend in der Luft hängen und zuckt mit den Schultern.

»Du wirst deinen Film bekommen«, versichert Hector. »Ich meine, falls Francie möchte …«

Ellie sieht mich an. *Nein,* denke ich. *Um nichts auf der Welt.* Hector stößt mich leicht mit der Schulter an. Habe ich schon erwähnt, was für göttliche Schultern er hat?

»Du wirst deinen Film bekommen«, sage ich.

30

13. DEZEMBER

Im Lauf der nächsten Woche nehmen Ellie und Hector mehrmals gemeinsam mit mir den Bus oder bitten Geschwister oder Freunde, sie zu unserem Shop zu fahren. Alice schließt sich uns an, wann immer sie es einrichten kann – leider nicht allzu oft, da sie an ihrer großen Story für die *Daily* arbeitet. Sie hat von der Redaktion grünes Licht für einen Artikel über das Event im Torino am Donnerstag bekommen und auch über die daran anknüpfende Auslieferung der Bücher und Lebensmittelspenden an die beiden Elf Shelfs am Samstagnachmittag. In der Zwischenzeit betreibt sie Hintergrundrecherche zu öffentlichen Essensausgaben und Familien am Existenzminimum. Dementsprechend ist sie in der Regel nicht gerade bester Stimmung, wenn sie uns Gesellschaft leistet.

Ellie dagegen sprüht nur so vor Begeisterung. In der Schule wirkt sie oft kühl und distanziert, doch hinter der Kamera taut sie auf und ist ganz in ihrem Element. Sie brennt für diesen Film, dreht und wiederholt Szenen, ein ums andere Mal. Sie gibt Hector Anweisungen, wohin er welche Requisiten stellen soll, und lässt ihn mich ausfragen. Und sie taucht ab, sobald Bryan oder Tante Carole in der Nähe sind.

Ich dagegen tue, was ich immer tue, ob nun am Praktikantenschreibtisch oder in der Schneeflocke: Ich beantworte Kinderbriefe.

Liebe Willa,
ich werde Santa noch einmal daran erinnern, wie sehr du NASCAR liebst.

Lieber kleiner Freund,
deine Eltern können bedenkenlos ein Feuer im Kamin machen. Santa macht es nichts aus, die Haustür zu benutzen.

Liebe Charys,
Santa liebt Süßes, aber du kannst deiner Freundin Lacie ausrichten, dass die Anzahl der Plätzchen, die sie ihm bereitstellt, keinen Einfluss darauf hat, wie viele Geschenke er in ihren Strumpf steckt.

»Gut zu wissen«, kommentiert Hector.

An diesem Nachmittag sitze ich an meinem Praktikantenschreibtisch mitten auf der Verkaufsfläche, während Ellie draußen Videomaterial vom Eingang und von den Nebengebäuden dreht. Sie wollte auch ein paar Aufnahmen von dem Schlitten, aus dem Dad am Sonntag bei der Hollydale Holiday Parade gewunken hat, aber ich habe ihr gesagt, dass das Garagentor vermutlich abgeschlossen ist, sofern Onkel Jack nicht gerade Rudolph für die Wartung in Peoria bereit macht. Und selbst in diesem Fall wäre es besser, sie hielte sich von der Garage und vor allem von Onkel Jack fern. Meine Familie wird wohl ohnehin irgendwann von Ellies Filmprojekt Wind bekommen, aber niemand braucht zu wissen, wie viel davon hier im Laden entstanden ist, während meines vermeintlich herausragenden und säulenpunktwürdigen Engagements als Santas Praktikantin. Mein Dad glaubt, dass ich jede freie Minute darauf verwende, Kinderpost zu beantworten – sogar jenseits meiner regulären Arbeitszeiten –, und ich kann nicht anders: Ich genieße den Stolz in seinem Blick. Genau so hat Grampa Chris Dad angeschaut, nachdem Dad den Unterricht in der Santa School übernommen hatte, oder damals, als er ein neues Inventursystem für den Shop entwickelt hat.

»Sicher, dass ich dir nicht behilflich sein kann?«, fragt Hector. »Wenn du mir einen Stift gibst, könnte ich ein paar dieser Lichterketten-Sets beiseiteschieben und mich zum Schreiben neben dich setzen.«

»Und wie sähe das wohl für die Kinder aus?«, frage ich zurück. In Wirklichkeit denke ich nicht an die Kinder. Es ist ja nicht so, als wären wir allein und ganz für uns in der Schneeflocke. Wir befinden uns mitten in unserem Laden voller Kundschaft. Würde mein Dad vorbeispazieren und sehen, dass jemand außer mir diese Briefe beantwortet, dann würde sein stolzer Blick sicherlich einem ziemlich ärgerlichen weichen. Besser, ich lasse ihn in dem Glauben, dass sein Vertrauen in mich gerechtfertigt ist.

Vom Ladeneingang her erklingen Schlittenglöckchen und einen Moment später steht Ellie am Schreibtisch. »Ich habe ein paar Sequenzen durch das Garagenfenster gefilmt. Du hattest recht: Dein Onkel war dort. Jetzt haben wir ein bisschen Videomaterial davon, wie er die Rentiere umherrückt.« Sie wirft einen Blick auf ihr Handy. »Mir bleiben nur noch ein paar Minuten, bis meine Mom mich abholt. Können wir jetzt noch in diese Baumhalle gehen?«

Ellie will im Baumschuppen drehen. Und wer könnte ihr

das verübeln? Der Baumschuppen ist der wohl magischste Bereich des ganzen Shops. Sie hat diese Vorstellung, dass ihr Film typisch kitschig anfangen, am Ende aber richtig ans Herz rühren soll. Zu Beginn unseres Drehs hat sie mich immer wieder gedrängt, ihr etwas Tiefgreifendes und Bedeutsames über Weihnachten oder den Weihnachtsmann zu erzählen. Das Problem war, dass ich jedes Mal, wenn ich zu einer ernsten Geschichte angesetzt habe und sie mir in wilder Pantomime mehr Emotionalität abringen wollte, vor Lachen statt vor Rührung in Tränen ausgebrochen bin. Nach fünf oder sechs Versuchen hat sie schließlich aufgegeben. »Das richte ich nachher im Schnitt«, war ihr Kommentar. Trotzdem habe ich das Gefühl, sie hält stets die Kamera bereit, nur für den Fall, dass mir doch einmal spontan die Tränen laufen.

Ich stelle mein Schild mit der Aufschrift SANTAS PRAKTIKANTIN IST GLEICH ZURÜCK auf den Schreibtisch und gebe Dottie Bescheid, dass ich draußen meine Pause nehme. Sie späht zu Hector und zwinkert mir zu. »Viel Spaß«, meint sie.

»Dottie!«, zische ich leise. »Zwischen uns läuft nichts.«

»Nur Vertrauen«, raunt sie zurück.

Draußen ist es eiskalt und ich schlinge mir den Mantel fest um den Oberkörper. Der Himmel ist grau und kein Laub hängt mehr an den Bäumen. Dennoch: weiterhin kein Schnee. »Let nothing you dismay«, schmettert Mahalia Jackson über die geparkten Autos vor dem Shop hinweg. Nur nicht entmutigen lassen. *Ich gebe mein Bestes,* würde ich ihr am liebsten antworten.

Wir marschieren zum Baumschuppen, während Ellie vor sich hin plappert, dass sie mit der Bearbeitung des Films schon fast fertig ist und dass er einfach großartig wird, und zu schade, dass sie ihn bloß während der DJ-Pause der alkoholfreien Teen Night im Torino zeigen kann und nicht auf einem richtigen Filmfestival – aber hey, immerhin vor Publikum.

»Du meinst wirklich, dass irgendwer kommt?« Zugegebenermaßen sorge ich mich darum eher aus persönlichen Gründen als um Ellies willen. Damit wir alle Exemplare von *Wilbur und Charlotte* am Samstag zu den Elf Shelfs bringen können, musste DeKiesers Mom sie direkt bestellen – und auch gleich bezahlen, um den Rabatt zu erhalten. Da ich die Einzige von uns war, die genügend Geld auf dem Konto hatte, um die Summe zu begleichen, klafft nun ein Neunhundert-Dollar-Loch in meinem MX-5-Fonds. DeKieser und die anderen haben mir versichert, dass das Loch wieder geschlossen wird. Dass Leute kommen werden. Dass DeKiesers Marketing-Kampagne fantastisch ist. Zumindest für diese letzte Behauptung gibt es Belege: Kein einziger Flur, kein Schwarzes Brett und keine Klokabine der Hollydale High School ist von DeKiesers Flyern verschont geblieben. Und die Flyer sind tatsächlich hervorragend. Alle Details stehen gut leserlich darauf – Datum, Uhrzeit, Eintrittspreis, die Bitte um Lebensmittelspenden und natürlich der sehr gute Zweck. (Und daneben kein einziges *Was-weiß-Ich, Kram, Keine-Ahnung* oder dergleichen.) Doch es sind nicht die Fakten, die DeKiesers Flyer so überzeugend machen. Es ist der fette Zusatz in Großbuchstaben ganz unten: WIR HABEN AUCH MISTELZWEIGE.

Am Baumschuppen angekommen, winke ich den beiden Angestellten drin zu und eine von ihnen – Deanna – kommt zu uns nach draußen. Ich erkläre ihr, dass Ellie ein bisschen Filmmaterial von den Bäumen braucht und niemand sich an ihr stören soll.

»Okay«, verkündet Ellie, »dann mal los.« Sie stößt die riesigen gläsernen Eingangstüren auf und geht rückwärts voran in den Baumschuppen, die Kamera auf mich gerichtet. »Zieh den Mantel aus und komm«, verlangt sie.

Ich bewege mich nicht von der Stelle. »Ich bleibe hier draußen«, sage ich.

»Was? Wieso? Ich brauche dich hier drin, du musst über die Magie des Weihnachtsfests staunen. Mit großen, leuchtenden Augen. Und einem Freudentränchen vielleicht?«

Mein Hals wird eng, und zum ersten Mal seit Beginn unseres Filmprojekts bin ich mir ziemlich sicher, dass die Tränen kommen würden, doch ich halte sie mit aller Macht zurück. »Ich kann da nicht rein«, erkläre ich ihr, denn das ist die Wahrheit. »Ich muss hier draußen bleiben und Schmiere stehen. Falls mein Dad oder meine Tante oder Bryan vorbeikommt und uns filmen sieht, gibt das richtig Ärger.« Auch das ist wahr, allerdings nicht der Grund dafür, dass ich den Baumschuppen nicht betrete.

»Na schön«, meint Ellie. »Schön ... Zieh trotzdem wenigstens den Mantel aus, ja?« Sie nimmt mir den Mantel ab und wirft ihn hinter eine der Türen. »Hector«, sagt sie, »schaffst *du* es wenigstens, diese Türschwelle zu übertreten? Ich brauche jemanden, der mich warnt, bevor ich irgendwo gegenpralle.« Hector wirft mir einen kurzen Blick zu und begibt sich dann hinter Ellie in Position, die weiterhin rückwärtsläuft und ihre Linse auf mich fokussiert hält. Ich stelle mir vor, wie das auf ihrem Display aussehen muss: Die Einstellung weitet sich, sodass mit jedem Schritt mehr Weihnachtsmagie offenbar wird, während ich zitternd vor der Tür stehe und im Bild immer weiter in mich zusammenschrumpfe.

Ich schaue erbärmlich aus. Ganz bestimmt. Aber ich bin inzwischen seit zwei Weihnachten nicht mehr im Baumschuppen gewesen – nicht als mein Dad mich gebeten hat, ihm beim Schmücken der Eiszaubertanne zu helfen; nicht als Onkel Jack versprochen hat, meine Hand auf keinen Fall loszulassen; nicht bei der Abschlussfeier der diesjährigen Santa-Schüler.

Das letzte Mal war ich im Baumschuppen, als ich nicht hätte dort sein sollen.

Es war Sommer, nur zwei Wochen nachdem ich erfahren hatte, was für eine Niete ich in Sachen Küssen bin. Die Jungs aus der Nachbarschaft zogen mich immer noch auf und ich hatte einen von ihnen mit seiner Mom auf dem Parkplatz entdeckt. Eigentlich war ich mir sicher, dass er mich in Ruhe lassen würde, solange sie dabei war, aber nur für alle Fälle schaute ich mich nach einem Versteck um und bemerkte, dass im Baumschuppen Licht brannte.

Wer in einer Familie wie meiner aufwächst, der kennt sich mit manchen Dingen besser aus als die meisten anderen Leute. Zum Beispiel mit Rottönen und der Geschichte der Elfen und den Ursprüngen der Weihnachtsparaden. Der weiß auch besser als die Mehrheit der Bevölkerung darüber Bescheid, wie teuer es ist, die Weihnachtsbaumbeleuchtung an vierundzwanzig Bäumen unnötig brennen zu lassen, und so erschien es mir wie ein hochsommerliches Weihnachtswunder, dass ich das Licht erspäht hatte und dann auch noch die Tür des Baumschuppens unverschlossen vorfand. Und wer lässt schon ein Wunder links liegen? Ich schickte ein schnelles Dankeschön Richtung Universum und huschte hinein.

Zuerst bemerkte ich ihn gar nicht. Meine Augen waren weiterhin auf die leuchtenden Weihnachtsbäume geheftet. Auch der Weingummi-Express drehte seine Runden. Und die animatronischen Figuren bewegten sich: Mrs Claus, die ihre

Kerze auspustet, Santa, der seine Liste konsultiert. Außerdem dieser Elf.

Und dann sah ich ihn auf einmal. Grampa Chris, mit dem Gesicht nach unten mitten auf dem Boden liegend. Ringsum jede Menge Blut.

Das Blut war dunkel. Burgunderrot. Mahagonirot.

Mein erster Gedanke war, dass seine Nase zu bluten angefangen haben musste. Und ja, seine Nase hat auch geblutet – aber das war nicht alles.

Die Sanitäter sagten, für die blutige Nase sei der Sturz verantwortlich gewesen. Für den Sturz jedoch war der Herzinfarkt verantwortlich, den er etwa eine halbe Stunde vor meinem Eintreffen erlitten hatte.

Offenbar habe ich mit dem Handy Dad angerufen, denn eine Minute später kniete er neben mir. Meine Mom kam auch. Und schließlich Gram.

Gram wurde ganz still, als sie Grampa Chris dort liegen sah. Dad und Mom ebenfalls.

Alles war komplett still, bis auf den Zug, das Ehepaar Claus und den Elfen, der nur einen halben Meter von Grampa Chris' ausgestrecktem Arm entfernt stand und ein ums andere Mal beschloss, dass das Geschenk, das er aus dem Sack gezogen hatte, doch nicht das richtige war.

Später hatte Gram Fragen. Was hatte Grampa Chris dort drin gemacht? Wollte er unseren Bestand überprüfen? Etwas Neues aus dem Lager in den Laden holen? Was um alles in der Welt tat er ganz allein dort drin? Hatte er Sorgen gehabt und war in den Baumschuppen gegangen, um sich ein wenig aufzuheitern?

Getrocknete Blutflecke haben einen bräunlichen, fast schwärzlichen Rotton, für den ich keine eigene Bezeichnung kenne. Wenn sie klein sind, dauert es manchmal eine Weile, bis man sie überhaupt bemerkt. Ein paar, so hieß es später, seien im Kunstschnee direkt vor dem Elfen gewesen. Das fiel erst im November auf, als der Baumschuppen zu Saisonbeginn geöffnet wurde. Wäre der Schnee echt gewesen, wäre das Blut versickert oder in der Zwischenzeit weggeschmolzen, doch da es eben Kunstschnee war, schnitt Jerry das besudelte Stück heraus und stopfte das Loch mit neuem Schnee, der zunächst viel zu weiß wirkte. Aber das gab sich schnell.

Heute erkennt man keinen Unterschied mehr, habe ich gehört.

Ich schätze, ich könnte selbst nachschauen gehen.

Manche Dinge, mit denen man sich besser auskennen könnte als die meisten anderen Leute, will man aber gar nicht wissen.

31

15. DEZEMBER

Der Plan lautet folgendermaßen: Das Torino öffnet um acht. Hector und sein älterer Bruder Luis holen Alice und mich zwanzig Minuten vorher am Nordpol ab und fahren uns hin. Alice' Dad, der keinen Jungen damit betrauen will, seine Tochter so spät abends nach Hause zu bringen, sammelt uns beide am Ende der Veranstaltung wieder ein. Luis holt Hector ab.

Alice und ich beantworten noch ein paar Kinderbriefe, dann schlüpft sie in ihr Torino-Outfit: einen burgunderroten Samtblazer, Netzstrumpfhosen und den schwarzen Rock, den ich eigentlich letzten Monat anstelle der erbsengrünen, zuckerstangenbesetzten Garderobe des Grauens hätte tragen wollen, die dieses ganze Uniformtheater eingeläutet hat. Zum Outfit passende Schuhe hat Alice vergessen, aber die Sattelschuhe ihrer Schuluniform verleihen ihrem Ensemble genau das richtige Level an Schrulligkeit. Es wurde beschlossen, dass ich zu PR-Zwecken meine Corporate-Christmas-Uniform tragen muss.

»Du siehst wunderbar aus«, kommentiert Alice. »Ganz

bezaubernd. Dein Lippenstift passt zur Krawatte, das ist ja herrlich.«

»Danke«, murmele ich.

»Und unterschätze mal bloß nicht, wie süß dein Hintern in diesen Elfenshorts wirkt.«

»*Elfen*shorts? Fang du nicht auch noch damit an.«

Alice knautscht die Augenbrauen zusammen, was entweder als Entschuldigung oder aber als Farce einer Entschuldigung gemeint ist.

In genau diesem Moment klopft Hector an die Tür des Pausenraums. »Bereit?«, fragt er. Er trägt eine Lederjacke über einem kastanienbraunen Sweater mit V-Ausschnitt und dazu schwarze Jeans. Sehr gut sitzende schwarze Jeans. Das stelle ich natürlich ganz objektiv fest, doch als ich ihm sage, dass er gut ausschaut, klingt das alles andere als objektiv. Alice' Augenbrauen spielen wieder verrückt. Diesmal ist die Botschaft eindeutig: Sie findet die Passform der Jeans auch hervorragend.

Als wir ankommen, hat sich vor dem Torino bereits eine Schlange gebildet, doch Ellie erwartet uns und schleust uns daran vorbei in den Club, wo DeKieser neben einem hübschen blonden Mädchen und umringt von Konservendosen auf uns wartet. Hinter ihr erkenne ich den Hauptraum des Torino. Die Tanzfläche ist schon rappelvoll. »Das ist so was von genial!«, brüllt Alice über den wummernden Bass hinweg.

»Keine Ahnung, eher so mittelmäßig genial«, dämpft DeKieser ihren Überschwang. Sie stellt uns das blonde Mädchen – Kelsey – vor, ihr Date für den Abend, und schickt Kelsey dann los, um Limo zu besorgen, während sie uns Übrige ins Bild setzt: Obwohl DeKiesers Flyer absolut unmissverständlich waren, ist der Türsteher offenbar der Überzeugung aufgesessen, dass das Vergnügen eines alkoholfreien Clubabends für Minderjährige *entweder* zehn Dollar Eintritt *oder* eine Lebensmittelspende kostet. Ich betrachte den Turm aus Rote-Bete-Konserven.

»Also hat keiner dieser Leute Eintritt bezahlt?«, vergewissere ich mich.

»Wir haben das inzwischen geklärt und Kram. Soll heißen, wer jetzt noch kommt, der zahlt. Aber, ähm ... ja.«

Ich mache im Kopf ein wenig Mazda-Mathe. Hier drin sind sicher schon an die einhundert Menschen. Hätte jeder zehn Dollar bezahlt und ich von diesen zehn Dollar jeweils fünfzig Prozent bekommen ... Das wären fünfhundert Dollar gewesen. Fünfhundert Dollar, die in meinen MX-5-Fonds hätten fließen sollen.

Ellie spielt mit einer ihrer Locken. »Da musst du jetzt einfach eine supergute Rede halten«, sagt sie.

Sekunde mal. »Was für eine Rede?« Ich weiß nichts von einer Rede.

Ellie drückt mir einen Zeitplan mit den Programmpunkten der Teen Night in die Hand. Noch sind wir ganz am Anfang, beim Tanzen. In einer Stunde wird das Lloyd Dobler Octet – was auch immer sich dahinter verbergen mag – einen fünfzehnminütigen Gig spielen. Danach zeigt Ellie ihren Film, auf den wiederum einige Worte von Santas Praktikantin höchstpersönlich folgen sollen. Und zum Schluss, wenn alle vor Langeweile fast weggedöst sind, wird noch eine Runde getanzt, bis die Lichter um elf Uhr wieder angehen und wir alle vor die Tür gesetzt werden.

»Sag einfach irgendwas von wegen, keine Ahnung, dass du dich freust, wie viele Leute da sind und Kram, und erzähl ihnen was über die Elf Shelfs und das Buch und was weiß ich. Und wie sie noch was spenden können und –«

»Und Kram. Jep. Danke.« Sofort fühle ich mich schrecklich, weil ich mich über DeKieser lustig gemacht habe, aber sie lässt es mir durchgehen. Vermutlich lastet sie meine Grobheit dem Umstand an, dass meine Nerven blankliegen.

Dass ich Muffensausen habe, bemerkt auch Ellie. »Du wuppst das schon«, sagt sie – wenn auch offen gestanden nicht allzu überzeugend. Das liegt aber in erster Linie daran, dass sie mir nur ihre halbe Aufmerksamkeit schenkt, während ihre Augen durch den Raum schweifen. Ich folge ihrem Blick. Die Leute bilden Grüppchen auf der Tanzfläche, an der Bar und an den Tischen. Ellie fixiert jedoch eine noch freie, etwa drei mal drei Meter große Fläche in der Mitte des Raumes, die in einigen Minuten wahrscheinlich ebenso zugetanzt sein wird wie der Rest des Clubs. Im Augenblick stehen dort allerdings nur drei Jungs in merkwürdiger Formation.

Ich beobachte, wie eine Schülerin aus der Elften – eine von Minas Freundinnen, glaube ich – hoch konzentriert versucht, nichts aus den beiden Limogläsern zu verschütten, mit denen sie die Jungs im Eiltempo umkurvt. Was mindestens zwei der Jungs dennoch nicht davon abhält, sie erwartungsvoll anzugrinsen.

»Was ist denn da los?«, frage ich.

Ellie ruckt mit dem Kinn zur Decke hinauf. Im schummerigen Licht erkennt man es erst auf den zweiten Blick, aber über jedem der drei Jungs baumelt ein Bündel aus Blättern und Beeren.

»Mistelzweig-Minenfeld«, erklärt Ellie.

»Du machst Witze«, entgegne ich.

Tut sie nicht. »Mein Onkel meint, die Wochenend-Singles stehen total darauf.«

Wir verfolgen, wie ein weiteres Mädchen ins Minenfeld

huscht und vor dem Jungen mit Karoschal zielsicher abbremst. Die Folge: ein Kuss auf die Wange. Das Mädchen erwidert die Geste und wirkt immens zufrieden. »Ich schätze, dann weiß ich, wohin ich heute Abend garantiert keinen Fuß setze«, stelle ich fest.

»Dann musst du hoffentlich nicht pinkeln.« Ellie deutet zu dem leuchtenden Toilettenschild direkt hinter dem Minenfeld.

Ich stelle meine Limo ab. »Danke für die Warnung.«

Das Torino füllt sich. Viele der Gäste kommen mir bekannt vor, aber nicht alle sind aus Hollydale. Ein paar Mädchen gehen auf die Regina, und ich erkenne einige Jungs aus meiner Zeit an der Our Lady of Sorrows. Auf der Tanzfläche hüpft Alice mit DeKieser und Kelsey und einem der disziplinlosen Protestanten aus ihrem Partybus herum.

»Sie scheint sich zu amüsieren«, meint Hector.

Ich rieche Kiefern. Und dann Chlor. Wie aus einer Hausmeisterabstellkammer. Okay, das klingt nicht gerade nach einem Duft, der ein Mädchen ins Schwärmen stürzen sollte, aber genau das bewirkt er bei mir.

»Möchtest du –«, setzt Hector an, doch noch ehe er die Frage ganz aussprechen kann, ebbt die Tanzmusik ab und die DJane des Torino verkündet, dass sie eine halbe Stunde Pause macht. Keine Sorge, während ihrer Abwesenheit werden wir dank zweier fabelhafter Einlagen gut unterhalten sein, beteuert sie. Sie greift nach dem Programmplan und liest ab: »Zuerst hört ihr – extra aus Walpole angereist – das Lloyd Dobler Octet!«

Scheinwerfer flammen weiter vorn im Raum auf und erhellen eine niedrige Bühne. Ihr Licht strahlt eine Reihe Jugendlicher in Trenchcoats an, die altmodische Ghettoblaster über ihre Köpfe recken. Ein Mädchen – zumindest glaube ich, dass es ein Mädchen ist, denn die grelle Beleuchtung lässt das nur schwer erkennen – stellt seinen Ghettoblaster ab, schnappt sich ein Mikrofon und legt los mit einer beeindruckenden Beatboxing-Performance. In der nächsten Sekunde hat auch der Rest der Gruppe Mikros in der Hand und schmettert a cappella einen Song, den ich nicht kenne.

»Das ist ›In Your Eyes‹. Aus *Teen Lover*. Klassische Teenie-Romanze der Achtziger«, erklärt Ellie bewundernd.

Ihre Bewunderung teile ich bedingungslos. Die Doblers klingen großartig, und obwohl ein beachtlicher Teil des Publikums im Torino inzwischen mit minenfeldbezogenen Aktivitäten beschäftigt ist, tut der Rest von uns seine Begeisterung über die Performance umso lauter kund.

»Wir sind das Lloyd Dobler Octet«, ruft einer der Trenchcoatträger. Er hat eine Brille auf der Nase, deren Gläser ähnlich grell reflektieren wie Tante Caroles Discokranz. »Sorry, dass wir heute Abend nur zu siebt sind. James hat ein Wrestling-Turnier in Warsaw.«

Irgendjemand in der Menge brüllt: »Vikings rule!«, was ihm beinahe so frenetischen Applaus beschert wie den Doblers ihre erste Nummer. Die Beatboxerin versteht es als Startsignal für den nächsten Song, einen Kulthit von Joan Jett, der tatsächlich wieder ein paar Leute auf die Tanzfläche lockt.

Ellie lässt meine Hosenträger schnalzen. »Ich kümmere mich mal darum, dass der Projektor bereit ist«, sagt sie.

Als Ellie fort ist, fragt Hector mich, ob ich nervös sei. Die Doblers jammen jetzt so richtig, und um sich Gehör zu verschaffen, muss Hector sich dicht an mein Ohr beugen. *In einer Welt, in der ein sanftmütiger Junge und ein Mädchen mit Weihnachtsmütze* ... was genau tun?, frage ich mich.

Ich drehe den Kopf, um zu antworten. Hectors Lippen sind

nur Zentimeter von meinen entfernt. Sehr hübsche Lippen hat er. Und sie kommen – kommen sie? – ich denke, sie kommen meinen näher.

Mein Magen schlägt Saltos, meine Knie werden weich, Chlor erstickt Kiefer. Was jetzt? Vielleicht in Ohnmacht fallen.

Hector stabilisiert mich am Ellenbogen. »Alles okay?«, fragt er. »Francie? Bist du in Ordnung?«

Bin ich in Ordnung? Nein, ich bin nicht in Ordnung. Jemand, der in Ordnung wäre, hätte soeben ohne zu zögern Hector Ramirez' sehr hübsche Lippen geküsst. Was ich nicht getan habe. Ich habe stattdessen zu atmen aufgehört. Ich zwinge mich, wieder damit anzufangen. »Ich bin nervös«, sage ich. »Einfach nur ... nervös.« Ich tue, als wäre meine Nervosität nur der anstehenden Rede geschuldet und nicht etwa dem Gedanken daran, dass Hector mich womöglich küssen wollte. Eine Möglichkeit, die – sofern sie je existiert hat – nun ganz sicher verpufft ist.

Hector redet. Ich gebe mir alle Mühe, zuzuhören. »Das wird nicht anders als im Unterricht bei Ms Colando«, versucht er mich zu beruhigen.

Ich bringe ein schwaches Nicken zustande. Ms Colando lässt uns hin und wieder unsere Sondierungsaufsätze laut vor der Klasse vorlesen. Genau genommen soll unsere Gruppe morgen früh die bisherigen Ergebnisse präsentieren – wobei ich natürlich keine Zeit hatte, auch nur ein einziges Wort zu Papier zu bringen. »Du hast recht. Wenn ich wegen morgen nicht nervös bin, dann brauche ich es auch hier und jetzt nicht zu sein, stimmt's?« Ich reiße mich zusammen und schaffe es sogar, Hector in die Augen zu sehen. Er wirkt überrascht. Und vielleicht ein bisschen besorgt. Besorgt um mich, wie es scheint. Dieser süße Junge sorgt sich um mich.

»Wir müssen unsere Hausaufgaben für *Mythologie heute* morgen vortragen?«, fragt er.

Oder er sorgt sich um seine Hausaufgaben.

»Was?«, frage ich zurück. »Ähm ... jep.«

»Nicht erst nächsten Dienstag?«

»Morgen. Freitag«, bekräftige ich.

»Morgen«, wiederholt Hector.

Die kleinste Dobler kündigt einen neuen Song an, den letzten des Sets. Sogar a cappella erkenne ich die ersten sieben Noten. The Clash. »Should I Stay or Should I Go«.

Hector spricht aus, was ich denke. »Gute Frage.«

Als die Doblers mit ihrem Song am Ende sind, fällt ihre eigene Antwort auf die Frage deutlich aus: Sie machen die Bühne frei. Schlagartig wird es dunkel im Club und lautes Pfeifen und Johlen setzt ein. Weihnachtliche Instrumentalmusik erfüllt den Raum. »Up on the Housetop«. Auf einer Leinwand, die eben noch das Logo des Lloyd Dobler Octet gezeigt hat, erscheint in Nahaufnahme ein Stapel Briefe, allesamt adressiert in kindlicher Handschrift. Eine Sekunde darauf tönt die perfekte Off-Stimme von Hector Ramirez durch das Torino.

Ihr kennt Dasher und Dancer und Prancer und Vixen, sagt er. *Ihr kennt den Grinch und Frosty den Schneemann und die Elfenschar, die die Weihnachtsgeschenke herstellt. Da könnte man meinen, ihr kennt die ganze Geschichte. Was ihr aber nicht kennt, ist das sorgsam gehütete Geheimnis um die wahren Helfer des Weihnachtsmannes. Die unsichtbaren, unbesungenen Helden. Heute Abend stellen wir euch eine von ihnen vor. Aus Sicherheitsgründen werden wir ihren Namen nicht nennen. Wir nennen sie einfach nur ... Santas Praktikantin.*

Der Film läuft an. Er ist rührend und witzig, und diejenigen, die tatsächlich hinschauen, lachen. Natürlich gibt es auch etliche Leute, die der Leinwand überhaupt keine Beachtung schenken. Einige bestellen sich etwas zu essen, knutschen unter den Mistelzweigen oder gehen draußen auf dem Parkplatz ein wenig frische Luft schnappen. Aber diejenigen, die bleiben und sich den Film ansehen, lachen. Und klatschen zwischendurch. Und wirken zumindest ein bisschen bewegt, als sie mich von Olivia erzählen hören. Ellie hat diesen Teil – Olivias Geschichte – über die Szene gelegt, die sie von mir vor dem Baumschuppen gedreht hat, wie ich frierend und klein und einsam an der Tür stehe. Zum Glück springt die Handlung danach prompt zu einigen albernen Aufnahmen von mir im Ringkampf mit meinen Hosenträgern, während Hectors Stimme die zahllosen Leiden des Praktikantenjobs auflistet. *Doch all das ist es wert,* fasst er für das Publikum am Ende des Films zusammen. *Für die Freude am Schenken. Für die Kinder. Für Santa.* Die Zuschauer applaudieren beim Abspann. Sie applaudieren noch lauter, als die Bühnenscheinwerfer angehen und ich mir ein Mikrofon greife. Ich höre sogar ein paar Pfiffe, wobei ich mir nicht sicher bin, ob sie als Zuspruch gemeint sind.

Ich danke Ellie für den Film, danke den Leuten, dass sie gekommen sind. Ich erwähne noch einmal Olivia und den guten Zweck, für den wir heute Abend sammeln. Die Strahler blenden nicht nur, sie sind auch heiß genug, um Spiegeleier zu braten, und ich spüre, wie ich unter meiner Weihnachtsmütze zu schwitzen anfange. »Falls ihr also am Ende des Abends noch etwas Kleingeld übrig habt«, komme ich so schnell wie möglich zum Schluss, »dann überlegt doch gerne, es in die Spendendose neben der Tür zu werfen. Euch tut es nicht weh, und für ein Kind wie Olivia und eine bedürftige Familie könnte es einen großen Unterschied machen.«

Wieder Applaus, sogar vom Minenfeld – allerdings vermutlich bloß, weil die Turtelnden mitbekommen haben, dass ich mit meiner Rede fertig bin und sie jetzt wieder ungestört knutschen können.

Ich springe von der Bühne, reiße mir die Mütze vom Kopf und lockere meine Krawatte. DeKieser bremst mich. »Du musst, keine Ahnung, in deiner Rolle bleiben und alles, wenn wir noch Geld und Kram zusammenbekommen wollen oder was weiß ich.«

Ich stülpe mir die Mütze wieder auf. »Ich bin schon ganz heiß«, erkläre ich ihr.

»Kaum ist sie berühmt, bildet sie sich richtig was auf sich ein.« Ich spüre eine Hand an meinem Rücken, dann einen Finger, der meinen Hosenträger entlangfährt. »Nicht, dass ich da widersprechen würde.« Ein Junge mit Grübchen tritt von hinten an meine Seite. Sam Spinek. »Du bist wirklich ziemlich heiß in diesen Shorts.« Ich schüttele seine Hand ab, gerade als Hector mit Alice bei uns eintrifft. Seine Augen landen auf der Stelle, wo Sams Hand eben noch war, und ich frage mich unwillkürlich, ob er wohl glaubt, ich wollte sie da haben. *Wollte ich nicht,* möchte ich ihm versichern. *Will ich nicht.* Aber was, wenn er sich ganz andere Gedanken gemacht hat? Wenn er vielleicht sogar erleichtert über den Anblick war? Was, wenn er glaubt, ich habe ihn nicht geküsst, weil ich lieber Sam küssen würde? Oder, am wahrscheinlichsten: wenn ihm all das völlig schnurzegal ist?

»Du hast dich super geschlagen.« Alice umarmt mich. DeKieser auch. Sam wirkt drauf und dran, mich ebenfalls in die Arme zu schließen, aber da packt DeKieser Kelsey bei der Hand und sagt: »Wir sollten alle, was weiß ich, tanzen oder so.«

Sam nickt. Hector nicht. Stattdessen hält er sein Handy

hoch. »Mein Bruder ist schon auf dem Parkplatz«, sagt er zu DeKieser. »Ich muss los.«

Er muss los? Aber war nicht der Plan, dass sein Bruder ihn um elf abholt? Wollte er nicht zusammen mit uns gehen, wenn der Club schließt?

»Hausaufgaben«, sagt er.

»Oh«, mache ich. »Ach ja. Klar.«

Ich schaue ihm hinterher. Alice ebenso. »Komisch«, meint sie.

Er ist nicht komisch. Ich bin komisch. Ich dachte, er wollte mich küssen, und habe komisch reagiert, und dann hat The Clash ihm die Wahl gegeben, und er hat sich entschieden zu verduften.

»Wollten wir nicht tanzen?«, fragt Sam.

Alice nickt. Sie hat noch keine Ahnung, wer dieser Junge mit Grübchen ist. Ich sollte es ihr verraten, doch ich kann nicht. Mir ist zu warm und ich schwitze und mir ist schlecht und ich muss hier raus.

»Ich brauche frische Luft«, lasse ich sie wissen. »Ich bin in einer Minute wieder da.«

Ehe irgendjemand mir folgen kann, stehe ich schon auf dem Parkplatz des Torino – und sehe gerade noch, wie die Rücklichter von Luis' Auto mit Hector darin auf die Straße abbiegen.

32

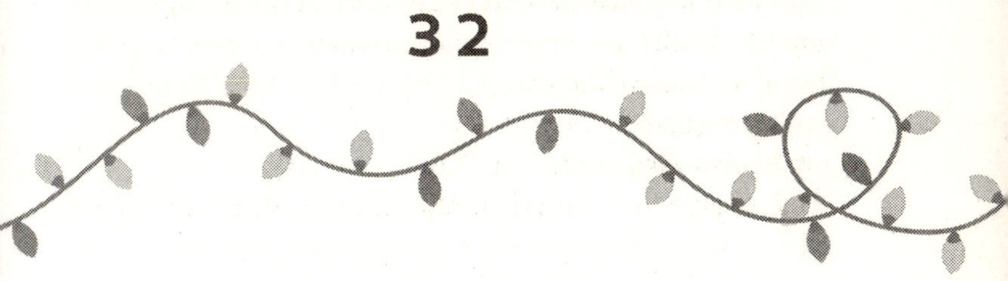

»Hey!«, ruft irgendwer. »Da ist das Elfenmädel.«

Ich wirbele herum, komme jedoch nicht dazu, den Schreihals zu korrigieren, denn das übernimmt bereits jemand anders. »Sie ist Santas Praktikantin, du Depp.« Gunther Hobbes steht zusammen mit einer kleinen Gruppe Hockeyhonks vor dem gelben Leuchtschild des Torino. Er streckt mir zum Gruß die Zunge heraus.

»Das Elfenmädel ist auch das Zungenmädel?«, fragt der Rufer.

Gunther nickt und winkt mich herüber. »Das war ein echt witziger Film«, sagt er. Er hält mir ein Bier hin. *BEER* prangt seitlich darauf.

»Ist heute nicht alkoholfreie Teen Night?« Genau das verkündet auch das Schild hinter den Hockeyhonks: ALKOHOLFREIE TEEN NIGHT IM TORINO.

»Im *Torino* ist Teen Night«, meint Gunther. »Auf dem Parkplatz ist eine Nacht wie jede andere.«

Er öffnet den Verschluss. Reicht mir das *BEER*.

»Ich bin im Dienst«, sage ich, aber mir ist heiß und ich bin verschwitzt, und Hector Ramirez – der mich vor zwanzig Minuten vielleicht-oder-vielleicht-auch-nicht beinahe geküsst hätte – hat beschlossen, dass er mehr Lust darauf hat, heimzugehen und Hausaufgaben zu machen, als eine Sekunde länger in meiner Gegenwart zu verbringen. Ich nehme einen großen Schluck.

Ach du heilige Nacht.

Es ist nicht so, dass ich zum ersten Mal Alkohol trinke oder so. Ich habe schon öfter Bier probiert. Und an Thanksgiving Wein getrunken und ein wenig Champagner bei der Babyparty von Alice' Tante. Aber das hier? Das ist ekelhaft. Abgrundtief widerlich. Ungenießbar. Ich behalte die Flüssigkeit im Mund, drücke Gunther die Flasche wieder in die Hand und tue, als würden drin dringende Praktikantenangelegenheiten auf mich warten. Kaum bin ich durch die Tür, wühle ich mich durch die Tanzenden und weiche zwei grinsenden Jungs am Minenfeld aus, bis ich die Toilette erreiche, deren Tür natürlich abgeschlossen ist. Verfluchte, stinkende, absurde Kacke! Wenn ich dieses Zeug schlucke, muss ich kotzen, so viel steht fest. Ich erspähe einen Notausgang am Ende des Flurs, platze hindurch und finde mich auf einem kleinen Nebenparkplatz wieder, wo ich das abartige Gesöff endlich in eine unschuldige Hecke spucken kann. »Tut mir leid«, entschuldige ich mich bei dem Gebüsch.

»Alles okay?«, fragt jemand. Ein Junge. Ich drehe mich um.

Ein Dobler. Der mit der Brille.

Ich wische mir mit dem Handrücken über den Mund und nicke schwach. Mein Mund hat sich noch nicht ausreichend erholt, um wieder Wörter zu formen.

»Brauchst du irgendwas?«, erkundigt er sich.

Ich brauche vieles. Ein Leben. Rückgrat. Viertausend Dollar, einen vollen Tank und eine Straßenkarte, die mich bis nach Arizona führt. »Eine Zahnbürste und Zahnpasta. Familiengröße«, sage ich.

Der Dobler zieht ein Päckchen Kaugummi aus der Tasche seines Trenchcoats und reicht es mir.

»Danke«, sage ich. »Du hast was gut bei mir.«

»Im Ernst?« Er mustert mein Outfit stirnrunzelnd. »Darf ich dich was fragen? Nicht böse gemeint oder so, aber bist du betrunken?«

Ich schüttele den Kopf.

»Kein bisschen?«

»Ich habe einmal an einem *BEER*-Bier genippt.«

Der Dobler rümpft die Nase. »Und? Wie war's?«

Ich gestikuliere in Richtung Gebüsch. »Schmeckt so, wie Rentierpisse riecht.«

Darüber muss der Dobler lachen. Ich auch, ein bisschen. »Also, was genau bist du?«, fragt er. »Eine von Santas Elfen?«

»Die Praktikantin!« Wie kann es immer noch Leute geben, die das nicht mitbekommen haben? »Ich bin Santas Praktikantin, Himmel noch mal«, erkläre ich ihm ungeduldig. »Hast du den Film nicht gesehen?«

»Tut mir leid. Da war ich wahrscheinlich schon hier draußen. Manchmal werde ich nervös nach einem Gig.«

Das verblüfft mich. »Danach?«

»Danach. Davor. Mittendrin.«

Ich schiebe das leere Kaugummipapier in meine Tasche und gebe ihm das restliche Päckchen zurück. Zimt. Der Kaugummi schmeckt nach Zimt. »Danke«, sage ich noch mal.

»Kein Ding.« Der Dobler rückt seine Brille zurecht. Er betrachtet erneut mein Outfit und beschließt offenbar, dass es in Ordnung geht. »Du, ähm, hast nicht vielleicht Lust, dir unseren Tourbus anzuschauen, oder?«

»Das Lloyd Dobler Octet hat einen eigenen Tourbus?«

»Eigentlich ist es eher ein Van. Genau genommen der Subaru von Donnies Dad, aber wenn ich Mädchen frage, ob sie den Subaru vom Dad meines Kumpels sehen wollen, zieht das selten.«

»Und das Tourbus-Angebot zieht öfter?«, will ich wissen.

»Nicht wirklich«, gibt der Dobler zu. »Aber der Vorschlag klingt weniger erbärmlich.«

Ich nicke. »Verständlich.«

Der Dobler nickt ebenfalls, und ein paar Minuten lang kauen wir schweigend zusammen Zimtkaugummi. »Also«, sagt er schließlich, »dann wohl kein Subaru, schätze ich?«

»Nein. Danke. Aber nimm es nicht so schwer – du verpasst nicht viel«, tröste ich ihn.

»Na, das bezweifle ich.«

»Nein, ehrlich«, bekräftige ich und lehne mich resigniert an die Außenwand des Torino. »Ich bin absolute Anfängerin. Ich habe noch nie jemanden geküsst. Nicht richtig. Ich meine, doch, einmal habe ich geküsst.«

»Ach ja?«, hakt er nach.

»Lief nicht so toll.« Ich fasse es nicht, dass ich ihm das erzähle. Dabei habe ich nicht einen Tropfen von dem *BEER*-Bier geschluckt. Es ist bloß ... Es ist ziemlich dunkel hier draußen und dieser Junge ist ein quasi-anonymer Dobler und – keine Ahnung. Irgendwie fühlt sich die Situation vertraulich an. Wie bei einer Beichte.

»War der Typ – ich darf davon ausgehen, dass es ein Typ war?«

»Ein Typ. Ein Junge. Er ist da drin«, sage ich und stoße den Daumen gegen die Mauer des Torino.

»War er nett? Jemand, den du echt mochtest?«

Meine Augen schweifen ziellos durch die Dunkelheit des Parkplatzes, weichen dem Blick dieses freundlichen Doblers aus, sodass das anonyme Beichtgefühl nicht abhandenkommt. »Nein. Er war nicht nett«, sage ich. »Er ist nicht nett. Ich mochte ihn nicht – nicht wirklich – und ich mag ihn immer noch nicht.«

»Dann zählt es nicht.«

Jetzt schaue ich dem Jungen wieder ins Gesicht, um mich zu vergewissern, dass er es ernst meint. »Es zählt nicht?«

»Es zählt nur, wenn es für *dich* zählt.«

»Wenn ich jetzt also dich küssen würde, würde es auch nicht zählen?«

»Das wäre deine Entscheidung«, sagt er.

Zuerst lache ich. Irgendwie ist er süß, dieser Dobler. Ich wette, er macht mehr Subaru-Besucherinnen klar, als er zugibt. Überhaupt kann ich mir vorstellen, dass er ein ziemlich erfahrener Küsser ist. Eigentlich ... Eine verrückte Idee schießt mir durch den Kopf – doch ich unterdrücke den Impuls lange genug, um das Ganze vernünftig abzuwägen.

»Dobler«, sage ich. »Darf ich dich Dobler nennen?«

»Ich heiße Anthony, aber ich bin flexibel.«

»Was ich gern hätte, Dobler, ist ein Kuss. Ich hätte gern einen anständigen Kuss. Und dann eine Bewertung.«

»Eine Bewertung?«

»Auf einer Skala von eins bis zehn. Plus vielleicht noch ein paar konstruktive Kommentare.«

»Dazu, wie du küsst?«

»Dazu, wie ich küsse.«

Er lässt sich das Angebot durch den Kopf gehen. »Können wir machen«, sagt er. »Klar, wenn es dir hilft.« Der Dobler macht einen Schritt auf mich zu.

»Ähm, halt, Moment.« Mit einem Mal flattern meine Nerven wieder. *Erst die Sache zu Ende denken, Francie.* »Ich ... ich habe da noch ein paar Fragen.«

»Klar«, sagt er wieder. »Natürlich. Fragen.«

Mir fallen all die Dinge ein, vor denen wir im Biounterricht in der Neunten gewarnt worden sind. »Hast du Herpes?«, erkundige ich mich.

»Nein.«

»Pfeiffersches Drüsenfieber?«

»Nein.«

»Irgendwelche sexuell übertragbaren Krankheiten in deiner Akte?«

»Keine einzige. Dafür aber einen lückenlosen Impfschutz, falls es dich interessiert.«

»Gut zu wissen«, sage ich. »Und du hast auch verstanden, worum es mir hier geht, ja? Um einen Kuss. Einen einzigen. Das ist kein Flirtversuch. Ich will nicht mit deinen Gefühlen spielen. Ich will nicht herummachen, ich will kein Date oder dich heiraten oder irgendwas dazwischen.«

»Voll und ganz verstanden.«

»Ich gehe keinerlei Verpflichtung ein und verspreche dir nichts über diesen einen Kuss hinaus – das muss absolut klar sein.«

»Ich habe noch ein paar Vorlagen für Gastspielverträge unserer Band im Subaru. Ich könnte einen davon ein bisschen anpassen und unterschreiben, falls du –«

»Nicht nötig. Ich brauche keinen Vertrag. Ich brauche bloß ... Du sollst bloß begreifen, worauf ich aus bin. Ich will fair dir gegenüber sein. Ich möchte, dass du weißt –«

»Ich akzeptiere die Bedingungen. Legen wir jetzt los?«

Ich nicke und nehme meinen Kaugummi heraus. Der Dobler tut es mir nach.

Er kommt näher. Seine Augen hinter der Brille sind grün. Er hebt eine Hand. »Kann ich ... Ist es in Ordnung, wenn ich deine Wange berühre?«

»Gehört das standardmäßig dazu?«, frage ich. Ich habe schon jede Menge Filmküsse gesehen, und das scheint tatsächlich oft vorzukommen.

»Ohne Aufpreis. Und es hilft beim Zielen.«

Ich nicke. »Okay. Soll ich auch dein Gesicht anfassen?«

»Kannst du, aber dann wird es ein bisschen beengt«, sagt er.

»Dann mach du, und ich mache einfach ...« Was mache ich? Was mache ich mit meinen Händen? Ich schiebe sie in die Taschen meiner Corporate-Christmas-Shorts.

Der Dobler legt mir eine Hand an die Wange. Seine Hand ist warm. Die Abendluft ist kühl, fällt mir auf. Fast schon kalt.

»Gut?«, fragt er.

»Gut«, antworte ich.

Sein Gesicht bewegt sich auf meins zu. Er neigt den Kopf minimal nach rechts und ich folge seinem Beispiel.

Und dann sind seine Lippen auf meinen. Sie sind ebenfalls warm und zimtig. Weich. Keine Zunge. Angenehm. Und warm und weich und gut und etwas, womit ich eine Weile weitermachen könnte.

Also machen wir eine Weile weiter. Und mir geht auf, dass ich gar nicht genau weiß, wie sich ein einzelner Kuss abgrenzen lässt, denn was wir tun, fühlt sich irgendwie an wie eine ganze Reihe von Küssen oder eben wie ein langer Kuss oder eine Mischung aus beidem. Aber wozu die Haarspalterei? Es ist schön. Schließlich löst er seine Lippen von meinen und sieht mir in die Augen.

»Von eins bis zehn?«, fragt er.

Ich habe beinahe Angst vor seinem Urteil. »Von eins bis zehn.« Ich wappne mich.

»Na ja«, meint er, »angefangen hat es als Fünf.«

»Als Fünf«, wiederhole ich. Eine Fünf? Ich bin *wirklich* schlecht im Küssen. Ich bin *miserabel*. Eine Fünf?

»Du warst ein bisschen verkrampft. Ein bisschen ... nicht ganz bei der Sache. Aber am Ende, da hatten wir eine solide Acht, würde ich sagen.«

Acht klingt besser. Womöglich sogar gut. Ich frage lieber nach. »Eine Acht ist gut, oder?« Seine Hand berührt nicht mehr meine Wange.

»Eine Acht ist gut. Sehr gut sogar, wenn man die benachteiligenden Faktoren bedenkt.«

Benachteiligende Faktoren? Er gibt mir Mitleidspunkte! Irgendetwas stimmt *tatsächlich* nicht mit mir. Meine Lippen sind seltsam oder ich atme unnormal oder –

»Küssen klappt immer besser, wenn ein bisschen Hoffnung in der Luft liegt. Wenn der Kuss beiden Beteiligten etwas bedeutet«, erklärt er.

»Wenn sie ineinander verliebt sind«, sage ich.

»Oder denken, dass es darauf hinauslaufen könnte – wenn Potenzial da ist. Die Möglichkeit einer gemeinsamen Zukunft. Dann ...«, betont er. »Dann entsteht ein bedeutungsvoller Kuss.«

Ein bedeutungsvoller Kuss. Kapiert. Glaube ich.

»Unter den richtigen Rahmenbedingungen würdest du locker eine Zehn erreichen.«

»Im Ernst?«

Er nickt. »Weißt du, wenn du mit mir ausgehen und dich auf ein echtes Date einlassen würdest – dann könnte ich mir vorstellen, dass es uns gelingt, diese Bedingungen zu erschaffen.«

Dieser bebrillte Dobler ist wirklich süß. Und lieb. Und witzig. Und er ist hier. Nicht zu Hause unter dem Vorwand, dass er noch dringende Hausaufgaben zu erledigen hat, nur weil ein blödes, unsicheres Mädchen die Nerven verloren hat, statt ihn zurückzuküssen. Aber ...

»Du hast ein Auge auf jemand anders geworfen«, stellt er fest. »Tja, da kann man nichts machen.« Er prostet mir mit einem unsichtbaren Drink zu. »Schau mir in die Augen, Kleines.«

»Das stammt aus einem Film, stimmt's?«

»*Casablanca*«, nickt er. »Bogart. 1942. Humphrey Bogart sagt das zu Ingrid Bergman, als die beiden sich verabschieden, damit sie zu –«

Ich unterbreche ihn. »Du bist derjenige, der sich den Namen für eure Band hat einfallen lassen, oder?«

»Das Lloyd Dobler Octet? Das ist eine Anspielung auf *Teen Lover*. Klassische Teenie-Romanze aus den Achtzigern –«

»Mhmm«, mache ich. Ich greife nach seiner Hand. »Komm mal mit.«

»Ja?«, fragt er. »Hast du es dir anders überlegt?«

»Ich möchte dich jemandem vorstellen. Jemandem, der eventuell großes Interesse an den richtigen Rahmenbedingungen haben könnte, von denen du geredet hast.«

»Wirklich?«, vergewissert er sich.

»Erwähne nur einfach nicht den Subaru, okay?«

Ellie und der Dobler – Anthony – verstehen sich auf Anhieb.

Als um elf Uhr die Lichter angehen, erspähe ich die beiden in der Nähe des Mistelzweig-Minenfelds. Der Kuss, den sie austauschen, ist kurz, eher ein Küsschen, und doch erahne ich seine Bedeutsamkeit. Eine Ahnung, die sich bestätigt, als Anthony sich zum Gehen wendet. Er fängt meinen Blick auf, formt mit den Lippen ein *Danke* und hält beide Hände hoch. Eine Zehn. Ellies Miene lässt darauf schließen, dass sie der gleichen Meinung ist.

»Du erfüllst einfach allen ihre Weihnachtswünsche, was?«, witzelt Alice.

»Nicht allen.« Ich bin mir immer noch nicht sicher, ob Hector überhaupt tatsächlich vorhatte, mich zu küssen, doch falls ja – und falls er es noch einmal versuchen sollte –, dann werde ich bereit sein. »Aber ich arbeite daran«, erkläre ich ihr.

33

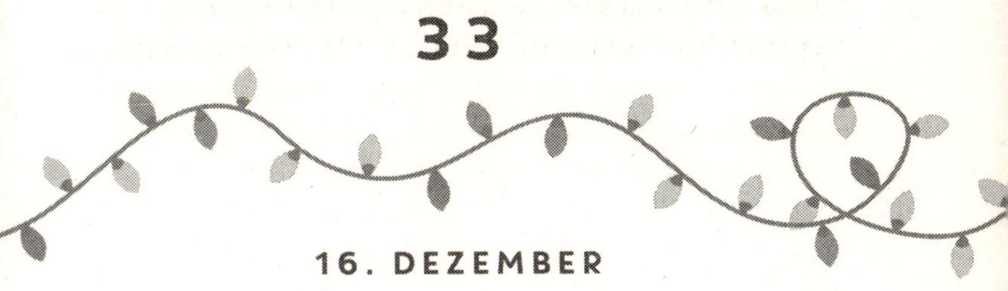

16. DEZEMBER

Am nächsten Tag nach der Schule fahre ich gleich nach Hause, schlüpfe in meine Praktikanten-Uniform (die Gram am Vormittag für mich gewaschen hat), schnappe mir einen Brownie von der Küchenanrichte und mache mich direkt wieder auf den Weg hinüber in den Laden. Die Flut an Kinderbriefen scheint ein wenig nachzulassen. Am Dienstag hat Bryan mir nur einen halben Karton mit neuer Post gebracht. Nachdem Ellie und Hector mit dem Dreh im Baumschuppen fertig waren und sich verabschiedet hatten, konnte ich den Großteil meiner Schicht zwischen den Regalen verbringen, die Auslagen richten, Baumschmuck sortieren und Kunden helfen. Ich rechne damit, dass es heute ähnlich laufen wird, doch als ich meinen Praktikantenschreibtisch erreiche, wartet Bryan bereits auf mich. In der Hand hält sie einen von DeKiesers Torino-Flyern. »Carole möchte dich in ihrem Büro sprechen.« Sie dreht sich auf ihrem Roboterabsatz um. »Folge mir.«

»Ich weiß, wo Caroles Büro ist«, stelle ich klar, aber das ändert nichts. Ich schätze, sobald die Programmierung einmal angelaufen ist, lässt der vorgegebene Pfad keine Abweichungen mehr zu – eine Vorstellung, die ich aus irgendeinem Grund auch ganz persönlich beunruhigend finde.

Mein Bauchgefühl sagt mir, dass der MX-5 die Lösung sein wird. Sonnenscheingelbe Freiheit. Die Welt wird mir offenstehen. Ich werde Wahlmöglichkeiten haben. Zeit mit Alice verbringen können, wann immer ich will. Und vielleicht sogar mit Hector. Sofern *er* will.

Ob er allerdings will, erscheint mir fraglich. Heute Vormittag in *Mythologie heute* hat er mich kaum eines Blickes gewürdigt. Er war voll und ganz auf seinen Aufsatz fokussiert und hat still vor sich hin gelesen – oder bloß so getan, als würde er lesen? Ich habe versucht, seine Aufmerksamkeit auf mich zu ziehen, aber dann hat Ms Colando mich nach vorn gerufen, damit ich meinen eigenen Aufsatz vortrage: »Warum Elfen keinem helfen«. Ich musste heute Morgen in aller Herrgottsfrühe aufstehen, um ihn zu schreiben, und ich gebe zu, ein Glanzstück ist dabei nicht herausgekommen. Aber wer vollbringt morgens um fünf schon kreative Höchstleistungen? Nach einem Abend im Torino? Einem Abend, an dem über vierhundertfünfzig Dollar aus einem gewissen MX-5-Fonds flöten gegangen sind? Nach einem Dobler-Kuss? Nachdem man zu viel Angst hatte, um einen Jungen mit bemerkenswerten Schultern zu küssen, der vielleicht-oder-vielleicht-auch-nicht einen Kuss im Sinn hatte? Ich hatte meine liebe Mühe, beim Schreiben die Augen offen zu halten. Nicht viel besser erging es mir beim Vorlesen. Und nachdem die nächste Referentin, DeKieser, mit ihrem Vortrag über die Gründe für das Fehlen von Schneefotos in Collegebroschüren kaum eine Minute weit gekommen war, habe ich aufgegeben und die restliche Stunde an meinem Pult verschlafen.

»Hier ist sie«, verkündet Bryan und hält mir Caroles Bürotür auf.

»Frankincense«, grüßt Tante Carole. »Setz dich.«

Ich setze mich.

»Kannst du mir das erklären?« Sie gestikuliert zu Bryan hinüber.

»Cyborg?«, schlage ich vor. »Bionik? Geheime Regierungsverschwörung, um die profitable Welt des Lamettahandels zu infiltrieren?«

Tante Carole verzieht keine Miene. »Den Flyer.«

»Das war eine Spendensammlung. Für die Suppenküche.«

Sie nimmt einen Zettel von ihrem Schreibtisch. »Auf deinem Antrag auf Dienstplanänderung steht, dass du den Abend für ein Schulprojekt freihaben wolltest. Du hast also gelogen?«

»Das *war* ein Schulprojekt. Der Film – das war das Projekt meiner Freundin Ellie. Und ich habe daran mitgewirkt.«

»In Uniform«, sagt Tante Carole. »In einer Aufmachung, in der du dieses Unternehmen repräsentierst. Ohne Erlaubnis oder vorherige Absprache.«

Woher weiß sie das alles? »Es war für einen guten Zweck«, verteidige ich mich.

»Ich bin die Leiterin der Marketingabteilung«, sagt Carole. »Über Charity-Projekte entscheide ich. Wir arbeiten bereits mit einer Reihe von Wohltätigkeitsorganisationen zusammen. Mit der Hollydale Public Library. Toys for Tots. Diesen Leuten, die die Kinderparty im Krankenhaus ausrichten.«

»Ich dachte, das mit der Party machen wir dieses Jahr gar nicht«, wende ich ein. Solange ich mich erinnern kann, hat Grampa Chris – und später dann Dad – bei der Weihnachtsfeier auf der Kinderstation des Grace Memorial Hospital den Weihnachtsmann gespielt. Allerdings: Ebenfalls solange ich denken kann, fahren Mom und Dad an ihrem Hochzeitstag einmal über Nacht nach Chicago. Das ist das einzige Zugeständnis, das Weihnachten an ihr Privatleben machen muss, und da sich Chicago-Trip und Weihnachtsfeier der Kinderstation dieses Jahr überschneiden, bedeutet das wohl tatsächlich, dass ein anderer Santa im Krankenhaus auftreten muss. Ehrlich gesagt scheinen die beiden sich mehr denn je auf Chicago zu freuen – kein Wunder, so hart, wie sie in den letzten Wochen geschuftet haben. Heute Morgen bin ich im Flur beinahe über ihren Koffer gestolpert. Ich sollte mir wirklich angewöhnen, das Licht einzuschalten.

»Das bezog sich natürlich nicht auf uns persönlich«, meinte Tante Carole. »Ich habe der Klinik geholfen, einen Ersatz zu finden, was für sich genommen bereits eine wohltätige Handlung war. Und dich außerdem überhaupt nichts angeht.« Sie wirkt sogar noch reizbarer als sonst. Mir springt eine Ausgabe der *Hollydale Daily* ins Auge, die aufgeschlagen vor ihr auf dem Schreibtisch liegt. Kürzlich war ein weiterer Leserbrief abgedruckt, diesmal von einer Befürworterin des Kranzes. Unterzeichnet hat ihn eine »Liebhaberin der Weihnachtszeit mit all ihrem Glanz und Glück«. Der Text selbst steckt jedoch voller Gehässigkeiten und Verachtung, und obwohl die Schreiberin schwört, dass im Vorbeifahren allein der Anblick des Kranzes Glöckchen in ihrem Herzen läuten lässt, könnte ich wetten, dass es sich dabei eher um das Klimpern von Armreifen handelt.

»Und ich sehe, dass du morgen schon wieder eine Freistellung beantragt hast?« Sie schwenkt einen Zettel mit einer weiteren Bitte um Dienstplanänderung.

»Wir wollen die Lebensmittel und die Bücher zu den Elf Shelfs bringen«, erkläre ich ihr. »Alice schreibt eine Story darüber und möchte mich dabeihaben, für Fotos. Das sorgt bestimmt für gute Publicity. Großartige Publicity. Ich meine, eine Story in der *Daily* und all die glücklichen Menschen und –« Mist, jetzt plappere ich kopflos dahin. Aber ich habe Alice nun mal versprochen, mitzukommen, und Hector hat seinen Bruder dazu überredet, uns zu fahren, und ... »– die Leute haben Hunger und –«

»Um wie viel Uhr?«, unterbricht mich Carole.

»Die Auslieferung? Hectors Bruder holt uns um zwölf Uhr mittags ab, dann sammeln wir die Lebensmittel im Torino ein und klappern nacheinander die beiden Elf Shelfs ab, machen ein paar Fotos und –«

»Dann bist du also nachmittags beschäftigt?«, fällt Carole mir erneut ins Wort. Ich sehe, wie sie einen Blick mit Bryan tauscht, die sich eine Notiz macht. Sie zieht mir Säulenpunkte ab, ganz sicher. Ich wünschte, ich wüsste, wie viele ich habe – ob es überhaupt die Mühe wert ist, dass ich mich so ins Zeug lege. Was würde ich nicht dafür geben, einmal in Bryans Notizbuch zu spitzen. Da sich diese Chance aber kaum bieten wird, erscheint mir Katzbuckeln als beste Option. »Vormittags könnte ich im Laden mit anpacken«, biete ich an. »Ich kann um halb acht da sein und Dottie helfen, noch bevor der Shop öffnet, falls du –«

Klimpernde Armreifen. »Schön«, sagt Carole. Wieder späht sie zu Bryan, dann zurück zu mir. »Aber wenn du schon in der Weltgeschichte herumtingelst und den Shop repräsentierst, kannst du dir genauso gut den kompletten Nachmittag dafür Zeit lassen. Sei sichtbar. Biete dich an. Posiere für Bilder. Jede Menge Bilder. Ganz ohne Eile.«

Bryan nickt.

»Bist du sicher? Mom und Dad kommen morgen doch erst spätabends aus Chicago zurück. Onkel Jack hat eigene Pläne. Vielleicht braucht Dottie –«

»Du bist nicht unentbehrlich, Frances«, sagt Carole. »Wir haben haufenweise Angestellte – feste Angestellte ohne Bewährungsfrist –, die absolut in der Lage sind, den Laden einen Tag lang allein zu managen.« Und noch einmal der kurze Seitenblick zu Bryan, die mit gezücktem Stift dasteht und offenbar nur auf das Kommando wartet, weitere Säulenpunkte einzukassieren.

»Okay«, sage ich. »Ich meine: gut.«

»Ist das alles?«, fragt Carole. Sie schaut, als wäre es nicht alles. Als hätte ich etwas Wichtiges vergessen.

»Danke?«, rate ich.

Ein winziges Lächeln zuckt in Caroles Mundwinkel. Es wirkt unbehaglich dort, als wäre ihr Mund aus der Übung.

»Den ganzen Nachmittag. Du brauchst dich nicht zu beeilen. Spiel anschließend noch ein bisschen mit deinen Freunden«, bekräftigt sie. Ich studiere ihre Miene. Sie scheint es tatsächlich ernst zu meinen. Heiliger Bimbam, ein Weihnachtswunder! »Geht ins Kino. Eislaufen. Ich habe gehört, der Eintritt für die Eisbahn ist morgen frei. Schlittschuhfahren habe ich geliebt, als ich in deinem Alter war.«

Als sie in meinem Alter war. Manchmal vergesse ich, dass Carole jemals in meinem Alter war. Dass sie in ebendiesem Haus aufgewachsen ist, in dem wir uns gerade befinden. Im Holiday Shop gejobbt hat, genau wie ich. Dass Grampa Chris ihr Dad war und ihr Boss und dass sie vielleicht ebenso wie ich auf etwas hingespart hat, das ihr wichtig war. Dass sie mir vor langer Zeit einmal – eventuell – ein bisschen ähnlich war.

Nee.

Zurück an meinem Schreibtisch, finde ich diesmal nur einen Schuhkarton voller Briefe vor, hauptsächlich von der Sorte, die ich inzwischen im Schlaf beantworten könnte. Tatsächlich nicke ich beim Schreiben ein paarmal kurz ein.

Liebe Deedee,
danke für deinen Brief.

Liebe kleine Freundin,
ich habe dem Weihnachtsmann ausgerichtet, dass du dir einen Baseballhandschuh wünschst.

Lieber Dewayne,
ich freue mich, dass du diese Woche brav warst.

Liebe Rain,
dein Karatekurs klingt bombastisch.

Eine gestresst wirkende Frau parkt ihre drei Kinder vor mir, ehe sie die Geschenkpapierabteilung ansteuert. »Bleibt bei dem Elfenmädchen«, schärft sie ihnen ein, obwohl auf meinem Schreibtisch unübersehbar der Briefkasten mit der Aufschrift *Santas Praktikantin* steht. »Löchert sie mit ein paar Fragen.«

Die Fragen der drei sind mir schon etliche Male in den Briefen begegnet: Wie bist du an deinen Job gekommen? Kriegst du Geld dafür? Macht es Spaß?

Strenges Auswahlverfahren samt Vorstellungsgespräch.

Mein Lohn ist das Strahlen der Kinder.

Schaut euch nur all diese Briefe an! Wenn das nicht nach tonnenweise Spaß aussieht!

»Woher hast du diese coolen Shorts?« Ich schaue von meinem Briefpapier hoch. Hinter zweien meiner kleinen Ausquetscher ragt ein stämmiger blonder Kerl im Hockeytrikot der Hollydale Vikings auf.

»Gunther Hobbes. Star-Stürmer und Modekritiker«, sage ich. Seine Stirn kräuselt sich. Er hat wohl vergessen, dass er auch derjenige war, dem mein Zuckerstangenrock zuerst aufgefallen ist. Ich allerdings erinnere mich natürlich bestens. »Die Shorts gehören zur Standard-Garderobe der Praktikanten. Wir alle haben sie nach der Einführung bekommen. Die Krawatte durfte ich aber frei wählen.«

»Die ist hübsch«, sagt ein kleines Mädchen.

»Danke.« Ich frage die Kleine nach ihrem Namen, und sie verrät mir, dass sie Stella heißt. »Ich sorge dafür, dass Santa erfährt, was für vorbildliche Manieren du hast, Stella.«

»Du solltest ihm auch sagen, dass dieser Kerl unhöflich war.« Stella funkelt Gunther böse an.

»Gute Idee«, nicke ich. Ich schnappe mir einen Schmierzettel. *Stella hat hervorragende Manieren,* schreibe ich. *Gunther Hobbes ist unhöflich.*

Da kommt Stellas Mom zurück und scheucht ihre Kinder in Richtung Kasse. »Winkt dem Elfenmädchen zum Abschied«, verlangt sie. Ich trommele demonstrativ auf meinem Praktikantenbriefkasten herum, aber sie bemerkt es gar nicht.

»Der Coach hat gemeint, ich kriege hier Christbaumschmuck mit Hockeymotiven«, sagt Gunther. »Weißt du, wo so was ist?«

Ich könnte ihm den Weg erklären, aber finden würde er das Regal sowieso nicht – und nicht nur, weil er die geistigen Fähigkeiten einer Cornflakesschachtel besitzt. Der Hollydale Holiday Shop verkauft Tausende von Weihnachtsanhängern, geordnet nach Themen und Interessen. Wir haben allein mehr als einhundert verschiedene Hunderassen im Sortiment. Die Sportdeko ist ziemlich weit hinten, zwischen College und Popkultur. Hockey ist zwar an der Hollydale High School der Renner, in Indiana insgesamt aber nicht annähernd so populär wie Basketball oder Football. Die Glaspucks und winzigen Torwartmasken (die gleichzeitig auch im Creepy-Christmas-

Gang angeboten werden) übersieht man leicht. Ich führe Gunther hin und kehre dann an meinen Schreibtisch zurück. Irgendwie hat Bryan in den wenigen Minuten meiner Abwesenheit all meine fertigen Briefe eingesammelt und den Schuhkarton wieder aufgefüllt. Sisyphus lässt grüßen.

Liebe Chanel,
Santa wird sich freuen, wenn ich ihm erzähle, wie gut du im Rechtschreibtest abgeschnitten hast.

Lieber Crosse,
Santa wird sich freuen, dass du dich in der Schule so verbessert hast.

Lieber Dayo,
Schneemänner sind toll. Manchmal ein bisschen frostig, aber wenn man sie besser kennenlernt, tauen sie auf.

»Nimm den da als Nächstes.« Gunther ist zurück. Er trägt einen Korb mit drei Ho-Ho-Hockey-Kugeln und ein paar Glaspucks. »Den im orangefarbenen Umschlag.«

Zwischen den restlichen Briefen sticht tatsächlich ein großer Umschlag in leuchtendem Orange hervor. Als Absender steht »Hobbes Heizung und Sanitär« darauf.

»Hast du Santa einen Brief geschrieben, mein Kleiner?«

»Nicht ich, sondern meine Schwester«, sagt Gunther. »Ich will sehen, was sie geschrieben hat.«

»Ich fürchte, Santas Praktikantin hat eine strikte Vertraulichkeitsvereinbarung unterzeichnet. Würde ich dir den Brief zeigen, stünde hier prompt ein Elite-Team der Elfen-Spezialeinheit vom Nordpol auf der Matte, um mich kaltzumachen.« Ich fahre mir vielsagend mit einem Finger über den Hals.

»Ich muss den Brief sehen, okay?« Irgendwie klingt er beinahe ... verletzlich. »Weihnachten war immer Moms Ding. Mein Dad bezahlt für alles, aber wenn es dieses Jahr bei uns auch nur ansatzweise weihnachtlich werden soll, muss ich mich darum kümmern.« Er hebt den Korb mit den Glaspucks an. »Gordie hat sich geweigert, mir ihren Wunschzettel zu zeigen. Sie ist ein liebes Kind. Sie verdient ein schönes Weihnachtsfest, okay?«

Er redet, als sollte ich wissen, was mit seiner Mom passiert ist – aber ich habe keinen blassen Schimmer. Und nachfragen werde ich auch nicht. Doch ich greife nach dem orangefarbenen Umschlag und schlitze ihn auf. Ich gebe Gunther den Brief nicht in die Hand, streiche ihn allerdings auf der Tischplatte glatt, sodass er ihn mitlesen kann. Sofern er denn überhaupt lesen kann, versteht sich. »Lass dich bloß nicht von den Elfen-Guerillas erwischen«, raune ich ihm zu. Ich nehme Tante Caroles Sonnenbrille aus meiner Tasche und setze sie auf, als täte ich etwas ganz Verschlagenes. In Wirklichkeit habe ich eher das Gefühl, dass Gunther vielleicht ein bisschen Privatsphäre braucht. Und das ist meine einzige Möglichkeit, sie ihm zu gewähren.

»Oh nein!«, stöhnt Gunther. »Sie wünscht sich die lila Fairy Ninja Twin! Ich habe ihr die pinkfarbene gekauft. Die Dame im Laden meinte, alle Mädchen in Gordies Alter wollen die Puppe in Pink. Ich hätte es wissen müssen. Sie ist einfach kein typisches Pink-Mädchen.« Echte Zärtlichkeit liegt in seiner Stimme. Er liebt seine Schwester. Gunther Hobbes liebt jemanden.

»Danke, Francie«, sagt er. Ich wusste nicht mal, dass er meinen Namen kennt.

Ich zucke die Schultern, als wäre nichts dabei, und zupfe meine Hosenträger zurecht.

»Nein, wirklich. Danke«, wiederholt er. »Falls diese Elfen-Guerillas dir jetzt das Leben schwer machen, gib mir Bescheid.«

»Wie wäre es, wenn du einfach aufhörst, mir in der Schule das Leben schwer zu machen, hmm?«

Er braucht eine Minute, um auszuknobeln, wovon ich rede. »Du meinst ...« Er streckt die Zunge heraus. »Ramirez hat uns gesagt, dass er das nicht mehr von uns sehen will.«

»Ach ja?«

»Jep. Also haben wir im Unterricht damit aufgehört, aber dann hat Spinek erzählt, dass es dir gefällt. Dass du auf die Aufmerksamkeit stehst.« Gunther wirkt verwirrt. »Es ärgert dich ernsthaft?«

»Was denkst du denn?« Ich habe keine Lust mehr, mich darüber zu unterhalten. Ich nehme meinen Stift und lege mir einen neuen Briefbogen zurecht.

Liebe Gordie, schreibe ich.

»Schreib ihr, sie kriegt die lila Fairy Ninja Twin. Nein, warte. Schreib ihr, sie kriegt beide, pink und lila.«

»Santa macht keine Versprechungen«, erkläre ich Gunther.

»Nein?«

»Man weiß nie, was im Leben eines Kindes gerade los ist. Man weiß nicht, ob die Eltern vielleicht gegen Videospiele sind oder nicht genug Geld für die Wünsche ihrer Sprösslinge haben oder –«

»Oder wer stattdessen die pinkfarbene Fairy Ninja Twin bekommt. Schon kapiert. Aber sie bekommt beide. Das verspreche ich dir.«

Wäre es nicht Gunther Hobbes, der vor mir steht, wäre ich jetzt versucht, beruhigend seinen Arm zu tätscheln und ihm zu versichern, dass ich ihm glaube. Okay, es ist Gunther Hobbes und ich tue es trotzdem.

Er bleibt hinter mir stehen, während ich die nächste Zeile schreibe.

»Und schreib ihr, sie soll aufhören, in meinem Zimmer herumzuschnüffeln, ja? Ich habe ihre ganzen Geschenke in meiner Ersatz-Hockeytasche versteckt und will wirklich nicht, dass sie sie findet.«

Ich schreibe Gordie, dass Santa es mitbekommt, wenn sie herumspioniert.

»Danke«, sagt Gunther. »Hey, tut mir leid mit dem –« Er macht Anstalten, wieder die Zunge herauszustrecken, aber ich bremse ihn.

»Gunther, ganz im Ernst: Ich möchte das nie wieder sehen.«

Gunther nickt. »Alles klar«, antwortet er. »Alles klar.« Er wendet sich zum Gehen, hält dann aber inne. »Hey, Francie? Nur weil ich mich wie ein Idiot benommen habe, heißt das nicht, dass Gordie ... Könntest du einfach ... könntest du ihr einen schönen Brief schreiben?«

Damit geht er. Ich schreibe den Brief. Er wird nicht unschön.

34

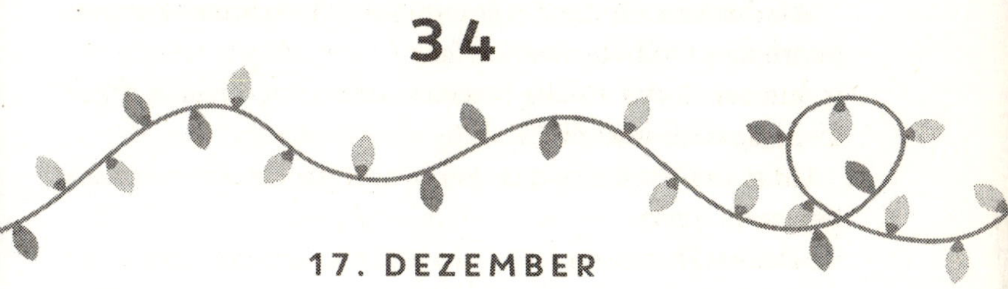

17. DEZEMBER

Alice und ich stehen auf dem Parkplatz hinter dem Nordpol und warten darauf, dass Hector und Luis uns abholen, um mit uns zum Torino zu fahren, wo DeKieser schon die Lebensmittelspenden in Kisten packt. Es ist kalt und windig, und zum ersten Mal, seit ich Santas Praktikantin bin, bin ich dankbar für meine Weihnachtsmütze. Genauso wie für den dicken Daunenmantel, den ich trage. Ein bisschen sieht er aus wie ein Schlafsack mit Ärmeln, und auch wenn ich ihn niemals in die Schule anziehen würde, ist er perfekt, um jemanden in Corporate-Christmas-Shorts warm zu halten.

Die Wettervorhersage hat für heute Abend Schnee versprochen, aber das glaube ich erst, wenn ich es sehe. Der Wettermann vom Radio hat diesen Monat schon zweimal Schnee prophezeit, und gefallen ist bisher nicht eine einzige Flocke.

Alice tippt fieberhaft auf ihrem Handy herum, auf dem ein erster Entwurf ihrer Story für die *Hollydale Daily* langsam Form annimmt. Sie muss das Ganze heute Abend abgeben, und sofern alles klappt wie geplant, läuft es in der Dienstagsausgabe. »Weißt du noch, wie viel diese ganzen Exemplare von *Wilbur und Charlotte* zusammen gekostet haben?«, fragt sie mich.

Wie könnte ich das vergessen haben? »Achthundertvierundsiebzig Dollar«, antworte ich.

Sie haucht sich auf die Daumen, um sie zu wärmen. Tippt dann *Jugendliche der örtlichen Highschool sammeln 874 $.*

Wobei der Großteil genau genommen von nur einer einzigen Spenderin beigesteuert wurde, würde ich gern hinzufügen. Von einer fünfzehnjährigen Spenderin, die in der Folge nun nicht annähernd so weit auf ihrem Weg zu sonnenscheingelber Unabhängigkeit ist, wie sie es sich für diesen Zeitpunkt erhofft hatte.

Eine Windböe droht mir die Weihnachtsmütze vom Kopf zu reißen, und ich male mir aus, wie mir bei meinen Ausfahrten ohne Verdeck eine sommerliche Brise die Haare aus dem Gesicht weht, sobald der MX-5 mir gehört. Und ich Autofahren gelernt habe.

Der Kombi von Hectors Bruder rollt auf den Parkplatz, doch am Steuer sitzt nicht Luis. Sondern Hector.

»Du hast schon deinen Führerschein?«, fragt Alice erstaunt, während wir uns auf die Rückbank quetschen.

»Ich habe eine Erlaubnis für begleitetes Fahren«, erklärt Hector. »Mein Geburtstag ist im Januar.«

»Und der Kleine braucht jede Menge Übung«, meint Luis.

Damit hat er nicht ganz unrecht. Hectors Hände umfassen das Lenkrad sicher und routiniert, aber sein Tempo ist sprunghaft, und an jeder roten Ampel und jedem Stoppschild bremst er abrupt gut drei Meter früher als nötig, rollt dann im Schritttempo bis zur eigentlichen Haltelinie und haut erneut seinen Fuß auf die Bremse. Dabei schielt er jedes Mal auf der Suche nach Bestätigung zu Luis, bekommt ein kurzes Nicken und drückt wieder etwas zu fest aufs Gas – nur um im nächsten Moment erschrocken über sich selbst rabiat abzubremsen. Deshalb dauert die Fahrt, die eigentlich in einer Viertelstunde zu schaffen ist, beinahe doppelt so lange, doch keiner von uns kommentiert das. Schließlich haben weder Alice noch ich auch nur eine eingeschränkte Fahrerlaubnis.

Als wir endlich am Torino ankommen, stellen wir fest, dass Angestellte und Gäste seit Donnerstag noch weitere Konservendosen zusammengetragen haben. Somit finden wir jetzt mehr Kartons voller Bücher und unverderblicher Lebensmittel vor, als in den Kofferraum des Kombis passen, und müssen ein paar Kisten im Fußraum des Wagens unterbringen. DeKieser, Alice und mir bleibt daher nichts anderes übrig, als uns halb übereinander auf die Rückbank zu stapeln, da dort, wo unsere Beine eigentlich hingehören würden, Bohnendosen und Geschichten über fabelhafte Schweine untergebracht sind.

Sobald Hector nach einer halben Ewigkeit endlich eine passende Lücke zwischen den vorbeirauschenden Autos findet, in die er sich einfädeln kann, sind wir unterwegs zum ersten der beiden Elf Shelfs. Dort angekommen, gehen Alice und ich hinein und werden von einem Mann begrüßt, der Alice' Notizen zufolge Charlie heißt. Die Begrüßung fällt kurz aus. Charlie hat alle Hände voll zu tun, genau wie seine Kollegen bei der Essensausgabe, denn es ist jede Menge los. Ich erspähe zwei Mädchen, die zwischen neun und zwölf sein dürften. Ob eine davon wohl Olivia ist?

»Habt ihr *Wilbur und Charlotte* gelesen?«, frage ich.

Die Jüngere erinnert sich, den Film gesehen zu haben. Die andere findet Schweine gruselig. Keine von beiden heißt Olivia. Alice bittet sie, kurz zu warten, sodass wir jeder von ihnen eine eigene Ausgabe des Buchs schenken können.

Die Mutter der zwei mustert uns skeptisch. »Ihr seid aber nicht von irgendeiner Sekte, oder? Ihr habt die Geschichte nicht umgeschrieben und lauter Anspielungen auf euren ganz persönlichen Propheten darin untergebracht?«

»Das ist einfach nur der Klassiker *Wilbur und Charlotte*«, verspreche ich und haste los zu Hector, um ihm zu sagen, dass er um das Gebäude herumfahren und hinten die Lebensmittel und einen Großteil der Bücher abgeben soll. Charlie hat mich angewiesen, einen der Bücherkartons direkt in den Hauptraum zu bringen und dort an der Essensausgabe abzustellen, damit seine Freiwilligen jeder Familie, die heute hier aufschlägt, ein Exemplar aushändigen können.

Alice bleibt bei der Mutter und ihren Töchtern stehen, zweifellos in der Absicht, sie mit ein paar Fragen für ihre Story zu löchern.

Als ich zurückkomme, drücke ich jedem der Mädchen ein Buch in die Hand und übergebe Charlie die restlichen Ausgaben. Hector, DeKieser und Luis stoßen gleich darauf zu uns.

»Entschuldigung.« Eine Freiwillige drängt sich mit einer Lattenkiste voller Milchtüten an uns vorbei. Etliche Leute bedienen sich daraus, bevor sie auch nur den Kühlschrank erreicht hat.

»Herrscht hier immer so ein Andrang?«, erkundigt sich Luis bei Charlie, der den Kopf schüttelt.

»Wir sind zwar für eine Menge Familien zuständig, aber was ihr heute seht, ist der Kombination aus Weihnachten und Schneesturmwarnung geschuldet.«

»Können wir uns irgendwie, keine Ahnung, nützlich machen oder was weiß ich?«

»Zurzeit haben wir jede Menge Helfer«, erklärt Charlie. »Weihnachten kitzelt das Beste in den Menschen hervor. Unterstützung bräuchte ich im Februar, wenn der Geist der

Feiertage verflogen ist und die guten Vorsätze fürs neue Jahr schon wieder vergessen sind. Dann brauche ich neue Freiwillige – verlässliche, die nicht nur einmal, sondern regelmäßig mit anpacken.«

DeKieser weicht seinem Blick aus. Alice, Hector und ich ebenfalls. Wir sind Teenager ohne eigenes Auto. Wir können uns nicht zu irgendetwas verpflichten, wofür wir auf eine Fahrgelegenheit angewiesen sind, ohne das vorher mit unseren Eltern abzusprechen. Stumm gelobe ich, dass ich einmal in der Woche im Elf Shelf aushelfen werde, sobald ich meinen MX-5 habe. Luis allerdings nimmt sich einen Flyer von der Theke und verspricht Charlie, sich bei ihm zu melden, sobald er weiß, wie sein Kursplan im nächsten Semester aussieht.

Charlie schüttelt Luis gerade die Hand, als eine Familie an die Ausgabe tritt. Noch ein Mädchen in Olivias Alter, das sich halb hinter seinen Eltern versteckt. Hector reicht ihr ein Buch. »Für dich«, sagt er. »Mit besten Grüßen von Santas Praktikantin.«

»Bedank dich, Quinn«, sagt die Mutter.

Auch dieses Mädchen ist nicht Olivia.

»Wir sind hier nur im Weg«, stellt Luis fest. »Vamos.«

Im zweiten Elf Shelf geht es ähnlich zu. Wir geben Bücher und Lebensmittel ab. Alice fällt ein, dass sie noch ein Bild von mir braucht, also drücke ich DeKieser meinen Schlafsackmantel in die Arme, halte mit einer Hand ein Buch und mit der anderen eine Suppendose in die Höhe und posiere mit dem Charlie-Pendant des zweiten Elf Shelf. Innerhalb von zehn Minuten ist alles erledigt.

»Das war, keine Ahnung, was Gutes, das wir da gemacht haben«, meint DeKieser, als Hector den Kombi im Schneckentempo vom Parkplatz manövriert. »Die Leute haben

Lebensmittel und Kram gebraucht. Und die Kids waren froh, mal – was weiß ich – ganz eigene Bücher zu kriegen und so.«

Hector stoppt komplett, um zu antworten: »Ich wünschte nur, wir könnten auch sicher sein, dass Olivia wirklich eins bekommt.«

DeKieser geht nicht darauf ein, aber ich sehe ihr an, dass sie sich das ebenfalls wünscht. Alice vielleicht auch, aber sie hört uns gar nicht zu. Sondern tippt die Story für die *Hollydale Daily* in ihr Handy.

»Ihr gebt euer Bestes«, tröstet Luis uns und erinnert mich damit an meinen Grampa Chris.

Man kann nur sein Bestes geben, hat er stets seinen Schülern erklärt. *Ihr habt lediglich ein paar Minuten. Ihr könnt nicht jedem Kind ein neues Fahrrad schenken oder alle Mädchen und Jungen von ihrer Erkältung kurieren oder sonst alles in Ordnung bringen, was womöglich gerade in ihrem Leben nicht rundläuft. Aber: Ein paar kostbare Minuten lang könnt ihr jedem einzelnen Kind eure volle Aufmerksamkeit schenken. Ihr könnt die Kinder wissen lassen, dass sie diese Zeit verdienen. Dass sie Liebe verdienen.* Und dann, leise, sodass die Schüler sich nach vorn lehnen mussten, um ihn zu verstehen, hat er noch hinzugefügt: *Es sind nicht die Stiefel oder die Mütze oder der Bauch oder der Bart, derentwegen Kinder an Santa glauben. Sie glauben an Santa, weil sie wissen, dass Santa an sie glaubt.*

35

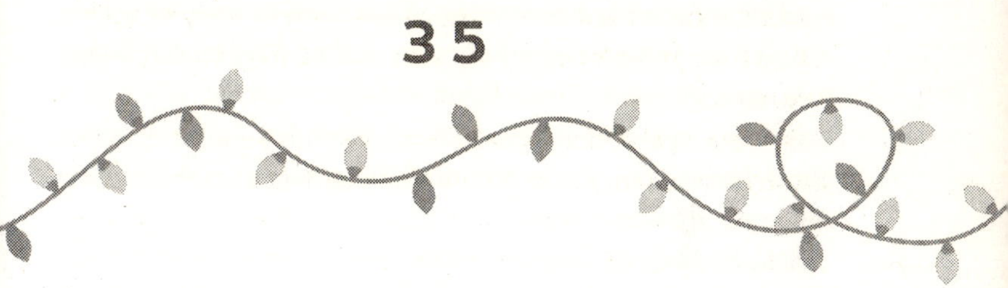

Nach einer halben Stunde ruckeliger Fahrtzeit mit Hector kommt der Wagen zum Stehen, kriecht doch noch ein paar Meter und hält schließlich endgültig vor der Hintertür des Nordpols. Trotz unseres Tempos – wenn man überhaupt von Tempo sprechen kann – hat die Auslieferung viel weniger Zeit in Anspruch genommen, als wir erwartet hatten.

Hector bleiben einige Stunden, ehe er im Hof der Bibliothek wieder Weihnachtsbäume für den guten Zweck verkaufen muss. DeKiesers Mom ist noch mit Einkäufen für die Feiertage beschäftigt. »Wollt ihr auf ein paar Plätzchen mit reinkommen?«, frage ich.

Hector und Luis unterhalten sich kurz auf Spanisch. Luis schaut ziemlich oft zu mir herüber und knufft Hector in Großer-Bruder-Manier in die Seite. Hector steigt aus und sagt noch etwas Spanisches zu seinem Bruder, der inzwischen auf den Fahrersitz gerutscht ist. »Nur Vertrauen«, gibt Luis zurück.

»Plätzchen«, bestimmt Alice. »Und dann müsst ihr alle die Klappe halten, damit ich schreiben kann.«

Der Pausenraum ist voller Saisonmitarbeiter, die sich von ihrer Schicht auf der Verkaufsfläche erholen. Dank Gram sind sie jedoch bestens versorgt. Zusätzlich zu den Plätzchen, die sich im Schneemann befinden, stehen Platten mit Brownies und mehrere Obstschalen auf der Anrichte. Wir füllen uns Teller mit Leckereien, und ich gehe den anderen voran zur Schneeflocke, wo es leer und still genug sein sollte, dass Alice gut arbeiten kann.

Still ist es in der Schneeflocke tatsächlich. Leer allerdings ganz und gar nicht. Bryan ist dort, zusammen mit drei Pappkartons. Großen Pappkartons. Groß genug, um ein komplettes Baumschmucksortiment zu beherbergen. Sogar groß genug für einen Discotürkranz.

»Was ist das?«, frage ich Bryan, auch wenn die Frage eigentlich überflüssig ist. Ich kenne die Antwort. In den Kartons sind Briefe. Briefe an Santas Praktikantin. »Wo kommen die denn her?«, will ich wissen. »Und sag jetzt nicht: von Kindern.«

»Ich habe dir gerade eine Notiz geschrieben.« Bryan reißt eine Seite aus ihrem Büchlein und reicht sie mir. Die Nachricht erklärt sehr gewissenhaft, dass sich in den Kartons jede Menge Briefe befinden und Carole der Meinung ist, all die Kinder, von denen sie stammen, verdienen noch vor Heiligabend eine Antwort von mir.

Ich ziehe einen Umschlag aus dem nächstbesten Karton. Darauf prangt ein Poststempel vom 7. Dezember. »Wie lange liegt dieser Brief schon hier?«, frage ich. Ich fische einen weiteren Umschlag heraus und dann noch einen und noch einen. 10. Dezember. 12. Dezember. »Wieso stehen diese Kisten einfach hier herum? Wieso hast du mir die Briefe nicht früher gegeben?«

»Carole meinte, wir sollten dich nicht überlasten«, sagt Bryan. Die Schärfe in meinem Tonfall ist ihr nicht entgangen.

Sie legt das Notizbuch weg, vermutlich weil ihre Programmierung sie warnt, dass ich tätlich werden könnte und sie eventuell beide Hände zur Verteidigung benötigt.

Ich fische den nächsten Brief heraus. Er stammt von einem Kind hier in Hollydale, abgeschickt am 8. Dezember. *BITTE SCHREIB ZURÜCK* steht mit kirschrotem Wachsmalstift regelrecht verzweifelt darauf gekrakelt.

Wie viele mögen es sein? Fünfhundert? Eintausend? Wie viele Kinder erhoffen sich eine Antwort von Santas Praktikantin? Wie viele würden gern an Santa glauben und werden nun unweigerlich in ihrer Hoffnung enttäuscht? Weil ich absolut keine Chance habe, all diese Briefe rechtzeitig zu beantworten. Das ist vollkommen aussichtslos. Nicht einmal mit Alice' Hilfe. Nicht einmal, wenn Hector ebenfalls mit anpackt. Wie konnte Tante Carole jemals von mir erwarten, das alles zu schaffen?

Sie kann es nicht erwarten. Sie hat es nie erwartet. Sie geht davon aus, dass ich versage. Und dass die Leute wütend sein werden. Und die Santa School den Preis dafür zahlt.

»Wo ist sie?«, will ich von Bryan wissen. Alice' Augenbrauen schießen alarmiert in die Höhe – eine Warnung an mich, nichts Überstürztes zu tun, das ich am Ende bereuen werde. Ich brauche keine Warnung. Vielmehr sollte jemand meine Tante warnen. »Wo ist Carole?«

»Sie ist nicht hier«, sagt Bryan und schiebt sich unauffällig in Richtung Tür. »Sie kommt heute Abend wieder. Denke ich. Vielleicht.« Beeindruckend, wie flink sich ein Roboter mit der passenden Motivation bewegen kann. Die Tür schlägt hinter ihr zu.

Niemand sagt ein Wort. Alice, Hector und DeKieser beobachten mich wachsam. Schließlich bricht DeKieser das Schweigen. »Das ist schon echt eine Menge Post und so.«

Ich umrunde den Tisch. Es sind Hunderte Briefe. Unmöglich zu bewältigen. Ich bin machtlos.

Als ich meine Runde beinahe vollendet habe, fällt mein Blick auf das Notizbuch, das Bryan versehentlich hat liegen lassen. Ich frage mich, wann Carole ihren Plan, mich zu ruinieren, geschmiedet hat. Ich wette, darin steht es – wie ich weiß, ist Bryan eine ganz hervorragende Protokollantin. Ich schnappe mir das Büchlein, um nach Beweisen zu suchen, schlage es an der Stelle auf, wo das Lesebändchen den letzten Eintrag markiert, und stutze. Bryans To-do-Liste für heute. *Briefe in die Schneeflocke bringen*, lese ich, aber das ist es nicht, was mich hat innehalten lassen. Oben auf der Seite findet sich eine weitere Zeile mit einem Kästchen davor, in dem bereits ein Haken sitzt: *Mr McCaffery vom Flughafen abholen*. McCaffery. Den Namen kenne ich. McCaffery ... ein Name, der sich pink anfühlt. Klebrig, wie Marshmallows.

Brady McCaffery. Santa Schmalzlocke.

»Ich muss ins Krankenhaus«, sage ich.

»Was?«, japst Alice.

Hector ist sofort neben mir. »Geht es dir nicht gut? Musst du dich hinsetzen? Sollen wir einen Krankenwagen rufen?«

Im selben Moment, in dem mir eingefallen ist, dass Santa Schmalzlocke in Wirklichkeit Brady McCaffery heißt, hat sich mir Tante Caroles ganzer finsterer Plan erschlossen. Der Weihnachtsmann, den sie für die Kinderparty im Krankenhaus organisiert hat, ist Santa Schmalzlocke. Bryans To-do-Liste bestätigt das. Bei *3 Uhr* steht dort: *Mr McCaffery am Grace Memorial Hospital absetzen.*

»Was ist daran so schlimm?«, fragt Hector, als ich die Sache zu erklären versuche. »Die Kids brauchen doch einen Weihnachtsmann, oder?«

»Sie denkt dabei nicht an die Kinder.« Ich erläutere ihm,

dass die Feier im Grace Memorial von einem Dutzend der größten und wichtigsten Unternehmen der Region gesponsert wird: der Hollydale Mall, der Chrysler-Niederlassung, der örtlichen Buchhandlung, Target – die allesamt ebenfalls Weihnachtsmänner für die Feiertage buchen. Und gleichermaßen ihre Empfehlungen dafür, wen sie anheuern, von Dad bekommen. Und die auch ausnahmslos unsere Schule unterstützen und potenzielle Santas dazu ermutigen, sich bei uns einzuschreiben. All diese Unternehmen schicken ihre Manager oder CEOs oder Marketingleute zur Kinderweihnachtsparty im Grace Memorial, um sich ein Bild davon zu machen, was dank ihrer Spenden möglich wird.

Carole will, dass sie Santa Schmalzlocke in Aktion erleben. Sie will, dass sie Dad anschließend berichten, wie großartig er ist. Sie will ihnen suggerieren, dass alles bei uns noch viel besser wird als je zuvor, wenn Santa Schmalzlocke die Schule übernimmt. Sie ist im Krankenhaus, in diesem Moment, macht Versprechungen und erzählt Lügen.

Ich werfe einen Blick auf die Uhr. Die Party hat vor einer Viertelstunde angefangen. Ich kann Santa Brady McCaffery nicht davon abhalten, Weihnachten einzuschmalzen, aber vielleicht gelingt es mir, Tante Carole ihre Promo-Aktion zu verhageln und ihren Versuch, Grampa Chris' Schule zu schaden, im Keim zu ersticken.

»Ich muss ins Krankenhaus«, wiederhole ich.

»Also sollen wir *tatsächlich* einen Krankenwagen rufen.« Alice' Augenbrauen wandern wieder nach oben. »Francie, keiner von uns kann fahren.«

DeKieser nickt zu Hector hinüber. »Er kann. Mehr oder weniger.«

»Betonung auf *weniger*«, sagt Alice. Sie gibt sich immerhin Mühe, den im Kern zweifellos ernst gemeinten Seitenhieb gegen Hectors Fahrkünste halb scherzhaft klingen zu lassen. »Er hat nur eine Erlaubnis für begleitetes Fahren.«

»Ich würde euch trotzdem hinbringen«, sagt Hector. »Aber Luis lässt mich nie im Leben ohne ihn fahren und er arbeitet drüben auf dem Hof. Ich habe also kein Auto zur Verfügung.«

Süße sonnenscheingelbe Freiheit. Der MX-5. »Ich schon«, verkünde ich.

In der Schneeflocke hängt ein Ersatzschlüssel für jedes Gebäude des Holiday Shop, und den Garagenschlüssel finde ich im Handumdrehen. Onkel Jack ist eislaufen, verrate ich Hector. Mit einer Witwe, die er anschließend zum Abendessen ausführen wird. Selbst wenn die beiden sich beeilen, um die frühe Happy Hour zu nutzen, kommt Onkel Jack garantiert nicht vor sechs Uhr zurück. Ich stecke Bryans Notizbuch ein, für den Fall, dass darin noch irgendetwas steht, das mir von Nutzen sein kann, um Tante Caroles Pläne zu durchkreuzen, und schnappe mir eine gigantische plüschige Samttasche (27,95 $) aus dem Schrank. »Falls irgendjemand versucht, uns aufzuhalten, behaupten wir, Santa hätte die hier vergessen und wir müssten sie ihm bringen«, verkünde ich.

»Und du meinst, keine Ahnung, das funktioniert und Kram?«, fragt DeKieser.

»Vertrau mir«, sage ich. »Ich bin Santas Praktikantin.«

36

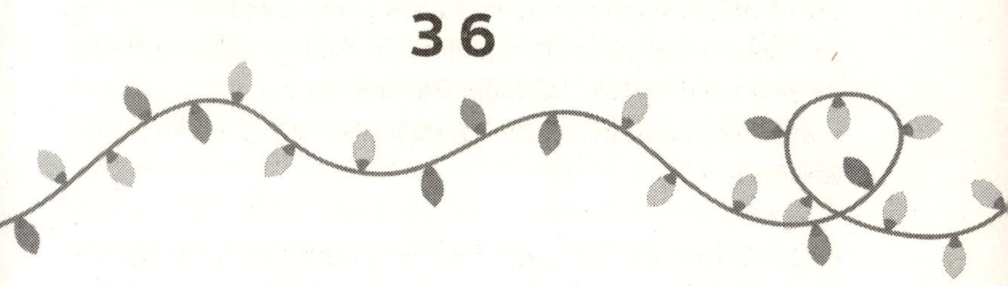

Die Garage ist dunkel. Ich schalte das Licht ein und bin schon halb unter der Plane von Onkel Jacks MX-5, als mir klar wird, dass der Mazda gar nicht da ist und die Plane nun stattdessen die Ladefläche seines Pick-ups überspannt. Der MX-5, begreife ich, begleitet meinen Onkel bei seinem Witwendate.

»Du kannst auch einen Truck fahren, oder?«

Hectors Miene sagt mir, dass er sich da nicht so sicher ist, doch als ich den Schlüssel von seinem Platz an der Wand nehme, hält er seine geöffnete Handfläche hin.

Erwartungsgemäß fährt Hector den Truck in etwa genauso gut wie das Auto seines Bruders, weshalb wir dreimal so lange zum Grace Memorial brauchen, als es normalerweise der Fall wäre. Alice nutzt die Zeit, um weiter an ihrer Story für die *Daily* zu feilen, und ich blättere durch Bryans Notizbuch. Es besteht hauptsächlich aus To-do-Listen und Stichpunkten für Leserbriefe, die Tante Carole zu schreiben gedenkt. Einen Abschnitt füllen Interviewfragen und die dazugehörigen Antworten. Offenbar musste Bryan eine Unternehmerbiografie über meine Tante schreiben. Ich überfliege auch das Interview, das größtenteils ziemlich langweilig ist. Tante Carole ist in Hollydale zur Welt gekommen. Sie war eine gute Schülerin. Während ihrer gesamten Highschoolzeit hat sie nach Schulschluss im Laden ausgeholfen.

Schließlich hat Bryan gefragt, weshalb sie nach Kalifornien gezogen ist. *Als ich auf die Highschool kam, war bereits abzusehen, dass Nicky den Laden erben würde. Mein Vater hatte nicht vor, seine Zeit damit zu vergeuden, ein Mädchen auszubilden, das niemals Santa Claus werden könnte.* Eine Randnotiz verrät, dass Bryan nachgehakt hat, ob sie denn gern Santa geworden wäre, doch wie es aussieht, hat Tante Carole die Frage unbeantwortet gelassen. Stattdessen hat sie das Gespräch auf Marketing und Gewinnspannen und all die Dinge gelenkt, die sie im Wirtschaftsstudium gelernt hat. Und betont, dass endlich einmal jemand frischen Wind in den Holiday Shop bringen müsse, sonst werde der Laden niemals so wachsen, wie er es verdiene. Natürlich.

Als Hector endlich Onkel Jacks Truck parkt (und zwar am hintersten Ende des Krankenhausparkplatzes, weit weg von allen anderen Autos), ziehen wir uns die Mäntel eng um den Körper und hasten in das warme Gebäude.

Ich war früher schon einmal auf der Weihnachtsparty der Kinderstation. Sie findet im dritten Stock statt. Vom Aufzug aus gelangt man durch einen Flur in ein Spielzimmer, wo alle Kinder, die fit genug sind, um an der Feier teilzunehmen, auf den Weihnachtsmann warten. Die übrigen Kids besucht Santa einzeln in ihren Zimmern. Während die Party groß und laut und lustig ist, gilt das für die Einzelbesuche wohl eher weniger – aber mit Sicherheit kann ich das nicht sagen. Grampa Chris ist stets allein in die Krankenzimmer hineingegangen.

Niemand hält uns auf, weder am Eingang noch am Aufzug,

und als wir im dritten Stock aussteigen, sind wir weit genug vom Schwesternzimmer entfernt, um vom Personal gar nicht wirklich bemerkt zu werden. Wir wirken vermutlich wie Familienmitglieder, die jemanden besuchen. Oder vielmehr: Zumindest Alice, DeKieser und Hector wirken so. Ich schaue aus wie Mrs Claus' Pressesprecherin.

»Und jetzt?«, fragt Alice. Sie findet allmählich Spaß an diesem Abenteuer, und eine Spur Miss Fisher klingt in ihrer Stimme mit.

Gute Frage. Am liebsten würde ich in diese Weihnachtsfeier hineinplatzen und Tante Carole wegen ihrer hinterlistigen Schwindelei zur Rede stellen. Ihr sagen, dass sie damit nicht durchkommen wird und sich auf ein Donnerwetter gefasst machen kann, sobald Dad Wind davon kriegt. Doch schon während ich mir die Szene ausmale, weiß ich, was passieren wird. Ich werde Dad von der Sache erzählen, und anschließend wird Tante Carole ihm ihre Version der Dinge darlegen und außerdem betonen, wie unreif und impulsiv und wenig vertrauenswürdig ich bin. Er wird sich von ihr einwickeln lassen und nichts wird sich ändern. Abgesehen davon, dass Tante Carole alles ruinieren wird, wofür Grampa Chris so hart gearbeitet hat.

Am Ende des Flurs öffnet sich eine Tür und eine große, weißhaarige Frau mit viel zu vielen Armreifen tritt heraus. *Tante Carole!* Ich schubse meine Freunde in eine strategisch genial platzierte Abstellkammer und ziehe die Tür hinter uns zu. Es ist dunkel und ein bisschen eng darin.

Alice' Akzent verschwindet. »Hector, dein Ellenbogen hängt halb in meinem Dekolleté.«

»Tut mir leid«, zischt er. Wegen der Dunkelheit kann ich es nicht richtig erkennen, aber ich könnte wetten, dass er rot wird. »Besser so?«

»Nein.«

»Oh, das ist mein Ellenbogen, glaube ich« meldet sich DeKieser.

Einer von uns ertastet einen Lichtschalter. Wir stehen in einer winzigen Wäschekammer. Bettzeug, Handtücher und diese Klinikhemden, die man am Rücken zubindet, stapeln sich in den Regalen. Im schummerigen Licht erkenne ich nun auch die Gesichter meiner Freunde, die mich erwartungsvoll ansehen.

»Ich wünschte, mein Dad wäre hier«, sage ich zu Alice.

»Das könnte eng werden«, bemerkt Hector.

»Weshalb sind *wir* jetzt eigentlich hier und Kram?«, fragt DeKieser.

Ich breite meine Überlegungen vor ihnen aus, einschließlich der Ahnung, dass mein Dad die Sachlage eventuell anders beurteilen würde als ich. Und ich gestehe, dass ich womöglich ein wenig impulsiv gehandelt habe. Dass ich hier und jetzt, eingequetscht in dieser Wäschekammer, eventuell einen klitzekleinen ruhigen Moment brauche, um das auszutüfteln.

»Was du wirklich brauchst, sind Beweise«, sagt Alice aka Miss Fisher. »Du musst sie filmen.«

»Das wäre ideal«, gebe ich zu, »aber wenn sie spitzkriegt, dass ich sie filme, wird sie lügen oder so tun, als wäre gar nichts groß los.«

Alice streicht sich über das Kinn und überdenkt das Dilemma in bester Miss-Fisher-Manier, doch DeKieser ist diejenige, die schließlich mit einem ausgeklügelten Plan auftrumpft. »Na ja, was weiß ich, wie wäre es denn ...«, fängt sie an.

In aller Kürze lautet DeKiesers Plan folgendermaßen: Alice und ich bleiben in der Wäschekammer. Sie und Hector gehen ins Spielzimmer und tun so, als wollten sie die Party filmen, schieben sich jedoch in Wirklichkeit so dicht wie möglich an Tante Carole heran, um jedes Wort aufzuzeichnen, dass sie mit den santascoutenden CEOs von Hollydale, Indiana, wechselt. Und dann, sobald DeKieser handfeste Munition hat, ruft sie mich und Alice, und wir stürzen aus der Kammer, stürmen die Feier und vereiteln sämtliche finsteren Taten, die Tante Carole ausgeheckt haben mag. Nur, keine Ahnung, die Sache ist die, erklärt DeKieser: Es könnte irgendwie verdächtig aussehen und so, wenn sie einfach auf einer Party für kranke Kinder auftaucht, ohne einen einzigen kleinen Patienten zu kennen. Die Sache ist die, wiederholt sie, es wäre besser, wenn sie ein krankes Kind dabeihätte und Kram.

»Auf gar keinen Fall«, stößt Hector hervor.

»Diese fiese Carole-Tante würde Alice und Francie sofort erkennen«, argumentiert DeKieser.

»Auf gar keinen Fall«, beharrt Hector.

DeKieser zuckt mit den Schultern. »Wie du meinst. Verdirb Weihnachten.«

Jedes Jahr aufs Neue bietet der Hollydale Holiday Shop mehr als vierzigtausend Einzelartikel rund um das Fest an. Für fast jeden davon gibt es genau den richtigen Kunden, und ich verstehe all diese Menschen. Ich verstehe diejenigen, die sich vom Glanz der Lichterketten angezogen fühlen, die eine religiöse Verbindung zu den Krippen spüren, die nach den Hartplastikanhängern mit Babynamen oder TV-Show-Logos oder Sportmaskottchen greifen. Nur bei manchen Produkten bin ich ratlos. Zum Beispiel bei dem Dreierpack Weihnachtsboxershorts. Wer, frage ich mich seit jeher, trägt allen Ernstes Unterwäsche mit Frosty dem Schneemann darauf? Tja, wie sich herausstellt, lautet die Antwort: Hector Ramirez.

»Dein Hemd und die Hosen kannst du hier reintun.« Alice reicht ihm die plüschige Santa-Tasche, die ich aus der Schneeflocke mitgenommen habe. »Na schön«, sagt Hector, »aber ich ziehe meine Stiefel an. Und meine Jacke.« Er schlüpft wieder in die Lederjacke, unter der jetzt ein Krankenhaushemd mit Häschen-Print hervorblitzt, das wir aus einem Regal der Wäschekammer geborgt haben.

»Hervorragend«, lobt Alice. »Lass die Ärmel unten, dann verdeckt die Jacke, dass du keins von diesen Erkennungsbändchen am Handgelenk hast.«

»Ich hoffe, das ist nicht das Einzige, was sie verdeckt.« Hector rafft das Hemd am Hintern enger zusammen. Sein Hintern, das muss ich zugeben, sieht in Frosty-Couture ebenso sexy aus wie in seinen Jeans bei der Teen Night im Torino.

»Die Praktikantin wird Santa von deinem Heldenmut in seinem Namen berichten«, frotzelt Alice.

»Danke«, sage ich zu Hector.

»Zehn Minuten«, brummt er.

»Zehn Minuten.«

DeKieser und Hector schlüpfen hinaus auf den Flur und ziehen die Tür hinter sich zu. Eine Sekunde später geht die Tür wieder auf, und DeKiesers Arm langt herein, um das Licht auszuknipsen. »Man sieht das Licht von draußen und Kram«, erklärt sie. Die Tür schließt sich erneut und Alice und ich stehen im Dunkeln. So gern ich Alice habe: Unwillkürlich wünsche ich mir, bloß für eine Sekunde, dass sie gerade mit DeKieser auf dem Weg zur Party wäre und Hector stattdessen noch hier drin – obwohl der Gedanke daran, was ich mit zehn Minuten in einem dunklen Wäscheschrank in

Gesellschaft von Hector Ramirez anfangen würde, beinahe zu peinlich ist, um ihn zu Ende zu führen.

»Das ist so aufregend«, flüstert Alice.

»Ich sehe deine Augenbrauen nicht. War das sarkastisch gemeint?«

»Nein, es macht echt Spaß! Erinnert mich ans Versteckspielen, als wir klein waren.«

Mich auch. Die Dunkelheit. Das Herzklopfen aus Bammel davor, entdeckt zu werden. Und dann jedes Mal der Adrenalinschub, wenn es wirklich so weit war. Der Sprint ins Aus, in Sicherheit, von dem gefühlt das ganze Leben abhing.

»Das vermisse ich«, sagt Alice. »Und dich vermisse ich auch.«

»Ich vermisse dich auch«, antworte ich.

»So muss es nicht sein, weißt du?«, sagt Alice.

»Doch. Wenn wir das Licht anmachen, fällt das vielleicht irgendeinem engagierten Stromsparer auf und –«

»Das meine ich nicht«, unterbricht sie mich.

Ich weiß, dass sie das nicht meint. Ich weiß, dass sie meint, es müsste nicht so viel geben, was uns trennt. Ich müsste nicht auf die Hollydale High School gehen. Ich könnte zusammen mit ihr auf der Regina, Queen of Heaven sein, wir könnten gemeinsame Kurse belegen und zusammen im überkonfessionellen Partybus nach Hause fahren und alles wäre wieder wie früher.

»Erzähl mir nicht, dass die Uniformen das Problem sind. Ich meine, sieh dich an.«

Keine von uns kann in dieser finsteren Wäschekammer auch nur irgendetwas sehen, aber uns beiden ist klar, worauf sie anspielt. »Die Uniformen sind nicht das Problem«, gebe ich zu.

»Geht es darum, dass die Schule katholisch ist? Man *muss*

nicht mal katholisch sein, um auf die Regina zu gehen. Viele Mädchen sind nur wegen der guten Ausbildungsqualität da. Wir haben mindestens zwei Agnostikerinnen in unserer Klasse, und Lakshmi und Serena sind Hindus, und weiß der Himmel, wie viele von uns insgeheim im stillen Kämmerlein Atheistinnen sind.«

Ich habe das Gefühl, dass hier ein Kammerwitz lauert, bekomme ihn im Dunkeln aber nicht recht zu fassen.

»Du glaubst doch an Gott, oder?«

»Ja«, antworte ich.

»Und du gehst sonntags mit deiner Familie zum Gottesdienst.«

»Ja«, sage ich noch einmal.

»Also: Was ist das Problem?«

Schritte nähern sich der Wäschekammer. Eine Frauenstimme erzählt jemandem von einem Mädchen, das in Zimmer 312 auf einen persönlichen Besuch von Santa wartet. Wir bleiben still, bis wir sicher sein können, dass die beiden wieder verschwunden sind.

Was *ist* das Problem? »Alle waren sich so ... sicher«, fange ich an. »Als Grampa Chris gestorben ist, da waren sich alle bei der Beerdigung und bei der Totenwache und in der Schule im Herbst danach so sicher, dass er nun an einem besseren Ort ist – und dass alles genau so gekommen ist, wie Gott es für ihn bestimmt hatte.«

»Und du warst nicht sicher«, sagt Alice. Eine Feststellung, keine Frage.

»Ich musste es für mich selbst ergründen. Ich brauchte – ich *brauche* – ein bisschen Raum, um herauszufinden, was ich glaube.«

»Dir ist bewusst, dass ich auch nicht an alles glaube, oder? Die Sache mit DeKieser, zum Beispiel: Ich weiß, was die katholische Kirche über Homosexuelle sagt, aber so sehe ich das überhaupt nicht. Und einige der Nonnen übrigens auch nicht.«

Das hat Alice mir schon einmal versichert, und ich glaube ihr. Ich erkläre ihr – ebenfalls nicht zum ersten Mal –, dass ich zwar bewundere und respektiere, wie sie trotz bestehender Zweifel ihren Platz innerhalb der Schule findet, selbst jedoch davon noch ein Stück weit entfernt bin. »Für mich würde sich das wie eine Lüge anfühlen.«

»Und was ist dann mit Santa?«, fragt Alice.

»Er wird dieses Mädchen ganz bestimmt besuchen. Nicht einmal Santa Schmalzlocke würde ein krankes Kind ignorieren.«

»Francie, es reicht jetzt. Hör auf, so zu tun, als würdest du mich missverstehen. Du weißt genau, was ich meine. Was ist mit *dir* und Santa? Dir ist vollkommen klar, dass es keinen Weihnachtsmann gibt. Dir ist klar, dass kein Typ im roten Wollmantel irgendwo in der Tundra ein Spielzeug-Imperium leitet.«

»Ja«, sage ich.

»Aber jeden Tag, in jedem Brief, machst du kleinen Kindern weis, dass du mit Santa persönlich in Kontakt stehst. Und das ist doch auch nicht wahr, Francie. Du verbreitest eine riesige, gebirgshohe, schneebedeckte Weihnachtsmannlüge«, betont sie.

Mir fallen eine Million Antworten ein, die besser wären als die, die ich Alice gebe.

Ich könnte ihr darlegen, dass das nicht dasselbe ist. Dass es sich mit Gott und der Kirche völlig anders verhält.

Ich könnte ihr entgegnen, dass das doch sowieso alles ganz egal ist. Dass wir so oder so befreundet sind und bleiben. Und dass wir wieder mehr Zeit füreinander finden, sobald Dad

Tante Carole gezeigt hat, wer hier der Boss ist, und ich meine Probezeit überstanden und genug Geld verdient habe, um den MX-5 zu kaufen.

Ich könnte ihr sagen, dass es eben nicht so einfach ist.

Doch stattdessen sage ich: Der Weihnachtsmann ist keine Lüge.

37

Es vergehen etwa eineinhalb Stunden, bis die zehn Minuten um sind. Als Alice endlich eine Nachricht von DeKieser bekommt, schleichen wir uns aus der Wäschekammer, den Flur entlang und bis vor das Spielzimmer, wo Hector, DeKieser und eine Handvoll Kinder – von denen kein einziges ein Krankenhaushemd trägt – gemeinsam einen Weihnachtsbaum umringen. Hector scheint sehr darauf bedacht, dass die Öffnung seines Hemds zur Wand zeigt.

»Habt ihr meine Hosen dabei?«, fragt er. Alice hält die Santa-Tasche in die Höhe, doch er nimmt sie nicht entgegen. Er braucht beide Hände, um zu verhindern, dass das Hemd verrutscht und sein Hinterteil entblößt. »Santa ist gerade gegangen. Es klang, als wolle er jetzt ein Mädchen in einem der Einzelzimmer besuchen.«

»Konntet ihr meine Tante Carole filmen?«

DeKieser zuckt mit den Schultern. »Sie hat nicht viel gesagt«, meint sie. »Sie und diese ganzen Leute in Anzügen haben bloß herumgestanden und, keine Ahnung, zugeguckt und Kram.«

»Natürlich«, knurre ich. Mein Tonfall muss unverkennbar wütend klingen, denn Hector formuliert seine Antwort sehr bedacht.

»Ich weiß, du hast dir seinetwegen Sorgen gemacht«, sagt er, »aber der Santa-Typ schien ziemlich in Ordnung. Die Kids waren glücklich. Die Eltern haben ein paar Tränen verdrückt. Deine Tante und all diese Geschäftsleute haben albern gegrinst.«

»Oh, daran habe ich keinen Zweifel«, beteuere ich. »Diese Nummer kenne ich.« Genau so hat Tante Carole es sich gewünscht. Schmalzig. Fake. Eine große Show für die Anzugträger. Klar. Und genauso klar, dass Hector den Unterschied nicht bemerkt. »Du hast niemals meinen Grampa Chris erlebt«, erkläre ich ihm. »Du hast nie den echten Santa in Aktion gesehen. Du hast nie –«, setze ich an, doch da geht mir auf, dass die Sache noch nicht vorbei ist. Santa befindet sich noch im Gebäude. In diesem Moment muss vermutlich ein armes todkrankes Kind für Bradys Selbstvermarktung vor den Unternehmern von Hollydale herhalten, während Tante Carole Fotos für irgendwelche Marketing-Broschüren knipst.

Tja, nur über meine Leiche. Ich stoße die Türen des Spielzimmers auf und rausche um die Ecke. Nur mit viel Glück bleibe ich dabei nicht an einer Krankenliege und einem leeren Rollstuhl hängen.

»Francie!«, höre ich Alice' Flüsterruf hinter mir. Ich drehe mich zu ihr um, laufe dabei jedoch rückwärts weiter. Hector und DeKieser folgen Alice, und alle drei taxieren mich wie einen tollwütigen Hund, den sie aufhalten müssen, ehe er die nächste Siedlung erreicht.

»Francie, keine Ahnung, aber –« DeKieser deutet vage hinter mich, und ich wirbele gerade rechtzeitig wieder herum, um eine Rücklingskollision mit Tante Carole zu vermeiden. Stattdessen pralle ich frontal in sie hinein.

Tante Carole ist eine hochgewachsene Frau – der einzige Umstand, der mich davor bewahrt, herauszufinden, ob sie die familiäre Neigung zu Nasenbluten ebenfalls teilt. Tante Caroles Kiefer zerspringt – oder vielleicht eher mein Schädel? Der Krankenhausflur wird schummrig und neigt sich zur Seite.

»Fang sie auf!«, ruft jemand. Arme umschließen mich. Der Flur richtet sich wieder auf. Vier Tante Caroles blitzen mich wütend an. Dann nur noch drei, zwei, schließlich eine.

»Weinst du?«, frage ich sie.

»Ich habe Schmerzen, Frances. Du hast mich geschlagen.«

»Ich habe dich nicht geschlagen, ich bin mit dir zusammengeknallt. Ich wollte verhindern, dass du –«

»Schhhhhhh«, murmelt eine Stimme an meinem Ohr. Sie gehört zu den Armen, die mich noch immer umschlingen. *Hector,* denke ich. Ich liege in Hector Armen. Was gut ist, denn allein diese Vorstellung lässt den Schwindel erneut aufwallen.

»Alles in Ordnung mit dir?« Alice schiebt sich in mein Blickfeld. DeKieser auch. Und Hector. Hector ist magisch, beschließe ich. Wie sonst könnte er vor mir stehen und so besorgt dreinschauen – und mich gleichzeitig im Arm halten?

»Schhh«, macht die Stimme abermals. Ich werde hochgehoben und auf meine eigenen zwei Füße gestellt. Die Arme, die mich stützen, gehören nicht zu Hector. Sie gehören zu einem Mann mit Hut. Ein Mundschutz verdeckt sein halbes Gesicht, doch seine Augen kommen mir bekannt vor. Funkelnd. Augen mit durchdringendem Blick.

»Santa Schmalzlocke?«, frage ich.

»Schhhh«, macht er wieder und schiebt sich ein wenig

näher an die Tür, vor der wir uns befinden. Er lauscht und winkt mich heran, damit ich es ihm gleichtue.

Unmittelbar hinter der Tür sagt ein zartes Stimmchen: »Ich war artig.«

»Du warst sehr artig.« Eine tiefere Stimme. Voller. Aber nicht laut, nicht überwältigend. Bloß ... raumgreifend vielleicht, wenn man es so nennen kann – so, als könnte sie einen bei Bedarf umschließen.

»Meine Mom war auch artig.«

»Sie kümmert sich gut um dich«, erwidert die tiefe, raumgreifende Stimme. »Sie hat dich sehr lieb, nicht wahr?«

»Sie wünscht sich zu Weihnachten, dass es mir besser geht. Sie wünscht sich, dass ich ganz gesund werde.«

Stille. Vollkommene Stille.

»Ich denke nicht, dass ich bis Weihnachten gesund werde«, fährt die zarte Stimme fort. »Du kannst mich auch nicht gesund machen, oder?«

»Nein, Herzchen, das kann ich nicht. Es gibt Dinge, die schafft nicht einmal der Weihnachtsmann.«

Vor meinem geistigen Auge sehe ich Grampa Chris. Ich sehe, wie er das kleine, in Leder gebundene Büchlein aus seiner Tasche zieht. Ich sehe den winzigen silbernen Bleistift.

»Du wirkst müde, Kleines. Kann Santa noch irgendetwas für dich tun? Möchtest du dich ausruhen?«

Ich bin auch müde, denke ich.

»Wenn meine Mom da ist«, sagt die zarte Stimme, »dann hält sie meine Hand, bis ich eingeschlafen bin.«

»Sie ist eine sehr gute Mom, was?« Die tiefe Stimme gluckst. Nicht amüsiert und auch nicht affektiert. Einfach so, dass man merkt: Santa hört zu. Man verdient seine Zeit. Und seine Liebe. »Würde es dir gefallen, wenn ich deine Hand halte?«

Ja, denke ich.

»Du bleibst, bis ich eingeschlafen bin?«, fragt das Mädchen.

»Natürlich«, sagt Santa. »Ruh dich aus. Ruh dich jetzt ruhig aus. Ich bin hier, solange du mich brauchst.«

Santa Schmalzlocke hat sich zurückgezogen. Tante Carole ebenso. Aber Alice ist an meiner Seite. Sie schnieft. Wischt sich die Nase an ihrem Ärmel ab. »Alles gut«, flüstert sie. »Alles gut.«

Und ich weiß genau, was sie meint.

Tante Carole und Santa Schmalzlocke haben ein Stück weiter hinten im Flur auf zwei Stühlen Platz genommen. Hector und DeKieser stehen neben ihnen. Als wir näherkommen, höre ich, wie Santa Schmalzlocke DeKieser Sinn und Zweck seines Mundschutzes erklärt. »Er verdeckt den Bart«, sagt er. »Wir wollen die Kinder ja nicht verwirren, indem hier plötzlich zwei Santas herumlaufen.«

Zwei Santas. Offenbar bin ich noch immer ein wenig benommen von meinem Zusammenstoß mit Tante Carole, denn erst jetzt realisiere ich vollends: Wenn Brady McCaffery, der Promi-Santa, hier im Flur sitzt, dann kann er nicht zugleich der Santa im Krankenzimmer sein.

»Wer war das?«, frage ich. »Der da mit diesem kleinen Mädchen geredet hat? Der die Party geschmissen hat?«

»Ein guter Mann«, sagt Brady McCaffery. »Carole, du hattest recht. Ich bin froh, deiner Einladung gefolgt zu sein und einen eurer Schüler in Aktion erlebt zu haben. Deine Schule und du, ihr könnt stolz sein.«

»Stell dir nur vor, wie viel besser es wäre –«, hebt Tante Carole an, doch Brady McCaffery schenkt ihr kein Gehör. Sein Blick geht an mir vorbei, den Flur entlang, wo nun der Santa mit der warmen Stimme steht, still, mit dem Rücken zu dem

Zimmer, aus dem er gerade gekommen ist. Ich erkenne ihn sofort.

»Santa Franklin«, hauche ich.

»Verzeihung«, ruft Mr McCaffery. Er marschiert mit ausgestrecktem Arm auf Santa Franklin zu, als wolle er ihm die Hand schütteln, legt sie dem anderen Mann schließlich aber auf die Schulter. So verharren sie. Falls Worte gewechselt werden, dann zu leise, als dass ich sie verstehen könnte.

Stattdessen vernehme ich das gleichmäßige Brummen eines vibrierenden Handys. »Meine Mom wartet auf dem Parkplatz. Ich habe ihr gesagt, sie soll mich hier abholen und so. Kommst du klar?«, fragt DeKieser mich.

Die Frage bezieht sich auf die Beule an meiner Stirn, die ich gerade in der spiegelnden Scheibe eines Feuerlöscherkastens entdeckt habe und eindeutig meiner Tanten-Kollision verdanke. Sie leuchtet rubinrot und ist so rund wie Rudolphs Nase.

»Kein Problem«, antworte ich im selben Moment, in dem Alice fragt, ob DeKiesers Mom sie vielleicht auch mit nach Hause nehmen würde.

»Francie«, erklärt sie sich, »ich muss noch –«

Sie braucht den Satz nicht zu Ende zu bringen. Ihre Story für die *Daily* muss fertig werden, ich weiß.

»Geh nur«, sage ich. Was sollte ich auch sonst sagen? Opfere deine Journalismusträume, damit du mir hier beistehen kannst, während ich ausrechne, auf wie viele verschiedene Arten ich mich zum Depp gemacht habe?

Tante Carole wollte unsere Schule überhaupt nicht sabotieren – sie hat damit angegeben. Auch wenn sie das Ganze *tatsächlich* listig hinter dem Rücken meines Dads eingefädelt und ausgerechnet vor dem Kerl geprahlt hat, mit dem sie die Santa School zu einer seelenlosen Gelddruckmaschine machen will, was nach wie vor ziemlich niederträchtig ist. Allerdings vielleicht nicht so haarsträubend niederträchtig, dass es den Diebstahl eines Trucks rechtfertigt?

Klimpernde Armreifen holen mich zurück ins Hier und Jetzt. Noch ehe Tante Carole Gelegenheit hat, mich zu fragen, was ich im Krankenhaus treibe – oder, schlimmer noch, wie ich überhaupt ins Krankenhaus gelangt bin –, verabschiede ich mich eilig.

»Hector muss arbeiten«, sage ich. »Und ich muss ... Wir sehen uns im Laden.« Ich packe Hector am Arm und zerre ihn in Richtung der Aufzüge. »Lass uns abhauen«, raune ich.

»Okay«, flüstert er zurück. »Aber wo sind meine Hosen?«

Wir fahren eine Weile Aufzug, immer wieder hoch und runter, während ich Alice eine Nachricht schreibe. Drei Versuche kostet es mich, **Hast du die Santa-Tasche?** zu texten. (Erster Versuch: **Hasst du die Satans-Tasche?** Zweiter Versuch: **Hatschi die Santa-Flasche?**) Sie antwortet auf keine der Nachrichten.

Hin und wieder bekommen wir Gesellschaft im Aufzug. Manche Leute haben Schnee in den Haaren und auf ihren Schultern. Ich schätze, der Wettermann hat diesmal keinen Unsinn erzählt.

»Ich kann unmöglich ohne Hosen raus in den Schneesturm«, zischt Hector.

»Ich würde dir ja meine anbieten, aber ich bezweifle, dass sie dir passen.«

»Im Ernst?«, fragt er. Nicht so, als wollte er meine Hosen anprobieren, sondern eher, als bedeute das Angebot ihm viel. Nach allem, was ich heute von ihm verlangt habe, ist Hector Ramirez dankbar für meine leere Geste. Hector Ramirez ist in der Tat ein guter Mensch, und zum einhundertsten Mal seit der Teen Night im Torino wünsche ich mir, ich hätte mehr Vertrauen gehabt. Ich wünsche mir, ich wäre nicht weggerannt. Ich wünsche mir, ich hätte ihn mich küssen lassen. Falls er mich denn tatsächlich küssen wollte, versteht sich.

Natürlich spreche ich keinen dieser Gedanken aus. Stattdessen sage ich: »Vielleicht könnten wir die Jacken tauschen.«

Seine Lederjacke ist mir zu groß und mein Schlafsackmantel wird beinahe von Hectors bemerkenswert ansehnlichen Schultern gesprengt, doch er ist lang genug, um ihn bis zu den Knien zu verhüllen. Hectors Miene verrät mir, dass er von dem Look wenig begeistert ist, doch sein einziger Kommentar lautet: »Dann los.«

Zum Glück hat Hector seinen Geldbeutel und den Schlüssel für Onkel Jacks Truck in seiner Jacke und nicht in einer Hosentasche verstaut. Ich reiche sie ihm, während wir über den verschneiten Parkplatz rennen. Der Wind peitscht uns entgegen und wirbelt fette, nasse Flocken mit sich. Die meisten schmelzen, sowie sie auf dem Asphalt landen, doch wir waren so lange im Krankenhaus, dass wir nun eine dünne Schneeschicht von der Windschutzscheibe des Trucks wischen müssen.

Hector steckt den Schlüssel ins Zündschloss. Er wirft einen prüfenden Blick in die Spiegel. Dann noch einen. Er dreht die Heizung hoch. Er schaut zum dritten Mal in die Spiegel und rangiert dann langsam, quälend langsam rückwärts aus der Parklücke.

»Ich bin noch nie bei Schnee gefahren«, sagt er.

»Nur Vertrauen«, sage ich. »Und Licht einschalten.«

Hector drückt einen Knopf und Willie Nelson schmettert uns »Jingle Bells« entgegen.

»Radio«, stellt Hector fest.

»Radio«, echoe ich.

Hector drückt noch ein paar weitere Knöpfe, bis – endlich – die Frontscheinwerfer aufflammen und eine grelle blauweiße Lichtschneise in die Flocken schlagen. Die Erde vor uns glitzert.

»Scheinwerfer«, sagt Hector.

»Jep«, bestätige ich.

Hector legt den Gang ein und kriecht voran. Er beschleunigt, bremst dann wieder ab. »Nur ein Bremsentest.«

Ich nicke ermutigend, die Innenbeleuchtung der Fahrerkabine dimmt herunter, und Hector, die Hände fest um das Lenkrad geklammert, drückt ganz vorsichtig das Gaspedal nach unten.

38

Während der nächsten dreißig Minuten wirkt Hector hin- und hergerissen zwischen dem Impuls, extrem vorsichtig zu fahren, und dem mindestens ebenso starken Bedürfnis, diese Fahrt so rasch wie möglich hinter sich zu bringen. Der Himmel verdunkelt sich. Jedes Mal, wenn sich uns ein entgegenkommendes Auto nähert, nimmt Hector den Fuß vom Gas und stellt ihn erst wieder darauf, nachdem der Wagen an uns vorbeigerauscht ist. Hin und wieder erhasche ich aus dem Augenwinkel, wie er mir einen beinahe verschämten Blick zuwirft, doch ich tue so, als wären die lautstark vor sich hin arbeitenden Scheibenwischer unendlich faszinierend.

Schnee – *ruckeldiruck* – kein Schnee – *ruckeldiruck*.

Schnee – *ruckeldiruck* – kein Schnee – *ruckeldiruck*.

Wie einer von Ms Colandos Mythengegensätzen.

Was mich an Gegensätze im Allgemeinen denken lässt. Ist es möglich, an zwei widersprüchliche Dinge gleichzeitig zu glauben? Wäre ich pragmatischer oder gechillter, könnte ich dann ebenso wie Alice ruhigen Gewissens eine katholische Schule besuchen, obwohl ich einen beträchtlichen Teil des

Lehrstoffs ablehne? Auch rund um Weihnachten gibt es so viele Aspekte, die ich regelmäßig in Zweifel ziehe – die wirtschaftliche Ungleichheit, die einigen Kindern haufenweise Geschenke einbringen, während andere leer ausgehen, die Art und Weise, wie andere religiöse Traditionen davon in den Hintergrund gedrängt werden, den Kommerz, von dem unser Laden zugleich lebt –, und doch bin ich zu einhundert Prozent von dem Weihnachtszauber überzeugt, an den mein Grampa Chris geglaubt hat. Von diesem Moment, wenn ein Kind sich Santa anvertraut und sich gehört und geliebt fühlt.

Dieser Aspekt ist es, überlege ich, den Tante Carole an Weihnachten und an der Schule und an Grampa Chris nicht versteht – doch noch während mir die Schlussfolgerung durch den Kopf geht, fällt mir wieder ein, was ich in Bryans Notizbuch gelesen habe, und ein winziger Funke Mitleid schleicht sich in mein Herz. Sie hatte das Gefühl, aus dem Familienunternehmen ausgeschlossen zu werden. Wie schrecklich muss das gewesen sein? Ich meine, das ändert nichts an der Tatsache, dass sie mich gezwungen hat, abgrundtief peinliche Kostüme zu tragen, und dass sie versucht hat, *An Evening with Santa* zu sabotieren, und dass in diesem Augenblick Hunderte unbeantworteter Briefe an Santas Praktikantin in der Schneeflocke liegen, aber trotzdem: Wie schlimm muss es für sie gewesen sein, zu wissen, dass ihr eigener Dad den Wünschen sämtlicher Kinder in Hollydale lauschte – dass er ihnen aufrichtig zuhörte ... nur seiner eigenen Tochter nicht?

»Jingle Bells« dudelt noch immer aus dem Radio, jetzt allerdings halb gesungen, halb gesprochen von jemandem, der verdächtig nach Captain Kirk klingt. Offenbar sind wir mitten in einem Jingle-Bells-Marathon gelandet, und erst jetzt wird mir bewusst, dass wir inzwischen schon mindestens fünf andere Versionen des Songs hinter uns haben, einschließlich der Interpretationen von Gwen Stefani, Pearl Jam und einem Muppet.

Soweit ich es beurteilen kann, hat Hector von der Jingle-Bells-Endlosschleife auch nichts mitbekommen. Er ist still. Konzentriert aufs Fahren bei nahezu vollständiger Dunkelheit. Ich kann nur noch seine Umrisse erahnen, doch ich weiß, dass neben mir auf dem Fahrersitz ein Junge mit ansehnlichen Schultern das Lenkrad umklammert. Ein Junge mit Sternbildern auf der Haut und sanften braunen Augen und Lippen, die ich aus ganzem Herzen bereue nicht geküsst zu haben. All das sehe ich nicht, aber ich weiß, dass es da ist. Dahinter steht natürlich eine gewisse Logik: Es ist absolut vernünftig, an die Beständigkeit solch physischer Gegebenheiten zu glauben. Was allerdings gegen jede Logik verstößt und somit eine echte Glaubensprobe ist: sein Vertrauen in *mich*. Sein und DeKiesers und sogar Alice' Vertrauen. Sie alle glauben an mich. Sie haben mich mit den Praktikantenbriefen unterstützt. Mir dabei geholfen, Tante Carole nachzuspionieren. Hector – dieser süße, vorsichtige, bis in die Haarspitzen nervöse Hector – bricht in diesem Augenblick buchstäblich halb nackt das Gesetz und geht echte, greifbare Risiken ein, weil er an *mich* geglaubt hat.

Wir bremsen abermals ab und Hector setzt den Blinker, obwohl die nächste Abbiegemöglichkeit noch mehrere Hundert Meter entfernt ist.

»Geht's dir gut?«, frage ich.

Ich spüre, wie er ein wenig zusammenschreckt. »Mir? Oh ... klar«, sagt er. »Alles bestens.« Damit drückt er das Gaspedal nach unten, und der Truck beschleunigt auf ein Tempo, das ganz knapp über der zulässigen Höchstgeschwindigkeit liegt. Hinter uns schlittert etwas Großes und Schweres von einer

Seite der Ladefläche zur anderen, wo es mit einem dumpfen *Fffwump* gegen die Seitenwand prallt.

Hector nimmt den Fuß vom Gas. Das Ding unter der Plane rutscht erneut. *Szszszzzzzzzzz ... fwump!*

»Was war das?«, fragt Hector. Ich erkenne seine Augen im Dunkeln nicht, aber ich bin mir sicher, dass sie weit aufgerissen sind.

»Gute Frage.«

»Sollen wir anhalten?«, erkundigt er sich.

Das wäre vermutlich sinnvoll, aber ich habe keine Ahnung, wo. Einfach am Straßenrand stehen zu bleiben, erscheint mir gefährlich. Außerdem ist es bis zum Shop nicht mehr weit, und je länger wir bis dorthin brauchen, desto größer ist die Wahrscheinlichkeit, dass Tante Carole vor uns zu Hause eintrifft und uns bei dieser definitiv verbotenen Nutzung von Onkel Jacks Truck erwischt. »Fahr ruhig weiter«, sage ich. »Über die Ladefläche ist eine Plane gespannt. Es kann also nichts runterfallen.«

Hector nickt und findet wieder das Gaspedal. Das Ding auf der Ladefläche schlingert aufs Neue. *Szszszzzzzzzzz ... fwump.*

Captain Kirks Sprechgesang endet und Barbra Streisand übernimmt die Glöckchenhymne. Dieser Song läuft auch manchmal bei uns im Laden: eine schnelle und atemlose Nummer, und jedes Mal, wenn ich sie höre, erinnert sie mich an einen unserer absolut nervtötendsten Elfenschüler – einen Mann, der sich Lametta nannte und wie zwanghaft immer wieder mit winzigem teurem Christbaumschmuck jongliert hat. Ich bin kurz davor, das Radio auszuschalten, als ich bemerke, dass Hector zittrig und kaum hörbar mitsingt.

Im selben Moment wird Hector bewusst, dass ich ihn erwischt habe, und für einen kurzen Moment bricht er ab. Und wird zugleich langsamer.

Er darf nicht langsamer werden. »Fahr weiter«, dränge ich.

Er beschleunigt. Und fängt auch wieder zu singen an, diesmal ein wenig lauter. Hinter uns rutscht und schlittert das Ding auf der Ladefläche umher. *Szszszzzzzzzzzz* ... aber bevor das *Fwump* ertönt, falle ich in Hectors Gesang ein, in der Hoffnung, den Lärm in unserem Rücken zu übertönen.

JinglebellsjinglebellsJING-GLE BELLS!

JinglebellsjinglebellsJANG-GLE BELLS!

Bis wir beim großen OPEN-SLEIGH-Finale angelangt sind, fährt Hector am Tempolimit und wir brüllen uns fast heiser. Der Schnee fällt weiterhin in fetten, nassen Flocken, während der Truck auf die letzte Ampel zubrettert, die wir gerade noch bei Grün überqueren. Das Ding auf der Ladefläche hinter uns *fwumpst* wieder gegen die Seitenwand.

Fast geschafft. Ich sehe den Nordpol und gegenüber die Weihnachtsbäume im Hof der Bibliothek. Wunderschön sieht das aus: Lichterketten sind darübergespannt und Familien drängen sich um ihren jeweils auserwählten Weihnachtsbaum. Eine Sekunde lang wirkt die Welt bezaubernd und verschneit und perfekt, und ich ertappe mich dabei, wie meine Gedanken abermals zu Weihnachtswundern schweifen, als sich auf einen Schlag alles ändert.

Eine Viertelmeile vor uns gerät auf der Gegenspur ein SUV ins Schlingern, dreht sich dann eindreiviertel Mal um die eigene Achse, sodass die Scheinwerfer gleich zweimal unser Führerhaus ausleuchten, ehe der Wagen quer auf der Fahrbahn zum Stehen kommt. Die Vorderräder prallen gegen den Gehsteig, die Frontscheinwerfer zielen treffsicher auf Tante Caroles monströsen Discokranz.

Ehe Hector reagieren kann, wird unsere Windschutzscheibe von Tausenden winziger tanzender Stecknadeln aus Licht durchbohrt. Instinktiv schließe ich die Augen. Hector vermutlich ebenfalls, doch gleichzeitig rammt er seinen Fuß auf die Bremse. Onkel Jacks Truck rutscht und schlittert, schwenkt auf die rechte Spur und wieder zurück und rumst dann hart gegen den Bordstein. *Wromp*, macht das Auto. *FWUMP!*, macht das Ding unter der Plane. Ich öffne die Augen gerade rechtzeitig, um zu sehen, wie Rudolph mit der roten Nase über das Führerhaus von Onkel Jacks Truck hinwegsegelt. Für einen Moment scheint es, als wollte er einfach weiterfliegen und in der dunklen Nacht über Hollydale verschwinden, doch dann greift die Schwerkraft und Rudolph plumpst mit der roten Nase voran in den Entwässerungsgraben.

Es dauert einen Augenblick, bis ich in der Lage bin, die Beifahrertür aufzudrücken und auszusteigen. Hector folgt mir, komplett baff. Reglos stehen wir im kalten peitschenden Dezemberwind, während die fetten Flocken durch die tanzenden Discolichter wirbeln, und lassen das Weihnachtsmassaker auf uns wirken. In der Fahrerkabine übergibt Streisand das Mikro an die Barking Dogs, die eine gebellte Version des Klassikers anstimmen.

Endlich bricht Hector das Schweigen. »Und jetzt?«, fragt er.

Wie zur Antwort flammen hinter uns Scheinwerfer auf. Eine Autotür öffnet sich quietschend und fällt wieder zu. Ich wende mich um und sehe eine von hinten angestrahlte Gestalt näher kommen, stämmig und bestiefelt und offenbar unser Retter.

Ist das möglich?

Hector spricht aus, was mir durch den Kopf geht. »Santa?«

Einen Wimpernschlag lang verspüre ich eine absurd wunderbare Erleichterung. *Santa wird alles richten*, denke ich noch, obwohl mir bereits erneut die Worte meines Großvaters im Ohr klingen: *Er ist magisch, aber er kann nicht zaubern. Man kann nur sein Bestes geben.* Nicht einmal der Weihnachtsmann ist dazu imstande, wie von Zauberhand ein mechanisches Rentier zu heilen. Und außerdem, schaltet sich mein Gehirn ein, das endlich wieder Anschluss gefunden hat, kann dieser Mann nicht der einzig wahre Santa sein, denn den einzig wahren Santa gibt es nicht. Es gibt nur Santas. Nur Santa-Magie.

Als wollte er meine Gedanken bestätigen, werden die Züge des bestiefelten Mannes erkennbar. Auf uns kommt kein Typ im Santa-Kostüm zugestapft. Sondern Onkel Jack. Leb wohl, MX-5. Es war schön, von dir zu träumen.

»Guten Abend, Francie«, sagt Onkel Jack, als er den Truck erreicht. »Und wer ist dein Freund hier?«

»Das ist Hector Ramirez«, murmele ich.

»Sir.« Hector streckt Onkel Jack die Hand entgegen. Doch statt sie zu schütteln, mustert mein Onkel skeptisch das Krankenhaushemd, das Hector nach wie vor unter meinem Mantel trägt, und versucht wahrscheinlich abzuwägen, ob es sich dabei um irgendein angesagtes Modestatement unter Highschool-Schülern handelt oder Hector womöglich ansteckend ist. Offenkundig will Onkel Jack kein Risiko eingehen. Er ignoriert Hectors Hand und stiefelt stattdessen zum Entwässerungskanal, wo er in die Hocke geht. Er späht in den Graben.

Hector hockt sich neben ihn. »Kommt er wieder in Ordnung?«, fragt er besorgt. Onkel Jack bedenkt ihn mit einem Blick, der mir verrät, dass er sich einen ganz bestimmten Reim auf das Krankenhaushemd gemacht hat.

»Dir ist klar, dass das ein mechanisches Rentier ist, nicht wahr, mein Junge?«

Hector schaut mich an.

»Tut mir leid, Onkel Jack. Wir waren im Krankenhaus ...« Ich weiß nicht, wo ich anfangen soll. Bei Santa Schmalzlocke auf der Kinderstation? Bei Tante Caroles Plan, den Laden an sich zu reißen? Bei Dad, der so erschöpft ist und dringend Hilfe braucht?

Onkel Jack nickt zu Hector. »Francie, geht es diesem jungen Mann gut?« Er senkt zwar die Stimme, spricht allerdings immer noch laut genug, dass Hector ihn hören kann. »Benötigt er irgendwelche Medikamente?«

Hector starrt mich fassungslos an.

»Es geht ihm hervorragend«, sage ich. »Er benötigt gar nichts.«

»Außer einem Paar Hosen«, merkt Onkel Jack an.

»Hosen wären prima«, stimmt Hector ihm zu. »Sir.«

»Unter der Rückbank in der Fahrerkabine ist ein Overall.« Er klopft Hector auf die Schulter und deutet dann auf den Truck. »Na los, Junge. Zieh dir was Vernünftiges an. Und dann kommst du hierher zurück und hilfst Francie und mir, Rudolph zu versorgen.«

Sobald Rudolph wieder auf der Ladefläche liegt, kommandiert Onkel Jack uns ins Führerhaus, rollt die Santa Claus Lane hinunter und parkt in der großen Garage.

»Es tut mir leid«, setze ich an, doch Onkel Jack unterbricht mich.

»Ich hole jetzt den MX-5. Bin gleich wieder da.« Er steigt aus, steckt den Schlüssel ein und schließt die Tür. Im Nu ist alle Wärme aus dem Wagen entwichen.

»Sollen wir wieder tauschen?«, fragt Hector. »Die Jacken, meine ich?«

Natürlich. Ich trage noch immer seine Lederjacke. Und er hat meinen Mantel an. Und ist vermutlich ganz scharf darauf, endlich abhauen zu können. Wer wäre das nicht?

Wir tauschen die Jacken. Ich versuche zu ignorieren, dass

mein Mantel jetzt nach Kiefernnadeln duftet. Zugleich sorge ich mich, seine Jacke könnte nun nach Versagen riechen.

Er schließt den Reißverschluss. Vergräbt die Hände in den Taschen.

»Du kannst gehen«, sage ich ihm. »Du kannst rüber zu den Weihnachtsbäumen gehen und Luis suchen, wenn du willst. Ich erkläre Onkel Jack alles.«

Hector wirft einen Blick auf seine Uhr. »Meine Schicht fängt erst in zwanzig Minuten an. Ich warte hier mit dir. Also ... sofern du nichts dagegen hast.«

Ich habe nichts dagegen. Ich habe absolut und überhaupt gar nichts dagegen. Aber das sage ich nicht, weil ich nicht weiß, was dann womöglich noch aus mir heraussprudeln würde. *Es tut mir leid, dass ich dich in diesen Schlamassel mit hineingezogen habe. Es tut mir leid, dass ich die Pläne meiner Tante missverstanden habe. Es tut mir leid, dass ich dich nicht geküsst habe, als ich die Chance dazu hatte.* »Es tut mir leid«, fange ich schließlich an, kneife jedoch sofort wieder. »Dass, ähm ... dass ich deine Präsentation nicht mitbekommen habe. Im Unterricht. Ich meine, ich war natürlich da, aber –«

»Du bist eingeschlafen. Ich weiß.«

»Du weißt es? Hat man das gemerkt?«

»Du hast gesabbert, Francie.«

Ich habe gesabbert. Großartig. »Tut mir leid«, wiederhole ich.

»Ich habe nachgedacht ...«, setzt Hector an, und ich warte darauf, dass er mir eröffnet, er habe es sich anders überlegt. Dass er jetzt lieber Bäume verkaufen geht. Dass wir uns irgendwann in der Schule sehen. Doch aus seinem Mund kommt etwas anderes.

»Ich habe darüber nachgedacht, wie schwer es wohl ist, immer so tun zu müssen, als wüsste man alles.« Das sagt er.

Wer tut denn so? Ich verstehe nicht –

»Ich habe über diesen Santa im Krankenhaus nachgedacht und darüber, was du gesagt hast: dass Weihnachtsmänner sich auch mit Geschichte und Geografie auskennen müssen. Das ist schon eine Menge, oder? Ich meine, diese Leute in eurer Schule *sind* ja nicht wirklich Santa. Sondern nur ganz normale Menschen. Und Menschen laufen ständig Gefahr, Fehler zu machen. Was ist mit den ganzen unterschiedlichen Sprachen, zum Beispiel? Sollte der Weihnachtsmann nicht alle Sprachen der Welt beherrschen? Was, wenn ein Knirps aus China auf seinem Schoß landet? Spricht Santa Mandarin?«

Natürlich ist er nicht der Erste, der diese Frage stellt. Ich selbst habe Grampa Chris einmal danach gefragt, als eine von Alice' Cousinen aus Seoul zu Besuch war. Er hat zugegeben, dass das ein kniffliges Dilemma ist. Meistens, so hat er es mir erklärt, gibt es eine Tante oder Cousine, die Englisch spricht und Santa signalisieren kann, ob er nicken oder den Kopf schütteln soll. Und überhaupt besteht Santas Aufgabe in erster Linie im Zuhören. Trotzdem, antworte ich Hector, sollte ein guter Santa in der Lage sein, einige Sätze in wenigstens einer Handvoll Sprachen zu sagen. *Frohe Weihnachten. Schön, dich zu sehen. Was möchtest du Santa anvertrauen?* »Vielleicht wird in einem solchen Fall keine richtige Unterhaltung daraus«, gestehe ich ein, »aber –«

»Aber es ist immerhin etwas«, übernimmt er. »Etwas, das zeigt, dass das Kind Santa am Herzen liegt.«

Ich nicke, denn das stimmt. »Und ich schätze, wenn man sich für eins von beidem entscheiden muss, ist aufrichtige Zuwendung viel wichtiger als Perfektion.«

Hector lächelt. »Jedenfalls um einiges glaubhafter.«

Hector Ramirez ist ein bemerkenswerter Mensch. Das

weiß ich mit Gewissheit, auch wenn ich nicht länger von mir behaupten kann, objektiv zu sein. Was ich ebenfalls weiß: Er nimmt es mir nicht übel. Nichts. Nicht, dass ich seine Hosen verloren habe oder dass er ein Rentiertrauma erleiden musste und nun hier in einem dunklen, kalten Truck hockt. Das geht schon alles in Ordnung, vermittelt er mir. Entschuldigen will ich mich dennoch.

»Es tut mir leid«, sage ich – zum wievielten Mal? »Alles. Es tut mir leid ...« Mit Sicherheit klinge ich erbärmlich. So, als wollte ich mich bloß möglichst schnell aus der ganzen Geschichte herauswinden – aber das soll er nicht von mir denken. »Wie sagt man ›Es tut mir leid‹ auf Spanisch?«, frage ich.

»›Es tut mir leid‹?«, wiederholt Hector. »Ähm ... das wäre ›Lo siento‹.«

»Lo siento«, sage ich zu ihm. »Und wie sagt man ›Ich bin eine Idiotin‹?«, will ich wissen.

Hector lacht. »›Soy idiota.‹ Bloß dass du keine Idiotin bist, Francie. Du bist jemand, dem seine Familie am Herzen liegt und dem Kinder am Herzen liegen und ... du hältst Werte hoch. Das gefällt mir: Du stehst für deine Überzeugungen ein.« Er verstummt und sieht mich an. Hübsche Augen hat er, dieser Hector Ramirez. Und hübsche Lippen. Weshalb ich vermutlich die Frage stelle, die als Nächstes über *meine* Lippen kommt.

»Wie sagt man ›Ich habe einen lückenlosen Impfschutz‹?«

Verwirrung macht sich auf Hectors Gesicht breit. »Was? Ähm. ›Tengo todas mis vacunas.‹«

»Und was heißt ›Ich mag dich, und wenn du nichts dagegen hast, würde ich dich sehr gern küssen‹?«

»›Me gustas‹«, erwidert Hector. Er spricht leiser als zuvor, und doch höre ich nichts außer seiner Stimme. »›Me gustas mucho y con tu permiso –‹«

Er bringt seinen Satz nicht zu Ende. Das kann er gar nicht. Weil mein Mund auf seinen trifft. Weil ich ihn küsse.

Der Kuss ist eine Acht. Mindestens. Vielleicht mehr. Vielleicht ... »War das in Ordnung?«, frage ich.

»Ah, sí, muy bueno«, sagt Hector.

Ich muss kein Spanisch beherrschen, um zu verstehen, dass das ein positives Urteil ist. »Muy bueno«, echoe ich. Meine Betonung passt nicht ganz, und ich will es noch einmal versuchen, doch Hector stoppt mich.

»Francie –«, fängt er an, und schlagartig bin ich wieder unter Wasser, halte den Atem an und suche fieberhaft nach Worten, egal in welcher Sprache. »Ich denke, das kriegen wir noch besser hin«, sagt er. Und dann berühren seine Lippen meine, ganz sanft, und seine Finger wandern meinen Hals hinauf und in mein Haar und Hector Ramirez küsst mich, er küsst mich richtig, und die Welt verflüchtigt sich wie Schneeflocken, die man anhaucht. Der Kuss ist lang und süß und zärtlich. Ein Kuss, der Hoffnung in sich trägt, Potenzial. Ein bedeutungsvoller Kuss.

Und außerdem, ganz objektiv?

Eine Zehn.

39

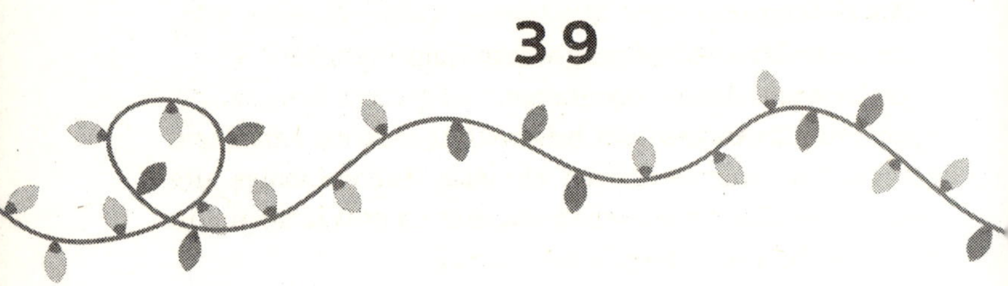

Bis Onkel Jack mit dem MX-5 zurück ist, haben Hector und ich mehrfach die Zehn geknackt. Meine Lippen sind warm und kribbeln, obwohl meine Finger und der Rest meines Körpers halb erfroren sind.

Falls Onkel Jack unseren Lippen ansieht, womit sie gerade noch beschäftigt waren, geht er nicht darauf ein. In jedem Fall aber sieht er sofort, wie kalt uns ist. »Kommt mit in den Nordpol, wir besorgen euch etwas Kaffee«, sagt er zu mir. »Vielleicht finden wir sogar ein Santa-School-Sweatshirt für deinen Freund. Das wäre zumindest wärmer als das Kleid, das er unter dem Overall trägt.«

Ich würde ihm gern erklären, dass Hector kein Kleid trägt, doch dann wird mir klar: Sobald ich zu reden anfange, muss ich vermutlich alles andere ebenfalls erklären, unter anderem, weshalb ich es für eine gute Idee gehalten habe, heute Nachmittag seinen Truck zu entwenden.

Wir schlurfen stumm über den Parkplatz, während Johnny Mathis uns inbrünstig davon zu überzeugen versucht, dass der Winter eine Marshmallow-Welt ist. Die Hagelkörnchen, die von meinem Gesicht abprallen, fühlen sich nicht wie Marshmallows an. Doch dann nimmt Hector meine Hand. »Okay?«, fragt er.

Ich nicke. Hagelkörnchen? Welche Hagelkörnchen?

In der Küche des Nordpols ist es mollig warm. Zwei Saisonmitarbeiterinnen aus der Christbaumschmuckabteilung sitzen am Tisch und verdrücken ein paar Snickerdoodles. »Ich habe keine Ahnung, wie wir das alles in einer Schicht auf die Verkaufsfläche schleppen sollen«, sagt eine.

»Ach, wir tun, was wir können«, meint die andere.

Wieder höre ich meinen Grampa Chris. Sehe das kleine, in Leder gebundene Büchlein vor mir. Den winzigen silbernen Bleistift.

Nebenan in der Schneeflocke stehen fünf Kartons voller Briefe an Santas Praktikantin. Briefe mit Bitten um Spielzeug, um Kleider. Briefe, einfach nur um mir zu sagen, dass ich meine Arbeit gut mache und Santa bitte einen lieben Gruß von Ollie ausrichten soll. Von Marisol. Von Lana. Von Kim. Jedes einzelne dieser Kinder verdient eine Antwort. Jedes einzelne verdient es, zu wissen, dass es Santa am Herzen liegt. Dass er zugehört hat. Dass er für die kleinen Briefeschreiber da sein wird, solange sie ihn brauchen. Ich werde diese Briefe beantworten. Die meisten schaffe ich nicht mehr vor Weihnachten, aber ich werde mein Bestes geben. Und ich fange jetzt sofort an.

»Hey, Onkel Jack, Hector – falls ihr nichts dagegen habt, muss ich noch etwas erledigen. Onkel Jack, können wir morgen über diese Sache reden? Ich verspreche, ich erkläre dir alles.«

Onkel Jack bedenkt mich mit dem strengsten Blick, den er zustande bringt – und der kein bisschen streng ist. Er kann es einfach nicht. »Wir reden morgen. Aber bevor du abdampfst, um zu erledigen, was auch immer du zu erledigen hast, besorgen wir diesem Jungen anständige Klamotten.«

»Keine Umstände«, wirft Hector ein. Aber Onkel Jack hat recht. Auch wenn er Hector seinen Overall geliehen hat, kann dieses Krankenhaushemd kaum besonders warm sein, und Hector tritt in ein paar Minuten wieder draußen im Freien zu seiner Schicht bei den Weihnachtsbäumen an.

»Nein – komm mit«, sage ich und winke ihn in Richtung Schneeflocke. »Wir suchen dir ein Erinnerungs-Sweatshirt des letzten Abschlussjahrgangs der Santa School. Das ist das Mindeste, was ich tun kann, um mich zu bedanken.«

Ich stoße die Tür zur Schneeflocke auf. Und ziehe sie sofort wieder zu.

»Was ist denn los?«, fragt Onkel Jack.

»Da ist ein Hockeyho–« Ich beiße mir auf die Zunge. »Ich glaube, da ist ein Hockeyspieler in der Schneeflocke.«

»Bist du sicher?«, fragt Hector.

Stimmt, das ist merkwürdig. Und ich habe mir vorhin den Kopf tatsächlich recht heftig angeschlagen. Ich öffne die Tür erneut einen Spalt und linse hinein. Ich habe mich getäuscht: In der Schneeflocke ist nicht *ein* Hockeyspieler. Um den riesigen Konferenztisch in der Schneeflocke sitzen fünf Hockeyspieler. Einer davon streckt mir die Zunge heraus. Ein anderer schlägt ihm gegen den Hinterkopf.

»Ich habe gesagt, das machen wir nicht mehr«, zischt der Schläger. Gunther Hobbes, Star-Stürmer, *BEER*-Trinker, Bruder von Gordie und jetzt ... was? »Hi, Francie«, grüßt er mich.

»Hi, Francie«, echoen die restlichen Hockeyhonks. Neben ihnen ist noch ein Haufen weiterer Schüler der Hollydale High School im Raum, die ich vom Sehen kenne, allerdings nicht namentlich. Ein Typ aus der Theater-AG und ein paar Comicmädels, die auch mit mir zusammen *Mythologie heute* belegen. Der Dobler, Anthony, ist ebenfalls da, er hält Händchen mit Ellie, die jetzt – theatralisch atemlos – auf mich zugerauscht kommt und mich umarmt.

»›Mary hat das fertiggebracht!‹«, ruft sie. »›Sie brauchte deinen Freunden nur zu sagen, dass du Sorgen hast, und alle zogen aus und sammelten für dich.‹«

»*Ist das Leben nicht schön?*«, erklärt Anthony die Anspielung auf den alten Film. Er strahlt vor Stolz.

»Genau genommen hat Alice es fertiggebracht«, mischt sich DeKieser ein. Sie und Alice sind auch da. Sie haben die Kartons mit den Briefen vor dem Kamin auf dem Boden abgestellt und stehen mit geschwellter Brust davor. »Sie hat sich durch meine Kontakte gescrollt und einen Haufen Leute angerufen und Kram, und hier sind wir.«

Ich spähe zu Hector hinüber, der ebenso ratlos dreinschaut, wie ich mich fühle. »Hier seid ihr ... wozu?«, frage ich.

»Die Notfall-Praktikanten von Santas Praktikantin melden sich zum Dienst«, erklärt Gunther. »Hey, Leute, rutscht mal ein Stück, da sind noch mehr Helfer.« Er gibt dem Zungentyp einen weiteren Klaps und deutet dann zur Tür in unserem Rücken. »Gib auch den anderen Stifte.«

Der Geklapste springt mit einer Faustvoll Filzstifte auf und reckt sie den neuen Helfern entgegen, die eigentlich gar keine neuen Helfer sind. Sondern meine Mom und mein Dad, frisch zurück aus Chicago, sowie zwei weitere Neuankömmlinge, die in diesem Moment direkt hinter ihnen im Türrahmen auftauchen: Tante Carole und Santa Schmalzlocke.

Ach du heilige Nacht.

»Francie«, sagt Dad. »Was machen diese ganzen Leute hier?«

»Ich ... ich bin mir nicht ganz sicher«, gestehe ich.

Alice übernimmt. »Vor ein paar Stunden«, fängt sie an, mit nur einem Hauch Miss Fisher in der Stimme, »hat Francie erfahren, dass tatsächlich noch viel mehr Praktikantenbriefe beantwortet werden müssen, als ihr vorgegaukelt worden war.« Sie hält kurz inne, um Tante Carole einen schneidenden Blick zuzuwerfen, ehe sie fortfährt. »Deshalb packen wir alle mit an, damit das zu schaffen ist.«

»Im Ernst?«, frage ich. »Und was ist mit deiner Zeitungsstory?«

»Schon abgegeben«, antwortet sie.

»Und dem Hockeytraining?«, wende ich mich an Gunther. »Ihr seid doch fast jeden Abend auf dem Eis.«

»Heute ist Tag der offenen Tür auf der Eisbahn«, meint Gunther. »Außerdem wollte ich nicht riskieren, auf der Abschussliste von einem dieser Elfen-Guerillas zu landen, falls ich mich weigere.«

»Elfen-Guerillas?«, wiederholt Dad.

»Niemand von uns möchte, dass irgendeins dieser Kinder vergeblich auf eine Antwort von Santa wartet«, meldet sich eins der Comicmädels.

»Von Santas Praktikantin«, verbessert ein anderes.

Sie sind hier, um Briefe zu schreiben. Sie alle. Sie haben Stifte und Praktikantenbriefpapier und kleine Stapel Umschläge mit unserer Adresse in kindlicher Handschrift vor sich liegen.

Dad schüttelt den Kopf. »Das ist sehr nett von euch allen«, beginnt er, »aber ich fürchte, ich muss euch nach Hause schicken. Ich habe Francie gesagt –« Er dreht sich zu mir, um mich direkt anzusehen. »Francie, ich habe dir gesagt, dass nur *du* diese Briefe beantworten kannst. Falls du Hilfe nötig gehabt hättest, hättest du dich an mich wenden sollen. Diese Kids verfügen über keinerlei Ausbildung oder Erfahrung. Sie wissen nichts von Santa oder der Verantwortung, die wir tragen.«

»Francie hat mich ausgebildet«, hakt Gunther ein.

»Ach ja?« Ich muss mir den Kopf doch heftiger angeschlagen haben, als mir klar war.

»Bei euch im Shop. Du hast erklärt, dass Santa keine Versprechungen macht.«

»Na ja, schon –«

»Und man darf niemals einen Namen verwenden, es sei denn, man ist sich zu einhundert Prozent sicher, ihn richtig verstanden zu haben«, ergänzt jemand aus der Theater-AG.

»Immer liebenswert und persönlich soll es sein«, legt Ellie nach.

»Am besten wiederholt man die Wünsche der Kids, für den Fall, dass die Eltern noch nichts davon wissen«, steuert Anthony bei.

»Wichtig ist, den Kindern zu zeigen, dass Santa zuhört«, sagt Hector. »Denn das ist am Ende ohnehin das wertvollste Geschenk, das wir jemandem machen können: unsere Aufmerksamkeit. Und unsere Liebe.«

Obwohl Hector von den kleinen Briefeschreibern aus Hollydale und Umgebung spricht und obwohl wir uns bisher lediglich geküsst haben, was in keiner Weise – nicht einmal annähernd – eine Liebeserklärung ist, spüre ich, wie mein Gesicht verräterisch karmesinrot anläuft. Was womöglich auch Hector auffällt.

Dad läuft nicht rot an. Er wirkt noch immer leicht verärgert, doch seine Züge werden bereits ein wenig weicher.

»Mr Wood«, sagt Alice, »wir haben noch keinen einzigen Umschlag zugeklebt. Francie wird jedes einzelne Wort absegnen, ehe die Briefe verschickt werden.«

»Das sind die Briefe, die ihr schon geschrieben habt?«, fragt Mom. Ihr Blick wandert hinüber zu den Kartons vor dem Kamin.

»Das sind die Briefe, die gerade neu eingetroffen sind«, erwidert Alice und durchbohrt Carole erneut mit einem vorwurfsvollen Blick. »Alle sechshunderteinundvierzig.«

»Eine Menge Briefe«, stellt Mom fest. »Und Weihnachten ist schon in einer Woche.«

»Exakt«, bestätigt Alice.

»Selbst wenn jeder Notfall-Praktikant im optimistisch angenommenen Durchschnitt dreißig Briefe schreibt, bleiben immer noch mehr als einhundertfünfzig Antworten, die Francie bis Montagnachmittag verfassen muss, damit wir den ganzen Schwung vor fünf Uhr zur Post bringen können und alles rechtzeitig zu Heiligabend bei den Familien ankommt«, bemerkt DeKieser. »Ich habe das mal überschlagen und Kram.«

Von der Türschwelle erklingt Armreifgeklimper und jemand holt tief Luft. Tante Carole will offenbar ihren Senf dazugeben, doch ehe sie ein einziges Wort sagen kann, sagt Santa Schmalzlocke ganze sechs.

»Na dann«, sagt er nämlich. »An die Arbeit, Freunde.«

»Brady«, zischt Tante Carole. »Du musst nicht –«

»Natürlich muss ich«, unterbricht er sie. Er hat seine beste Weihnachtsmannmiene aufgesetzt. »Wir wollen nicht diejenigen sein, die den Samen des Zweifels säen.«

»Das hat mein Vater immer gesagt«, murmelt Dad.

Santa Schmalzlocke lächelt. »Ich habe es in Ihrem Handbuch gelesen. Carole hat es mir geschickt. Ihr Vater hat eine wundervolle Schule aufgebaut, Mr Wood. Sie können zu Recht stolz darauf ein.« Er nimmt sich einen Stift und marschiert hinüber zum Konferenztisch. »Erklärst du mir, was ich tun soll?«, bittet er Gunther.

Gunther Hobbes, Star-Stürmer, Modekritiker, Bruder von Gordie und Hinterkopfklapser, strahlt ihn an. Allen Ernstes.

»Beweg dich mal«, meint er zu einem der Hockeyhonks. »Mach Platz für den Weihnachtsmann.«

»Für dich haben wir auch noch Platz, Carole.« Santa Schmalzlocke hält einen weiteren Stift in die Höhe. Tante Carole steht noch immer im Türrahmen. Vollkommen reglos. Sie sieht aus wie ich in Ellies Film, gerahmt von den Türen des Baumschuppens. Klein. Allein. Außen vor.

Wenn ich wollte, könnte ich Dad jetzt darüber aufklären, dass alles ihre Schuld ist. Ich könnte ihm erzählen, dass sie die Briefe vor mir versteckt und versucht hat, die Schule zu sabotieren. Aber ich tue es nicht. Stattdessen hole ich den Stift bei Santa Schmalzlocke ab und bringe ihn meiner Tante. »Komm schon«, sage ich leise, sodass niemand anders mich hört. »Nicht jeder von uns kann Santa sein, aber das ist doch schon ziemlich nah dran.«

Tante Carole nimmt den Stift entgegen.

»Nick, schnapp dir etwas zu schreiben und setz dich«, kommandiert Mom. »Ich gehe noch mehr Briefbogen drucken.«

Dad gehorcht. Nun ist es ein bisschen eng am Tisch, aber immer noch kein Vergleich zu der Platznot, die herrscht, wenn hier fünfunddreißig Santa-Schüler unterrichtet werden. Ich reiche Dad einen kleinen Stoß Briefe. »Wir beide führen morgen eine ernste Unterhaltung«, lässt er mich wissen.

Ich blocke dir einen Termin, gleich nach Onkel Jack, würde ich am liebsten erwidern, aber selbst mit einer leichten Kopfverletzung bin ich ausreichend bei Sinnen, um mir den Kommentar zu verkneifen. »Okay«, antworte ich ihm stattdessen.

»Francie«, flüstert Hector, »es tut mir leid. Ich würde gern helfen, aber ich habe gerade Luis geschrieben, und drüben bei den Weihnachtsbäumen ist die Hölle los.«

»Schon in Ordnung. Geh ruhig. Deine Arbeit ist auch wichtig«, sage ich.

Unsere Blicke treffen sich. Er hat wunderschöne Augen. Warm und sanft, und wären da nicht seine grandiosen Lippen, würde ich sagen, dass seine Augen das sind, was ich an seinem Gesicht am liebsten mag. Doch nach unserer Zeit in der Fahrerkabine von Onkel Jacks Truck muss ich einräumen: Es steht unentschieden. Hectors Augen verraten, dass er mich jetzt gern küssen würde. Hier und jetzt, in der Schneeflocke, vor allen anderen. Ich würde ihn genauso gern küssen, denke ich. Vielleicht. Aber nicht vor allen anderen. Nicht, wenn das wirken könnte, als wollte ich irgendetwas beweisen. Das versteht er offenbar, denn die Botschaft in seinen Augen wechselt von *Küssen, auf der Stelle* zu *Küssen – okay, nicht auf der Stelle, aber bald*. Wie schon erwähnt, er hat wunderschöne Augen.

Ich suche ihm ein Sweatshirt heraus, und als ich unter Alice' Stuhl die Santa-Tasche entdecke, drücke ich sie ihm ebenfalls in die Hand. »Du kommst zu spät«, meine ich. »Die Tasche und Onkel Jacks Kram kannst du ein andermal zurückbringen.«

»Ja?« Das Wort klingt hoffnungsvoll, als hätte ich ihn soeben um ein Date gebeten.

»Klar«, sage ich. »Ja«, sage ich. »Bitte.« Was sich vermutlich alles gleich anhört.

Als Hector verschwunden ist, sammelt Alice einen Schwung bereits fertiger Antwortbriefe ein und händigt sie mir zum Überprüfen aus. Im Raum wird es still. Alle – Dad, Tante Carole, Onkel Jack, Santa Brady, die Hockeymannschaft, der Theater-Typ, die Comicmädels, Ellie, Anthony, Alice, DeKieser –, alle öffnen Briefe. Lesen. Schreiben. Alle geben sich sichtlich Mühe.

Liebe Jenny
Liebe Martine
Lieber Tyrell
Liebe Janaiya
Lieber kleiner Freund
Liebe kleine Freundin

Sie leisten gute Arbeit, meine Notfall-Praktikanten. Diesmal sind keine schwierigen Briefe dabei wie der von Olivia oder solche, zu denen Grampa Chris sich in seinem Notizbuch etwas vermerkt hätte, aber einige Antworten erfordern besonders viel Fingerspitzengefühl und einer der Hockeyspieler – Miller heißt er – gibt ein paar der kniffligsten Briefe an geübtere Schreiber weiter.

Einer davon landet bei Tante Carole: von einem Mädchen, das einmal eine erfolgreiche Basketballerin werden will, diese Saison allerdings noch keinen einzigen Korb geworfen hat.

Liebe Julia,
Santa weiß, wie bitter es ist, wenn man etwas unbedingt beherrschen möchte, aber noch nicht so weit ist – du hättest ihn mal bei seinen ersten Flugversuchen mit dem Schlitten sehen sollen! Aber Santa hat nicht aufgegeben, und heute ist er Profi. Du würdest staunen, was man alles erreichen kann, wenn man sich von Herzen anstrengt. Bleib am Ball, Julia. Ich drücke dir die Daumen.

»Das ist echt gut«, sage ich zu Tante Carole.

»Ich weiß«, entgegnet sie.

Es dauert beinahe viereinhalb Stunden, bis fast alle Briefe an Santas Praktikantin geöffnet, gelesen und beantwortet sind.

Ich bin noch nicht dazu gekommen, sämtliche Antwortbriefe durchzuwinken, muss allerdings erst morgen Nachmittag wieder arbeiten, und Dad hat vorgeschlagen, dass wir uns vormittags nach der Kirche den Rest gemeinsam anschauen können. Nach unserer Unterhaltung.

»Okay«, sage ich, gerade als mein Handy vibriert. Eine Nachricht von Hector.

Wie ist es gelaufen?, erkundigt er sich.

Ich antworte langsam und sorgfältig. **O.**, tippe ich. **K.**

Ich muss diese Woche viel arbeiten.

Ich auch, antworte ich. So weit, so gut.

Und ich habe massig Hausaufgaben. Und dann noch Hockey.

Versucht er, Ausreden zu finden, um sich nicht mit mir treffen zu müssen? Bereut er alles zutiefst? Habe ich mich mit der Zehn auf der Skala getäuscht?

Aber ich würde die Santa-Tasche gern zurückbringen, schreibt Hector. **Und … du weißt schon.**

Ich weiß. Und ich habe mich mit der Zehn nicht getäuscht. Ich halte mit Mühe meine Daumen ruhig und tippe meine Antwort.

Was hast du an Heiligenschein vor?

40

24. DEZEMBER

Bei uns im Holiday Shop ist es Tradition, dass wir an Heiligabend um vier Uhr nachmittags schließen, damit die Angestellten nach Hause gehen und sich zusammen mit ihren Liebsten auf Weihnachten vorbereiten können. Die meisten verabschieden sich tatsächlich pünktlich zu Ladenschluss, aber die alten Hasen wie Dottie und Jerry und diejenigen, die keine enge Familie in der Gegend haben, bleiben zu unserer alljährlichen Weihnachtsfeier, die zur Hälfte drin und zur Hälfte draußen stattfindet – mit einem Lagerfeuer in der Feuergrube unserer Abteilung Außendekoration und weit geöffneten Baumschuppentüren.

Dieses Jahr hat Dad auch die Notfall-Praktikanten eingeladen. Die meisten haben keine Zeit, aber Alice ist natürlich da. Und Ellie mit ihrem Dobler. DeKieser und ihre Freundin Kelsey. Gunther, zusammen mit einer Handvoll Hockeyjungs und seiner kleinen Schwester Gordie, ebenfalls. »Als Spinek von der Party gehört hat, hat er gemeint, er schaut mal vorbei«, erklärt Gunther, »aber ich habe ihm gesagt, dass das wahrscheinlich keine gute Idee wäre.«

»Du hast gesagt, wenn er sich blicken lässt, dann feuern ihm Elfen-Guerillas einen Puck in die Visage«, kräht Gordie.

»So was in der Art«, murmelt Gunther.

Alice und ich sehen zu, wie Gordie ihren Bruder zu der Schlange aus Kindern zieht, die für ein Treffen mit dem Weihnachtsmann anstehen. Lieb wirkt er, dieser Gunther Hobbes, wie er Hand in Hand mit seiner Schwester geht. So lieb, dass ich mir nur schwer vorstellen kann, er könnte jemandem einen Puck in die Visage feuern. Allerdings muss ich zugeben, dass es mir eine gewisse Genugtuung verschafft, mir auszumalen, wie genau das Sam Spinek widerfährt.

»Ist das okay für dich?«, fragt Alice. Ihre Augen sind meinem Blick zu der Schlange vor Santa gefolgt, und ich vermute, dass ihre Frage sich auf den Santa bezieht, der dort sitzt. Zum ersten Mal, seit Grampa Chris gestorben ist, hat sich nicht mein Dad an Heiligabend als Weihnachtsmann verkleidet. Seinen Platz nimmt heute Santa Franklin ein.

»Ja, das ist okay«, antworte ich Alice. »Dad braucht eine Pause. Es war kein leichtes Jahr.«

Das hat er mir persönlich so gesagt, als wir uns am Sonntag zu unserer »Unterhaltung« in der Schneeflocke getroffen haben.

Für mich war es die zweite Aussprache an diesem Tag. Bereits morgens hatte ich mich bei Onkel Jack entschuldigt, der natürlich nachsichtig mit mir war und mir bereits vergeben hatte, ehe ich überhaupt *Es tut mir leid* sagen konnte – wobei ich ihm versprechen musste, dass ich mir von ihm das Autofahren beibringen lassen werde. »Damit du deine Freunde nicht mehr mit in die Bredouille ziehst, wenn dir die nächsten dummen Einfälle kommen.« Dieser Bedingung zuzustimmen, war ein Leichtes für mich, vor allem nachdem er verkündet hatte, dass sein alter Truck ein bisschen widerspenstig sei und wir für unsere Fahrstunden daher besser den MX-5 nehmen sollten.

Das Gespräch mit Dad war unangenehmer. Ich musste jede Menge erklären und ein ums andere Mal um Verzeihung bitten. Auch von ihm kamen ein paar Erklärungen. Offenbar, so erzählte er mir, ist Bryans Notizbuch spurlos verschwunden. Sie hat ihm versichert, sie brauche es nicht mehr – schließlich ist ihr College-Semester vorbei –, aber sein Fehlen bedeutet, dass es keine vollständigen Aufzeichnungen über meine Säulenpunkte mehr gibt. Ohne das Buch würde Dad mir glauben müssen, dass alles bestens gelaufen ist, und meinen Lohn erhöhen. Oder aber, schob er hinterher, er könnte Tante Carole vertrauen, die das Gegenteil behauptet hatte und verlangte, ich solle freigestellt werden, bis ich ein wenig reifer wäre.

Was also stimmte? War ich artig oder unartig gewesen?

Wie sich herausstellt, hat Dad dazu etwas komplexere Ansichten. Ich werde weder mehr Geld erhalten noch gefeuert. Stattdessen hat Dad mich darüber in Kenntnis gesetzt, dass ich nach Weihnachten weitere neunzig Tage lang nur den Mindestlohn bekomme, allerdings in einer neuen Position eingesetzt werde. Genauer: als Praktikantin. Tante Caroles Praktikantin.

Wie man sich vielleicht vorstellen kann, haben meine Proteste wenig ausgerichtet. Und ich muss offen gestehen, dass ich sie auch recht schnell aufgegeben habe. Tante Carole, so Dad, möchte einige Änderungen an unserem Konzept für die Santa School vornehmen – und er hat nicht die Zeit, sich um den Shop zu kümmern und zeitgleich auch noch ein Auge auf ihre Machenschaften zu haben. »Ich brauche jemanden, dem die Tradition unserer Schule so am Herzen liegt wie dir, als ihre rechte Hand«, hat er erklärt.

Mein Vorschlag, Tante Carole könnte doch vielleicht *meine*

Praktikantin werden, fand erwartungsgemäß keine Berücksichtigung. Stattdessen kam es noch dicker: Dad hat Tante Carole die Erlaubnis gegeben, dass sie Santa Schmalzlocke – Santa Brady, meine ich natürlich – nächstes Jahr als Gastredner in unsere Schule einlädt. Probeweise, sozusagen. Meine Aufgabe wird darin bestehen, mir Notizen zu machen und am Ende eine vollständige Bewertung zu diesem Modellversuch abzugeben. Ein Notizbuch habe ich mir schon ausgesucht. Und darin zwei Punkte vermerkt, über die ich mit Tante Carole reden möchte und die sogar *meiner* Meinung nach geändert werden sollten: (1) Die Ausbildung zum Santa sollte allen Geschlechtern offenstehen, nicht nur Männern. (2) Niemand – ungeachtet seines Alters, seiner Herkunft oder seines Geschlechts – sollte zu einer Elfenausbildung ermuntert werden.

»Okay«, habe ich gesagt. »War das alles?«

Das war alles vonseiten meines Bosses, Nick Woods. In seiner Rolle als mein Vater hatte Nick Wood allerdings noch dreierlei hinzuzufügen:

1. Er ist am Samstag außerordentlich stolz auf mich gewesen, und zu sehen, wie kompetent ich die Notfall-Praktikanten angeleitet habe, war für ihn als Vater ein echtes Highlight.
2. Ungeachtet des Umstands, dass Onkel Jack mir vergeben hat, seinen Truck »ausgeborgt« zu haben, ist diese Nummer für Dad keineswegs erledigt. Ich soll mir hinter die Ohren schreiben: Falls ich mir je, je, jemals wieder etwas dergleichen leiste, kann ich meinen Führerschein vergessen, bis ich achtzehn bin.
3. Im Sinne der ausgleichenden Gerechtigkeit werde ich für Rudolphs Reparatur aufkommen, zu der er rein zufällig auch gerade einen Kostenvoranschlag zur Hand hatte.

Und so kommt es also, dass ich an diesem Heiligabend hier stehe und zusehe, wie Gordie Hobbes auf Santa Franklins Schoß klettert, und trotz unermüdlicher vorweihnachtlicher Plackerei um vier Dollar ärmer bin als zu Beginn der Saison. Jeder nervtötend positive Elf würde nun allerdings betonen, dass meine Freundschaft mit Alice dafür enger denn je ist, dass mir seit gut einer Woche niemand außer meinen Brüdern die Zunge herausgestreckt hat und ich gleich mehrere neue Freunde gefunden habe – darunter einen Hockey-Starstürmer. Ich bin auf dem besten Weg, Autofahren zu lernen, und – das allergrößte Wunder – ich habe mehrere bedeutungsvolle Küsse mit einem Jungen erlebt, der die bemerkenswertesten Schultern der Welt, eine Off-Kommentator-Stimme zum Dahinschmelzen, Sternbilder auf der Haut, ein großes Herz, zarte Lippen und wunderschöne Augen besitzt. Mit einem Jungen, der soeben seine Schicht als LumberJuan beim Charity-Weihnachtsbaumverkauf im Hof der Bibliothek gegenüber beendet hat und sich nun zu Alice und mir ans Heiligabend-Lagerfeuer gesellt, gerade als wir »O Tannenbaum« anstimmen. Der Duft nach Kiefern jagt mir einen wohligen Schauder über den Rücken. Oder vielleicht ist es auch Hector, der diese Reaktion bei mir auslöst.

Rings um uns herum wird gesungen und Kakao getrunken, und die Kids – jede Menge Kids – lachen und quietschen und jagen einander durch die Abteilung für Außendekoration. »Marla«, höre ich jemanden brüllen, »bleib weg von der Krippe. Der kleine Jesus ist kein Spielzeug!«

Meine Eltern halten sich an den Händen, und DeKieser hilft Gram dabei, Tüten mit Karamellpopcorn zu verteilen, und obwohl weit und breit kein Mistelzweig zu sehen ist, tun Ellie und der Dobler so, als stünden sie mitten im Minenfeld. Tante Carole sitzt neben Onkel Jack am Feuer, und ich bin mir zwar nicht einhundertprozentig sicher, dass sie sich amüsiert, kann aber auch nicht mit Gewissheit sagen, dass sie es nicht tut. Das ist nun nicht direkt ein Weihnachtswunder, aber immerhin etwas.

Alice, Hector und ich verfolgen, wie eine Horde Grundschüler Don und Dash am Plätzchentisch vorbei in den Baumschuppen hinterherläuft. Wunderschön ist er, der Baumschuppen. Die Deckenbeleuchtung ist gedimmt, die Bäume strahlen, und die winzigen Stecklichter, die den Weg säumen, funkeln golden und warm.

»Ziemlicher Unterschied – zwischen euren Bäumen und denen, mit denen ich die komplette Adventszeit zu tun hatte«, meint Hector.

»Spielst du darauf an, dass unsere Bäume nicht echt sind?«

»Nicht echt? Schau dir diesen Knirps an.« Hector deutet zu einem kleinen Jungen, kaum älter als vier. Er trägt eine gestreifte Mütze und eine grellorangefarbene Jacke. Eins seiner Hosenbeine ist in den Stiefel gestopft, das andere nicht, aber darum schert der Kleine sich nicht. Sein Mund steht offen, seine Augen leuchten. Er hat soeben den Baumschuppen betreten und starrt hinauf zur Spitze einer mit silbernem Lametta behängten Fichte, wo ein mundgeblasener Glasengel einen schimmernden Stern hält. »Sag mir, dass das nicht echt ist.«

»Cleverer Junge«, brummt Onkel Jack, der sich unbemerkt hinter uns geschoben hat.

»Danke, Sir«, sagt Hector.

»Freut mich, dass du ein Paar Hosen gefunden hast.«

»Mich auch, Sir.«

Onkel Jack legt ihm eine Hand auf die Schulter. »Wenn du das da beeindruckend findest, mein Junge, dann solltest du dir drin die Bonbontanne ansehen.«

Alice wirft mir einen unauffälligen Blick zu. Na ja, ehrlich gesagt nicht allzu unauffällig. Ich ahne, was sie denkt. Nämlich haargenau das Gleiche wie Onkel Jack. Beide wissen, dass ich seit Grampa Chris' Unfall nicht mehr im Baumschuppen gewesen bin. Und sie wissen auch, dass ich mich danach sehne, hineinzugehen. Und sie wollen, dass ich wiederum weiß: Falls ich sie brauche, sind sie für mich da. Um mir das zu vermitteln, ist nicht einmal Augenbraueneinsatz nötig.

»Ich würde sie auch gern wieder einmal sehen«, sage ich. Ich greife nach Hectors Hand. Und fasse mit der anderen Hand nach Alice'. »Kommt.«

Der Baumschuppen ist eine wahre Pracht. Ein Lichterwald. An jedem Baum halten Leute inne und staunen über die Schätze, die zwischen den Zweigen versteckt sind: ein Vogelnest aus Papier mit drei kleinen Eiern darin, ein blinkendes Raumschiff, ein gläserner Oktopus mit winzigen rosa Fäustlingen auf allen Tentakeln. All diese Kleinodien kann nur finden, wer sich die Zeit und Ruhe nimmt, genau hinzuschauen.

Alice und Hector und ich entscheiden uns für den Weg am Holzzaun entlang. Wir folgen mit den Augen dem Weingummi-Express, der über seine Gleise rattert, kommen an Santa vorüber, der seine Liste konsultiert, an Mrs Claus, die ihre Kerze hebt.

»Der da scheint heute keine Lust zu haben«, bemerkt Alice. Sie meint den animatronischen Elfen, der sich im Gegensatz zum Weihnachtsmann und seiner Frau nicht bewegt. Er ist erstarrt, mit einer Hand tief in Santas Jutesack.

»Ist er kaputt?«, fragt Hector. Ich fürchte, er hat Rudolphs Verkehrsunfall noch nicht ganz verwunden.

»Es geht ihm bestens«, versichere ich. »Wahrscheinlich hat bloß irgendjemand vergessen, ihn einzuschalten.« Ich lasse die Hände meiner Freunde los und gehe neben dem Elfen in die Hocke. Das Weihnachtspäckchen, auf dem er thront, ist in Wirklichkeit ein Netzverteilerkasten, an dem sich irgendwo ein Schalter verbergen muss. Ich taste die Seiten und den Boden des Kastens ab, finde den Schalter – und noch etwas anderes. Etwas Glattes, Eckiges. Etwas, das ich noch niemals in Händen gehalten habe und von dem ich doch weiß, was es ist, kaum dass meine Finger es berühren.

Ich schiebe meine Entdeckung unauffällig in meine Manteltasche. Dann lege ich den Schalter um, und der Elf wird lebendig. Er zieht ein Geschenk aus dem Sack, zögert und stopft es dann zurück, genau so, wie er es schon eintausend Mal zuvor getan hat.

»Siehst du? Es geht ihm gut«, sage ich zu Hector, der aufrichtig erleichtert dreinschaut.

»Dir scheint es auch gut zu gehen«, flüstert Alice mir zu.

»Das tut es«, versichere ich ihr. »Es geht mir mehr als gut.«

Sie zieht skeptisch eine Augenbraue hoch.

»Alice«, mahne ich sie schmunzelnd. »Vertrau mir.«

Später am Abend, als alle Weihnachtslieder gesungen und alle Lichter verloschen sind, als Alice und ich uns zum Abschied umarmt und Hector und ich so getan haben, als hätten wir einen Mistelzweig gefunden, und einander auf unsere Weise verabschiedet haben, schlendere ich zusammen mit meiner Familie die Santa Claus Lane hinunter und unsere lange Einfahrt hinauf. Wir trinken noch einen Kakao und hängen unsere Weihnachtsstrümpfe auf, ganz wie immer, und Dad liest uns allen *The Night Before Christmas* vor, auch wie immer, und Mom schickt Don und Dash und mich nach oben ins Bett, ganz wie immer, und gibt uns einen Gutenachtkuss auf die Stirn und wünscht uns zuckersüße Träume.

Kaum bin ich in meinem Zimmer, schließe ich die Tür

hinter mir. Ich knipse meine Nachttischlampe an und ziehe Grampa Chris' kleines, abgenutztes Lederbüchlein aus meiner Manteltasche. Der Einband ist weich unter meinen Fingern. Den Seiten sieht man an, dass sie schon unzählige Male umgeblättert worden sind. *Lauras Mom* steht auf der ersten Seite. Sonst nichts. Kein Datum. Keine Erklärung.

Duncan steht auf der nächsten Seite.

Seite um Seite um Seite mit Namen. *Greta* und *Steven* und *Varian* und *Mia*. *Gus* und *Florrie* und *Louies Hund Clyde*. Jeder Name: ein Kind. Jede Seite: ein Versprechen.

Grampa Chris hat an jenem Tag im Baumschuppen nicht den Lagerbestand überprüft. Er hat auch nicht die Lichterketten getestet oder sich neue Mottos für unsere Baumdekoration ausgedacht oder eine Auszeit von unserem sommerlichen Weihnachts-Sale genommen. Er hat seine Versprechen gehalten. Und in dem Moment, in dem sein Herz zu schlagen aufhörte und er zu Boden stürzte, hat er dieses kleine Lederbüchlein sicher unter den Elfen fallen lassen. Und dort hat es darauf gewartet, von dem richtigen Menschen gefunden zu werden. All das werde ich natürlich niemals beweisen können, aber das muss ich auch gar nicht. Ich kann einfach daran glauben.

Jeder Name: ein Kind. Jede Seite: ein Versprechen.

Ich blättere durch die Seiten, lese die Namen, bis die Namen irgendwann etwa in der Mitte des Bändchens aufhören. Die restlichen Seiten sind leer.

Ich frage mich, ob all diese Kinder bekommen haben, was sie sich am meisten gewünscht haben. Ob sich ihre schwierigen Wünsche erfüllt haben. Oder nicht.

Der silberne Bleistift gleitet mühelos aus seiner Schlaufe. Auf die nächste freie Seite schreibe ich: *Olivia*. Dann blättere ich zurück zum ersten Namen. *Lauras Mom*.

Ich gebe ein Versprechen. Grampa Chris. Mir selbst. Laura und Olivia und all den anderen dazwischen. Ich gebe ein Versprechen.

Und ich werde es halten.

DANKSAGUNG

Wenn irgendetwas in diesem Buch dazu beiträgt, dass ihr den Weihnachtsmann noch mehr ins Herz schließt, als es bereits der Fall war, dann könnt ihr euch dafür bei all den wunderbaren Menschen der Charles W. Howard Santa Claus School in Midland, Michigan, bedanken. Noch nie im Leben bin ich von so vielen Leuten umgeben gewesen, die sich derart dem Glück und Wohlergehen von Kindern verschrieben haben. Das Wochenende, an dem ich in der Santa School die Schulbank drücken durfte, war pure Magie, und ich bin unendlich dankbar für alles, was ich dort gelernt habe. Liebe Leserinnen und Leser, falls irgendetwas in diesem Buch dazu beiträgt, dass euch Zweifel an den Fähigkeiten des Weihnachtsmannes kommen, dann ist das allein meine Schuld.

Ein weiterer besonderer Dank geht an meine Lektorin Reka Simonsen, die selbst ein wandelndes Weihnachtswunder ist und seit der ersten Seite an dieses Buch geglaubt hat, zusammen mit dem restlichen Team von Atheneum Books for Young Readers.

Ich danke meinen Vorableserinnen Claire Thompson, Mia

Isabella Smith, Kate Messner, Martha Brockenborough und Jennifer Zieglar. Auszüge der Geschichte wurden zudem am Vermont College of Fine Arts verteilt, sodass ich testen konnte, was lustig und was einfach zu peinlich war, um es zu veröffentlichen.

Wie immer gilt mein Dank auch der Ladies Sewing Guild, die ihre Weisheit mit mir geteilt und mich vertrauensvoll ermuntert hat.

Bei einem einwöchigen Aufenthalt im Vermont Studio Center habe ich die Zeit und Konzentration gefunden, einen Großteil dieses Buchs zu Papier zu bringen. Falls irgendjemand da draußen einer befreundeten Autorin oder einem Autor etwas Gutes tun möchte: Nehmt ihr oder ihm für eine Woche das Kochen ab. Ihr könnt euch gar nicht vorstellen, was das für einen Unterschied macht.

Manchmal wäre meine Familie vermutlich besser bedient gewesen ohne die Mahlzeiten, die ich in aller Eile zusammengeschustert habe. Danke für eure Geduld, Nachsicht und Unterstützung: Claire, Jack und vor allem Julio.

VERWECHSLUNG MIT HAPPY END

Stefanie Neeb
COMING HOME FOR CHRISTMAS
Taschenbuch
352 Seiten
ISBN 978-3-551-32163-3
Auch als E-Book erhältlich

SCHNEECHAOS, SCHWÄCHELNDER HANDYAKKU und wieder mal eine Nacht im Hotel – als Svea in Stockholm landet, um die Feiertage bei ihrer Großtante zu verbringen, stehen die Vorzeichen alles andere als gut. Nur der süße Fahrer Kjell, der sie in Empfang nimmt, ist ein kleiner Lichtblick. Weshalb der ihr allerdings etwas von Personalmangel erzählt, wird ihr erst später klar, genau wie die Tatsache, dass sie wohl den falschen Shuttle erwischt hat. Und sie hätte das Missverständnis ja auch umgehend aufgeklärt, würde ihr Kjell nicht zum ersten Mal seit Langem ein Gefühl von Heimat geben.

ENDLICH DIE HELDIN DER EIGENEN LIEBESGESCHICHTE SEIN!

Elise Bryant
ELF SCHRITTE BIS ZUM HAPPY END
Softcover
368 Seiten
ISBN 978-3-551-58450-2
Auch als E-Book erhältlich

EIGENTLICH HÄTTE TESSA ALLEN GRUND zur Freude, denn in ihrer neuen Schule darf sie sogar im Unterricht Liebesgeschichten schreiben. Endlich kann sie die Heldin ihrer eigenen Geschichte sein. Etwas Besseres kann sie sich gar nicht vorstellen. Doch ausgerechnet jetzt fällt ihr nichts mehr ein. Zum Glück weiß ihre beste Freundin Caroline Rat: Tessa muss sich einfach selbst verlieben. Und entspricht der gut aussehende Nico nicht genau dem Helden aus ihren Geschichten? Ein 11-Punkte-Eroberungsplan muss her! Aber da ist auch noch Sam mit seinen köstlichen selbstgebackenen Muffins und seiner ruhigen Art ...

SING IF YOU CAN'T DANCE

Alexia Casale
SING IF YOU CAN'T DANCE
Klappenbroschur
320 Seiten
ISBN 978-3-551-58529-5
Auch als E-Book erhältlich

VEN HAT IHR LEBEN FEST IM GRIFF, bis ein schicksalhafter Tag alles verändert. Nachdem sie während eines Auftritts ihrer Tanzgruppe ohnmächtig wird, erfährt sie, dass sie unter einer Krankheit leidet, die all ihre Träume zu zerstören droht. Sie muss nicht nur das Tanzen aufgeben, sondern auch dabei zusehen, wie ihre ganze Welt auf den Kopf gestellt wird. Aber Ven ist stark und fest entschlossen, ein großes, aufregendes Leben zu führen. Denn wenn man nicht tanzen kann, kann man immer noch singen! Und außerdem ist da noch der mysteriöse Ren, der sie auf seltsame Weise zu verstehen scheint ...

WWW.CARLSEN.DE

SOMMERSONNENKÜSSE

Kasie West
SUNKISSED
Klappenbroschur
368 Seiten
ISBN 978-3-551-58471-7
Auch als E-Book erhältlich

AVERY LIEBT ES, SICH IN MUSIK ZU VERLIEREN. Aber nach einem Streit mit ihrer besten Freundin können selbst ihre Playlists sie nicht ablenken. Und es hilft auch nicht, dass ihre Eltern sie und ihre hyperaktive Schwester für zwei Monate »Spaß« in ein abgelegenes Familien-Resort schleppen. Avery will den Sommer schon abschreiben, da trifft sie Brooks, den Gitarristen der Camp-Band – sehr attraktiv und absolut tabu. Trotzdem landen sie ständig zusammen am Lagerfeuer. Oder bei den Bandproben. Bald wird klar, dass sie sich gegenseitig neue Wege zeigen können – mit ein wenig Mut und ganz viel Herz.

WWW.CARLSEN.DE